COURS
DE
LITTÉRATURE CELTIQUE

PAR

H. D'ARBOIS DE JUBAINVILLE
MEMBRE DE L'INSTITUT, PROFESSEUR AU COLLÈGE DE FRANCE

ET PAR

J. LOTH
PROFESSEUR A LA FACULTÉ DES LETTRES DE RENNES

TOME III

LES MABINOGION
Par J. LOTH

TOME I

PARIS
ERNEST THORIN, ÉDITEUR
LIBRAIRE DU COLLÈGE DE FRANCE, DE L'ÉCOLE NORMALE SUPÉRIEURE
DES ÉCOLES FRANÇAISES D'ATHÈNES ET DE ROME
DE LA SOCIÉTÉ DES ÉTUDES HISTORIQUES

7, RUE DE MÉDICIS, 7

ERNEST THORIN, ÉDITEUR

CROISET. — *Histoire de la littérature grecque*, par MM. Alfred Croiset, membre de l'Institut, professeur à la Faculté des lettres de Paris, et Maurice Croiset, professeur à la Faculté des lettres de Montpellier. 5 vol. in-8°.

En vente : T. I. *Homère, la poésie cyclique, Hésiode*, par Maurice Croiset. 1 vol. in-8°. 8 »

N. B. Les tomes II et III sont sous presse.

FAVÉ (le général), membre de l'Institut. — *L'empire des Francs, depuis sa fondation jusqu'à son démembrement.* 1 fort vol. gr. in-8° raisin. 15 »

LOISEAU (A.). — *Histoire de la langue française depuis ses origines jusqu'à la Renaissance*, 2ᵉ édition. 1 vol. in-18 jésus. 4 50

— *Histoire de la littérature portugaise depuis ses origines jusqu'à nos jours.* 1 vol. in-18 jésus. 4 »

N. B. Ces deux ouvrages ont été couronnés (médailles d'or).

BIBLIOTHÈQUE DE L'HISTOIRE DU DROIT ET DES INSTITUTIONS

Tome I : **ÉTUDES SUR L'HISTOIRE DES INSTITUTIONS PRIMITIVES**, par Sir Henry Sumner Maine. Traduit de l'anglais, avec une préface, par M. Jos. Durieu de Leyritz, avocat, et précédé d'une introduction par M. H. d'Arbois de Jubainville, professeur au Collège de France. 1880. 1 beau vol. in-8°. 10 »

Tome II : **ÉTUDES SUR L'ANCIEN DROIT ET LA COUTUME PRIMITIVE**, par Sir Henry Sumner Maine, grand-maître du Collège de Trinity-Hall (Université de Cambridge), membre de la Société royale de Londres, associé étranger de l'Institut de France. Traduit de l'anglais avec l'autorisation de l'auteur. 1884. 1 vol. in-8°. 10 »

Tome III : **ÉTUDES SUR LES MŒURS RELIGIEUSES ET SOCIALES DE L'EXTRÊME-ORIENT**, par Sir Alfred Lyall, lieutenant-gouverneur des provinces du Nord-Ouest (Inde). Traduit de l'anglais avec l'autorisation de l'auteur. 1885. 1 vol. in-8°. 12 »

Tome IV : **ESSAIS SUR LE GOUVERNEMENT POPULAIRE**, par Sir Henry Sumner Maine, grand-maître du Collège de Trinity-Hall (Université de Cambridge), membre de la Société royale de Londres, associé étranger de l'Institut de France. Traduit de l'anglais avec l'autorisation de l'auteur. 1887. 1 vol. in-8°. 7 50

Tome V : **ÉTUDES SUR L'HISTOIRE DU DROIT**, par Sir Henry Sumner Maine, grand-maître du collège de Trinity-Hall (Université de Cambridge), membre de la Société royale de Londres, associé étranger de l'Institut de France. Traduit de l'anglais avec autorisation de l'auteur. 1 vol. in-8°. 12 »

N. B. — Cet ouvrage contient : Les communautés de village en Orient et en Occident. — L'Inde et les Idées de l'Europe moderne. — Théorie de la Preuve. — Le Droit Romain et l'Education juridique. — La famille patriarcale. — L'Inde et l'Angleterre.

LE MYSTÈRE DE SAINTE BARBE, tragédie Bretonne, texte de 1557, publié avec traduction française, introduction et dictionnaire étymologique du Breton moyen, par Émile Ernault, professeur à la Faculté des lettres de Poitiers. 1 vol. in-4°. 24 »

Ouvrage auquel l'Institut de France a décerné le **prix Volney** (concours de 1888).

COURS

DE

LITTÉRATURE CELTIQUE

III

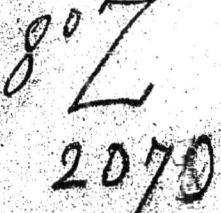

OUVRAGES DE M. H. D'ARBOIS DE JUBAINVILLE

EN VENTE

Chez THORIN, libraire-éditeur, 7, rue de Médicis, Paris

HISTOIRE DES DUCS ET DES COMTES DE CHAMPAGNE, six tomes en sept volumes in-8° (1859-1867).

COURS DE LITTÉRATURE CELTIQUE, t. I à III, in-8° (1883-1889).
Prix de chaque volume : 8 fr.
Les tomes IV et V sont sous presse.

ESSAI D'UN CATALOGUE DE LA LITTÉRATURE ÉPIQUE DE L'IRLANDE, précédé d'une étude sur les manuscrits en langue irlandaise conservés dans les Iles-Britanniques et sur le continent, in-8°, 1884.   12 »

INVENTAIRE SOMMAIRE DES ARCHIVES DE LA VILLE DE BAR-SUR-SEINE. 1864, in-4°.   5 »

RÉSUMÉ D'UN COURS DE DROIT IRLANDAIS, professé au collège de France pendant le premier semestre de l'année 1887-1888, brochure in-8°.   1 50

LES PREMIERS HABITANTS DE L'EUROPE, d'après les auteurs de l'antiquité et les recherches des linguistes. SECONDE ÉDITION, corrigée et considérablement augmentée par l'auteur, avec la collaboration de G. Dottin, secrétaire de la rédaction de la *Revue celtique*, 2 beaux vol. grand in-8° raisin.
En vente : TOME I*er*, contenant : 1° *Peuples étrangers à la race indo-européenne* (habitants des cavernes, Ibères, Pélasges, Etrusques, Phéniciens); — 2° *Indo-Européens*, 1*re* partie (Scythes, Thraces, Illyriens, Ligures). — Prix de ce volume :   10 »

CATALOGUE D'ACTES DES COMTES DE BRIENNE, in-8°, 1872.   3 50

TOULOUSE. — IMP. A. CHAUVIN ET FILS, RUE DES SALENQUES, 23.

COURS

DE

LITTÉRATURE CELTIQUE

PAR

H. D'ARBOIS DE JUBAINVILLE

MEMBRE DE L'INSTITUT, PROFESSEUR AU COLLÈGE DE FRANCE

ET PAR

J. LOTH

PROFESSEUR A LA FACULTÉ DES LETTRES DE RENNES

TOME III

PARIS

ERNEST THORIN, ÉDITEUR

LIBRAIRE DU COLLÈGE DE FRANCE, DE L'ÉCOLE NORMALE SUPÉRIEURE
DES ÉCOLES FRANÇAISES D'ATHÈNES ET DE ROME
DE LA SOCIÉTÉ DES ÉTUDES HISTORIQUES

7, RUE DE MÉDICIS, 7

1889

LES
MABINOGION

TRADUITS EN ENTIER POUR LA PREMIÈRE FOIS EN FRANÇAIS

AVEC

UN COMMENTAIRE EXPLICATIF ET DES NOTES CRITIQUES

PAR

J. LOTH

PROFESSEUR A LA FACULTÉ DES LETTRES DE RENNES
LAURÉAT DE L'INSTITUT
MEMBRE CORRESPONDANT DE LA SOCIÉTÉ DES *Cymmrodorion*

TOME PREMIER

PARIS
ERNEST THORIN, ÉDITEUR
LIBRAIRE DU COLLÈGE DE FRANCE, DE L'ÉCOLE NORMALE SUPÉRIEURE,
DES ÉCOLES FRANÇAISES D'ATHÈNES ET DE ROME,
DE LA SOCIÉTÉ DES ÉTUDES HISTORIQUES.
7, RUE DE MÉDICIS, 7

1889

A M. Gaston PARIS

HOMMAGE RESPECTUEUX

J. LOTH.

INTRODUCTION

On entend par *Mabinogion* un certain nombre de récits en prose, merveilleux ou romanesques, de nature et d'origine diverses. La collection la plus importante de ces *Mabinogion* se trouve dans le célèbre manuscrit connu sous le nom de *Livre Rouge* à cause de la couleur de sa couverture. Ce manuscrit, aujourd'hui la propriété du collège de Jésus, à Oxford, est une sorte de *corpus* de la littérature galloise. Il se compose de 362 folios de parchemin, à deux colonnes, et remonte, en grande partie, à la fin du quatorzième siècle. Lady Charlotte Guest a publié, pour la première fois (1), *en entier*, en 1838,

---

(1) Le célèbre Owen Pughe, auteur d'un dictionnaire gallois-anglais, encore indispensable à consulter, malgré ses défauts, avait préparé une édition complète des *Mabinogion*, avec notes explicatives. Son travail devait même commencer à paraître en 1831, comme il ressort d'une lettre de son fils Aneurin Owen, publiée dans l'*Archaeologia Cambrensis*, IV, 3ᵉ série, p. 210. Il serait intéressant de savoir ce que ce travail est devenu. Les *Mabinogion* ont été mis en gallois moderne, mais il est visible que l'auteur a suivi la traduction anglaise de lady Guest.

le texte et la traduction de ces *Mabinogion*, avec des notes explicatives, en laissant de côté ceux qui n'étaient que des traductions de romans français. Quelques-uns avaient déjà été publiés séparément. Le *Mabinogi* de Pwyll avait paru avec une traduction dans le *Cambrian register*, II, p. 177 (1795 et 1796); le texte et la traduction avaient été reproduits dans le *Cambro-Briton*, II, p. 271 et suiv. (1821). Il est assez curieux de constater que les mêmes passages ont été supprimés dans cette traduction et dans celle de lady Guest. Le *Mabinogi* de Math, fils de Mathonwy, avait paru avec traduction dans la *Cambrian Quarterly* (lady Guest, *Mab.*, III, p. 253). Le *Greal* avait donné seulement le texte du songe de Maxen Wledic en 1806, p. 289. L'aventure de Lludd et Llevelys se trouvait déjà insérée dans le *Brut Tysilio* et le *Brut Gruffydd ab Arthur*, publiés par la *Myvyrian Archaeology of Wales*. Une version du même récit avait aussi paru dans le *Greal*, provenant d'une source différente d'après lady Guest. Le rév. Peter Roberts en avait donné une traduction dans *The Chronicle of the Kings of Britain*. Le texte gallois sur lequel repose la traduction de lady Guest est une copie du texte des *Mabinogion* du *Livre Rouge* faite par un littérateur gallois, John Jones, plus connu, comme la plupart de ses compatriotes, par son pseudonyme de Tegid. La traduction de lady Guest est une œuvre remarquable, faite avec une grande conscience, témoignant d'une rare pénétration d'esprit; mais l'auteur a eu à lutter non seulement contre les obscurités du texte, mais encore contre les défectuosités de la copie qu'elle avait sous les yeux. Il est visible en maint endroit que l'auteur ne se sent pas sur un terrain bien sûr; l'expression parfois est flottante et le même mot traduit différemment suivant le contexte. Là où les dictionnaires hésitent ou ne lui fournissent aucune lumière, lady Guest n'a pas toujours été bien inspirée. Il eût fallu sur le texte un travail critique préparatoire qui lui a forcément manqué. La traduction corrige néanmoins le texte en maint endroit; le commentaire qui l'accompagne est précieux pour l'intelligence des traditions galloises; en somme, c'est une œuvre dont l'apparition marque une ère nouvelle dans l'histoire de la littérature galloise et l'étude des traditions bretonnes.

Outre un certain nombre d'erreurs et d'inexactitudes dues au texte et à l'état imparfait des dictionnaires, la traduction de lady Guest présente des inexactitudes et des lacunes *volontaires*. Elle a supprimé les passages qui lui paraissaient scabreux ou choquants, et singulièrement atténué des crudités de langage et des brutalités de mœurs qui sont cependant loin d'être sans intérêt et sans importance pour l'histoire et la critique. Ces scrupules sont d'autant plus excusables que lady Guest considérait les *Mabinogion* comme destinés à l'amusement et à l'édification de la jeunesse, en particulier de ses deux enfants auxquels sa traduction est dédiée, mais il n'en est pas moins résulté que le caractère véritable des récits gallois en a été, dans une certaine mesure, sérieusement altéré.

Si ces raisons, sans parler du prix élevé de l'ouvrage de lady Guest, ne suffisaient pas à justifier un nouvel essai de traduction, l'apparition, en 1887, d'une nouvelle édition (1) du texte gallois des *Mabinogion*, œuvre de MM. John Rhys et J. Gwenogfryn Evans, en démontrerait l'opportunité, et, jusqu'à un certain point, la nécessité. Nous possédons désormais un texte sûr, une reproduction exacte des *Mabinogion* du *Livre Rouge*, jusque dans les plus petits détails et dans leurs moindres défauts. La tâche du traducteur n'en reste pas moins singulièrement lourde; c'est, en effet, une édition diplomatique des *Mabinogion* et non une édition critique. Or, à part quelques fragments, la source des *Mabinogion*, *jusqu'ici édités* (2), est uni-

---

(1) *The text of the Mabinogion from the Red Book of Hergest*, by John Rhys and J. Gwenogfryn Evans, Oxford. J. Gwenogfryn Evans, 7 Clarendon Villas. — C'est le premier volume d'une collection annoncée sous le titre général de *Old welsh Texts*. Les auteurs ont ajouté aux *Mabinogion*, des Triades tirées du *Livre Rouge*, et un index des noms propres. Ils ont laissé de côté la *Hanes Taliessin*, ou *Histoire de Taliessin*, qui ne regarde pas le *Livre Rouge*, et que lady Guest avait insérée dans son œuvre.

(2) Les éditeurs des *Old welsh Texts* annoncent la publication de fragments importants du *Songe de Maxen*; de *Manawyddan*; des *Romans de Gereint et Enid*; de *Peredur*, etc., d'après un manuscrit écrit entre 1225 et 1275. Leur édition critique des *Mabinogion* sera fondée en grande partie sur le *Livre Blanc* de Rhydderch, conservé dans la bibliothèque de M. Wynne, à Peniarth, Merionethshire. Une partie importante du *Roman de*

que ; on n'a pas la ressource des variantes. Avant d'entreprendre ma traduction, j'ai dû, en quelque sorte, faire pour mon usage une édition critique du texte gallois. La méthode que j'ai employée est celle qui a renouvelé l'intelligence des textes latins et grecs ; je me suis appliqué à éclairer les *Mabinogion* par eux-mêmes, chaque expression ou terme obscur ou douteux, autant que possible, par les passages correspondants soit des *Mabinogion*, soit des textes en prose et même en vers de la même époque. Des notes critiques, que l'on trouvera à la fin de cet ouvrage, renvoyant à la page et à la ligne du texte gallois de Rhys-Evans, et à la page de ma traduction, indiquent les corrections au texte ou mes hésitations, avec les différences qui me séparent de lady Guest. Pour la traduction, j'ai voulu la rendre aussi lisible que possible, sans rien sacrifier de l'exactitude que l'on est en droit de demander avant tout à un traducteur. En fait de traduction, *littéral* n'est pas synonyme d'*exact*. Traduire, par exemple, *myned a orug* par *aller il fit* serait aussi peu exact que de décomposer *donnerai* en *ai à donner*. Ce qu'on a appelé la *naïveté* ou la *simplicité* des conteurs gallois ne m'a guère préoccupé non plus. Outre que n'est pas *naïf* qui

---

Gereint et Enid, a été publiée d'après un manuscrit de Hengwrt, avec une traduction dans la *Revue celtique*, VII, p. 401-435; VIII, p. 1-29. Quelques variantes de ce fragment sont intéressantes, mais il est évident que ce manuscrit remonte à la même source que le *Livre Rouge*.

veut, ce serait prêter aux auteurs ou arrangeurs de ces récits une qualité à laquelle ils n'avaient aucun droit et, vraisemblablement, aucune prétention.

Il ne faut pas regarder en effet les *Mabinogion* comme des récits écrits sous la dictée d'un homme du peuple. Si leur source a été, jusque dans une certaine mesure, populaire ou pour mieux dire nationale, ce sont, tels qu'ils nous sont parvenus, des œuvres de lettrés, écrites ou mises en ordre, comme je le montre plus bas, pour la classe des lettrés. Ce qu'on a pris pour de la naïveté est une certaine négligence et familiarité de style qui s'explique facilement par la provenance orale de ces récits et surtout par le fait qu'à l'époque de la rédaction des *Mabinogion* la langue de la littérature était surtout la poésie. Poétique et remarquablement imagée dans l'expression, la langue des *Mabinogion* est d'une trame un peu lâche dans la contexture du récit; les répétitions ne sont pas rares, surtout, il est vrai, dans les romans de Gereint et Enid, d'Owein et Lunet, et de Peredur; la période par juxtaposition se présente à chaque instant. Cette prose des *Mabinogion* avec ses brillantes qualités poétiques et ses gaucheries de construction est loin assurément de la perfection qu'elle atteindra au dix-huitième siècle avec le Bardd Cwsg d'Elis Wynn (1), dont la

---

(1) On peut citer encore dans notre siècle, comme un exemple de ce que peut donner la langue galloise entre des mains habiles, les *Brutusiana* de David Owen (Brutus), le Cicéron gallois.

langue a la vivacité d'allures, l'intensité d'images de la meilleure poésie, et la netteté de la meilleure prose. Elle n'a pas non plus la précision philosophique et la structure nerveuse de la langue des Lois et surtout peut-être des Lois de Gwynedd ou Nord-Galles dans leur manuscrit le plus ancien, qu'Aneurin Owen, dans son édition d'ailleurs si recommandable, a maladroitement alourdi par de prétendues variantes complémentaires introduites dans le texte et qui ne font que défigurer la plupart du temps l'œuvre primitive (1). S'il y a une impression que ne donne pas la littérature galloise du moyen âge, c'est bien la naïveté et la simplicité : la langue des poètes gallois, par exemple, témoigne d'une culture raffinée ; elle est aussi intraduisible en français que du Pindare.

Ce qui a le plus contribué à donner aux *Mabinogion* un vernis de naïveté, sans parler de l'étrangeté et du merveilleux des récits, c'est le titre lui-même de *Mabinogion* auquel on a attribué le sens de *contes d'enfants*. Le mot dérive en effet de *mab*, fils, mais *mab* s'applique aussi bien à un jeune

---

(1) Au point de vue intellectuel, les Lois sont le plus grand titre de gloire des Gallois. L'éminent jurisconsulte allemand Ferd. Walter, constate qu'à ce point de vue les Gallois ont laissé bien loin derrière eux les autres peuples du moyen âge (*Das alte Wales*, p. 364). Elles prouvent chez eux une singulière précision et finesse d'esprit, et une grande aptitude à la spéculation philosophique. Les Bretons, quoi qu'on en ait dit, étaient capables de goûter autres chose que la guerre, l'hydromel et la musique.

homme qu'à un enfant. D'ailleurs *mabinogi* est dérivé immédiatement de *mabinog*, terme qui désigne, comme l'a très justement remarqué M. Rhys dans sa préface aux *Mabinogion*, un *apprenti littérateur*, un étudiant de la section de poésie, un aspirant barde. Le barde qui avait ses grades, dont la science avait été reconnue officiellement, devait prendre avec lui trois disciples ou *mabinogion* ou *mebinogion* : avant de pouvoir se présenter aux concours poétiques qui leur donnaient, après trois victoires, le titre de *barde à chaire*, ils avaient à passer par trois degrés dont les noms nous sont connus et pour chacun desquels il fallait des connaissances spéciales. Les études du *mabinog* comprenaient : l'étude approfondie de la langue galloise : orthographe, syntaxe, formation et dérivation ; la connaissance des mètres gallois : allitération, consonnance, pieds, strophes, avec des compositions originales ; l'étude des généalogies, des droits, des coutumes et de l'histoire des Gallois. Après avoir gagné le prix de poésie dans trois concours publics, le *mabinog* devenait *barde à chaire* et pouvait enseigner à son tour et prendre avec lui des *mabinogion* (1). Les récits

---

(1) *Iolo mss.*, p. 211. Taliessin se vante de connaissances bardiques qui se rapportent tout justement à certaines traditions conservées dans nos *Mabinogion*, et parle avec dédain de ceux qui les ignorent (Skene, *Four ancient books of wales*, II, p. 181, 182). Dans un autre passage des *Iolo mss.*, il est défendu aux bardes de s'occuper de récits mensongers comme ceux qui concernent Arthur et le chevalier du Llwyn Glas (du *buisson vert*,

portant le nom de *mabinogion* formaient donc une partie importante du bagage littéraire du *mabinog* ou *mebinog*.

Il n'y a, dans la collection que je traduis que quatre récits qui portent le titre de *Mabinogion* dans le texte gallois : ce sont les romans de Pwyll, prince de Dyvet (le moins original des quatre), de Manawyddan, fils de Llyr, de Branwen, fille de Llyr, de Math, fils de Mathonwy. Ces quatre récits appartiennent au cycle gallois le plus ancien et sont sans doute un reste du patrimoine commun aux Gaëls et aux Bretons. Arthur n'y paraît pas. *Le songe de Ronawby*, *le songe de Maxen Wledic*, sont des compositions purement littéraires, qui ne manquent pas d'originalité, la première surtout : l'auteur ou le héros du récit s'endort et, en rêve, il est transporté au temps d'Arthur ; il assiste au défilé des troupes du héros dont il dépeint l'aspect et l'équipement avec une remarquable richesse et précision de détails : le cadre est habilement choisi et l'idée maîtresse véritablement originale. L'aventure de Lludd et Llevelys paraît appartenir au passé légendaire des Bretons ; c'est une sorte de triade développée. Les traducteurs gallois de Gaufrei de Monmouth, dans le Brut Tysylio et le Brut Gruffydd ab Arthur (nom gallois de Gaufrei), l'ont insérée dans leur histoire, et il est assez singulier qu'elle

---

sans doute le Vert chevalier). Ce texte est évidemment relativement récent.

manque dans l'œuvre de Gaufrei. Kulhwch et Olwen me semblent occuper une place à part dans les *Mabinogion*. C'est une œuvre de transition, dans la mise en œuvre des matériaux comme dans l'esprit qui l'anime. Ce qui frappe tout d'abord, c'est la préoccupation constante de l'auteur de faire partout dominer la figure du héros national des Bretons d'Angleterre et de France, Arthur. Il fait apparaître aussi à sa cour beaucoup de personnages qui appartiennent à d'autres cycles, par exemple, Manawyddan, Gwydion ab (1) Don, Lludd Llaw Ereint, Gwynn ab Nudd, etc. Les chiens qui doivent tuer le monstre Yskithyrwynn Penbeidd sont ceux de Glythmyr : l'auteur fait accomplir cet exploit par le chien d'Arthur, Cavall. Arthur apparaît partout, tout se fait par lui ou par Kei. Si ce n'est pas encore le roi de la Table Ronde, il a à côté de lui des compagnons frottés de civilisation française. Ils sont choqués à la pensée qu'il va se colleter avec la sorcière : *ce ne serait pas convenable*. Ils trouvent aussi, qu'il est au-dessous de lui d'aller à la recherche de certains objets de trop mince importance, et le renvoient poliment à sa cour de Kelliwic, en Kernyw (Cornouailles). Ses officiers commencent à rougir de certains emplois qui leur paraissent compromettants pour eux et de nature à faire tort à la réputation de générosité

---

(1) *Ap* ou *ab* a le sens de *fils de*. — *Ab* entre encore en composition de beaucoup de noms propres de notre pays de Léon.

d'Arthur : Glewlwyt fait remarquer qu'il veut bien faire les fonctions de portier au premier de l'an, mais que le reste de l'année ce sont ses subordonnés qui remplissent ce rôle : trait de mœurs remarquable qui se retrouve dans le récit d'Owen et Lunet : Glewlwyt fait l'office de portier ou plutôt d'introducteur des étrangers, *mais de portier en réalité, il n'y en avait point*. Il semble bien en ressortir que le remaniement de Kulhwch est contemporain de celui d'Owein et Lunet, par conséquent du douzième siècle. Dans un curieux poème du *Livre Noir* de Caermarthen, document de la fin du douzième siècle, Glewlwyt se présente au contraire nettement comme portier. Kei a encore les traits du guerrier redoutable, de l'être fabuleux que nous présentent le *Livre Noir* et certaines poésies de la *Myvyrian Archaeology of Wales*, mais il a déjà une tendance à *gaber* qui se développera pour son malheur dans les romans français.

Avec certains personnages et certains traits de mœurs, nous sommes en revanche brusquement ramenés au plus lointain passé des Bretons et des Gaëls, comme on le verra par les notes. Le narrateur semble avoir voulu concilier les traditions payennes avec l'esprit chrétien : Nynniaw et Pebiaw ont été transformés en bœufs pour leurs péchés. Le porc Trwyth est un prince que Dieu a puni en le mettant sous cette forme. Le conteur a été visiblement embarrassé pour Gwynn ab Nudd. Gwynn, comme son père Nudd, est un ancien dieu des Bretons et des Gaëls (v. plus loin la note sur ce personnage). Les prêtres chrétiens en avaient fait un démon. Le peuple s'obstinait à le regarder comme un roi puissant et riche, le souverain des êtres surnaturels. Notre auteur a eu une idée originale ; il l'a laissé en enfer où le christianisme l'avait fait définitivement descendre pendant que son père Nudd conservait une place honorable dans l'Olympe chrétien, mais pour un motif des plus flatteurs pour lui : *Dieu lui a donné la force des démons pour les dominer et les empêcher de détruire les hommes de ce monde : il est indispensable là-bas.* On surprend d'ailleurs parfois chez l'auteur, notamment dans les épithètes, une pointe de malice. Les dieux ou héros qui ne s'étaient pas trop compromis dans l'Olympe payen ou qu'il eût été inutile et dangereux de noircir dans l'esprit des populations bretonnes christianisées, ont en général été convertis et ont passé, en Galles, au rang des saints. Aussi la liste en est-elle interminable. Pout tout abréger, on les a divisés en trois grandes catégories : ils descendent tous, soit de Kaw d'Ecosse, soit de Cunedda, soit de Brychan. Notre conteur donne lui aussi l'énumération des fils de Kaw qu'il a introduits à la cour d'Arthur ; parmi eux nous trouvons *Neb*, fils de Kaw, c'est-à-dire *Quelqu'un* ou mieux *N'importe qui*, fils de Kaw ! Le récit présente des incohérences, des lacunes, en un mot des traces irrécusables de remaniement.

Les trois romans d'Owein et Lunet, de Gereint

et Enid, de Peredur ab Evrawc nous transportent dans un monde tout différent : mœurs, langage, culture, tout porte la marque de la civilisation française. La géographie de ces romans est vague ; on sent qu'on n'a plus affaire à des Gallois parlant des traditions de leurs pays. Ces *Mabinogion*, pour employer un terme peu exact mais commode, remontent à la même source que les trois romans français correspondants du *Chevalier au Lion*, d'*Erec et Enid* et de *Perceval le Gallois*, œuvres de Chrétien de Troyes qui florissait au milieu du douzième siècle. L'*Ivain* ou le *Chevalier au Lion*, de Chrétien, a été publié, d'après un seul manuscrit de la Bibliothèque nationale, par lady Guest à la suite du *Mabinogi* d'Owein et Lunet, mais d'une façon tellement défectueuse que le poème est presque illisible. Il a été publié deux fois depuis par M. Holland (Hanovre, 1861 et 1880) (1). L'imitation allemande d'Hartmann d'Aue a été souvent imprimée. Le poème de Chrétien a été traduit en anglais et publié par Ritson (*Ancient Englkish metrical romances*, I, p. 1-169) sous le titre d'*Ywain et Gawain*. Il y en a une version scandinave intéressante qui a servi de base à un poème suédois. Elle a été

---

(1) J'emprunte ces renseignements sur les trois romans français et les imitations étrangères à l'étude de M. Gaston Paris, sur les Romans en vers de la *Table Ronde*, dans le t. XXX de l'*Histoire littéraire de la France* (p. 1-270). L'*Ivain*, formant le tome deuxième de l'édition de Chrétien de Troyes de M. W. Förster, vient de paraître.

publiée et comparée avec le poème français par M. E. Kölbing (*Riddarasögur*, p. v-xxxvii, 73-136) (1). *Erec et Enid* a été publié par Imm. Bekker dans le tome X de la *Zeitschrift für Deutsches Alterthum*, d'après le manuscrit de la Bibliothèque nationale. Il y en a une version souvent imprimée d'Hartman d'Aue. La *Saga* norvégienne d'Erec a été publiée et comparée avec l'original français par M. Cederschiöld (*Erec Saga*) (2). Un érudit belge, M. Potvin, a publié à Mons, en six volumes, de 1866 à 1871, le poème laissé inachevé par Chrétien, trois des continuations successives, l'analyse avec de nombreux extraits d'une quatrième, enfin un roman en prose inachevé (3). Le *Parzival* de Wolfram d'Eschenbach est la plus célèbre des imitations de ce roman; l'auteur n'a connu que l'œuvre de Chrétien. Le *Perceval*, borné à l'œuvre de Chrétien, a été traduit en norvégien. Cette *saga* a été publiée par M. E. Kölbing (*Riddarasögur*, i-iv, 1-71). Un poème anglais, publié par Ritson, *Sir Parcevell*, et, en 1844, par M. Halliwell, nous présente, suivant la remarque de M. Gaston Paris (4), un récit plus simple,

---

(1) Voir une analyse du *Chevalier au Lion* dans l'*Histoire littéraire de la France*, XV, p. 235-234.

(2) Voir l'analyse du poème français dans l'*Hist. litt.*, XV, p. 197-209.

(3) Analyse du *Parceval*, de Chrétien, dans l'*Hist. litt.*, XV, p. 246-254.

(4) *Hist. litt.*, XXX, p. 29; voy. p. 254, une analyse de cette version; cf. plus bas, note 1 de ma traduction française de Peredur.

moins altéré et plus ancien, sans doute, que le *Mabinogi* de Peredur et le poème de Chrétien. Les trois *Mabinogion* ne sont pas plus traduits de Chrétien que les poèmes de Chrétien ne sont traduits ou imités d'eux. Ils remontent tous à une source commune, c'est-à-dire à des romans français écrits en Angleterre et reposant sur des légendes bretonnes ; les originaux ont disparu et nous n'en avons conservé que des imitations mutilées (1). Ce serait peut-être s'avancer trop que d'affirmer que les trois *Mabinogion* sont traduits *littéralement* du français, mais il est bien évident qu'ils serrent de près une source française. Quant au fonds primitif de ces récits, on admet généralement qu'il est d'origine celtique (2). Les légendes celtiques du pays de Galles ont été de bonne heure connues par les Normands après la conquête anglaise. Dès la fin du onzième siècle, ils avaient pris possession d'une partie du sud. Sur les marches, à l'est, ils ont été, dès leur installation en Angleterre, en contact avec les Gallois. L'aristo-

---

(1) Voy. sur l'origine des *Romans de la Table Ronde*, les études toujours si précieuses à consulter de M. Paulin Paris, *Les Romans de la Table Ronde*, surtout l'introduction ; cf. Gaston Paris, *Romania*, X, p. 465 et suiv. ; *Ibid.*, XII, p. 459 et suiv. ; *Histoire littéraire de la France*, XXX, p. 1-270.

(2) Il y a même dans Peredur des traits de mœurs celtiques ; voyez p. 208 du texte gallois. Il est assez remarquable aussi que les noms bretons, dans ces trois *Mab.*, ont une forme purement galloise. Ce n'est pas le cas dans les versions galloises du *Seint Greal*.

cratie française recherchait fort les alliances avec les Gallois encore à peu près indépendants, tandis que les Saxons étaient courbés sous le joug, principalement peut-être à cause de l'auréole de noblesse et d'ancienneté qui s'attachait, dans les légendes, à la race bretonne. David, fils d'Owain de Gwynedd, épouse une sœur du roi Henri II ; Llewelyn ab Iorwerth, roi de Gwynedd, épouse Jeanne, sœur du roi Jean ; Gerald de Windsor, épouse Nest, fille de Rhys ab Tewdwr ; Bernard de Newmarch épouse Nest, fille de Trahearn ab Caradoc ; Robert Fitzhamon, Nest, fille de Iestin ab Gwrgant ; John de Breos, Margaret, fille de Llewelyn ab Iorwerth ; Reynold de Bruce, une autre des filles de ce chef ; Gruffydd, fils de Rhys se marie à Matilda, fille de William de Breos ; son frère, Rhys Gryg, à une fille du comte de Clare ; Kàdwaladr ab Gruffydd ab Kynan, à une fille de Gilbert, comte de Clare (1), etc. Une autre source de transmission des légendes bretonnes a été la Bretagne armoricaine. Sans parler de la communauté d'origine et des incessantes relations des émigrés bretons avec l'île mère, notamment avec la Cornouaille anglaise, il y avait eu une nouvelle émigration de Bretons armoricains en Angleterre au commencement du dixième siècle, émigration considérable, mais qui, pour beaucoup des émigrants, ne fut pas défini-

---

(1) Voy. *Archaeologie cambr.*, XIV, 3ᵉ série, p. 147 ; cf. Stephens, *Litterature of the Cymry*, p. 413.

tive (1). Le chef gallois Rhys ab Tewdwr, forcé de s'exiler, séjourna en Armorique, et même, suivant une tradition sur l'ancienneté de laquelle on n'est pas fixé, en aurait rapporté le système bardique de la *Table Ronde* (2). Les trois *Mabinogion* d'Owein et Lunet, de Peredur ab Evrawc, de Gereint et Enid ont été traduits en allemand par Schulz (San-Marte) et en français par M. de la Villemarqué ; mais, comme l'a très justement remarqué Stephens (3), M. de la Villemarqué n'a fait que traduire la *traduction anglaise* de lady Guest, et il a complètement *oublié* d'en avertir le lecteur (4).

Quelle est la date de la rédaction des *Mabinogion ?* Ont-ils été mis sous la forme que nous leur connaissons, au quatorzième siècle seulement, c'est-à-dire à l'époque où a été écrit le *Livre Rouge*, ou les copistes avaient-ils sous les yeux des manuscrits plus anciens ?

Il est sûr, par certaines fautes des copistes (*u* pour *w*, *v*, *u* ; *t* = *dd*, etc.), qu'ils copiaient un manuscrit plus ancien que la seconde moitié du

---

(1) Voy. J. Loth, *L'Emigration bretonne en Armorique*, p. 193. Les Bretons ont pris aussi une grande part à la conquête de l'Angleterre par les Normands. Des membres de la famille ducale de Bretagne se sont même établis en Angleterre à la suite de la conquête, ainsi que beaucoup de seigneurs.

(2) *Iolo mss.*, p. 630.

(3) Stephens, *Litter. of the Cymry*, p. 406.

(4) *Les Romans de la Table Ronde*, Paris, 1861. Pour être juste, je dois faire remarquer que M. de la Villemarqué n'a pas toujours compris la traduction anglaise de lady Guest.

quatorzième siècle, probablement de la même époque que le *Liber Landavensis*, ou plutôt le manuscrit le plus ancien des lois de Gwynedd, un manuscrit, par conséquent, de la fin du douzième, ou du commencement du treizième siècle. On rencontre aussi, çà et là, des archaïsmes que les copistes du quatorzième siècle n'ont évidemment pas compris. D'ailleurs, les Gallois possèdent, dans des manuscrits du treizième siècle, des fragments considérables des *Mabinogion*. Dans l'ensemble, les *Mabinogion* me paraissent avoir été écrits à la fin du douzième siècle. Le *Songe de Rhonabwy* ne peut être antérieur au milieu du douzième siècle, l'aventure se passant du temps de Madawc ab Maredudd, prince de Powys, qui mourut en 1159. Il paraît avoir été bientôt populaire, car Madawc Dwygraig (1260-1340) dit qu'il n'est qu'un rêveur comme Ronabwy (*Myv. arch*, p. 322, col. 1). Dans Kulhwch et Olwen il est fait mention d'Alan Fergan, évidemment Alain Fergent, duc de Bretagne de 1084 à 1119. Le terme de Gwales en Pembroke, dans le *Mabinogi* de Branwen, ne peut être antérieur au commencement du douzième siècle. La version du *Livre Rouge* de Lludd et Llevelys se rattache étroitement à celle qui se trouve dans le Brut de Gruffydd ab Arthur, et est incontestablement postérieure, dans sa rédaction, à l'œuvre de *Gaufrei de Monmouth* (v. plus loin, note 2 de ma traduction française de Lludd et Llevelys).

Le *Songe de Maxen* porte des traces irrécusables

de l'influence de Gaufrei (1). D'un autre côté, la géographie politique des *Mabinogion* ne nous permet pas de mettre la composition de ces récits plus tard que le treizième siècle. C'est ainsi que les Etats de Pwyll ne comprennent que *sept cantrevs*; or si Dyvet n'en avait que sept au douzième siècle, comme le dit Girald. Cambr. (*Itiner.*, I, 12), au treizième, il en comptait huit au témoignage de la *Myv. arch.* (2ᵉ éd., p. 737). Le *Mabinogi* de Math ab Mathonwy attribue sept *cantrevs* à Morganhwc, auquel la *Myv. arch.* n'en donne que quatre (*Myv.*, p. 737). Or c'est là exactement l'étendue du royaume de Iestin ab Gwrgan, qui régna de 1083 à 1091 (v. plus loin, note 3 de ma traduction française de Math). Math donne à Llew Llaw Gyffes le *cantrev* de Dinodic, et l'auteur ajoute que cette division porte de son temps les noms d'Eiwynydd et d'Ardudwy (traduction française). La rédaction que glose le copiste du quatorzième siècle nous reporte donc avant les statuts de Rothelan, par lesquels Edouard Iᵉʳ remania, en 1284, les divisions administratives du pays de Galles. Avant cette époque, Dinodig était un *cantrev* subdivisé en deux *Kymmwd*, Eivionydd et Ardudwy. Dans les statuts, le *cantrev* de Dinodig est supprimé, et il est, au contraire, établi deux *Kymmwd* : celui d'Eivionydd, passant sous la domination du vicomte de Caernarvon, celui d'Ar-

---

(1) La civilisation matérielle est celle des Lois ; j'excepte naturellement les récits d'origine française.

dudwy, sous celle du vicomte de Merioneth (*Ancient laws*, II, p. 908). Le *Livre Noir*, qui est de la fin du douzième siècle, les poèmes de la *Myv.* du douzième et du treizième siècle, le *Livre de Taliesin*, qui est du treizième, présentent des passages qui paraissent inspirés des *Mabinogion* de source purement galloise. Si la rédaction des *Mabinogion* est du douzième siècle, dans son ensemble, avec un certain nombre d'interpolations du quatorzième, il ne s'ensuit pas naturellement que les légendes qui en font l'objet ne soient pas antérieures à cette époque. Elles plongent, au contraire, dans le plus lointain passé de l'histoire des Celtes, en partie jusqu'à la période même de l'unité des Gaëls et des Bretons. L'épisode de la chasse du porc Trwyth se trouve déjà dans *Nennius*, dans une partie, il est vrai, de l'œuvre mise sous ce nom, qui n'appartient probablement pas au noyau primitif de la compilation (1).

Le dialecte des *Mabinogion* est celui du sud du pays de Galles (2). On ne connaît avec sûreté le nom d'aucun auteur des *Mabinogion*. Les *Iolo mss.* (3) donnent bien un certain Ieuan ap y Diwlith comme un auteur de *mabinogion*, mais il est probable qu'il ne vivait pas à la fin du douzième

---

(1) On trouvera dans mes notes beaucoup de détails qui pourront aider le lecteur à se faire une opinion sur ces différents points.
(2) Silvan Evans, *Llythyraeth y Cymry*, p. 7.
(3) *Iolo mss.*, p. 479.

siècle, comme le prétendent les biographes gallois ; il était, en effet, fils de Rhys ab Rhiccert qui vivait vraisemblablement au quatorzième siècle. Stephens (1) croit, avec raison, qu'il florissait vers 1380. Un personnage beaucoup plus important, c'est le Bledhericus de Giraldus Cambrensis : *famosus ille Bledhericus fabulator qui tempora nostra paulo praevenit.* Thomas, qui écrivait en Angleterre vers 1170, auteur d'un roman de Tristan, dont il nous reste un fragment considérable, embarrassé par la variété des récits que colportaient les conteurs, fait appel pour appuyer la version qu'il choisit, peut-être qu'il invente, à l'autorité de Bleri (Bledri) :

> Seigneurs, cest cunte est mult divers...
> Entre cels qui solent cunter
> E del cunte Tristran parler,
> Il en cuntent diversement,
> Oï en ai de plusur gent ;
> Asez sait que chescun en dit,
> Et ço qu'il unt mis en escrit.
> Mès sulum ço que j'ai oï
> Nel dient pas solum Breri,
> Ky solt les gestes é les cuntes
> De toz les reis, de toz les cuntes
> Ki orent esté en Bretaingne (2).

(1) *Litterat.*, p. 408. Stephens, se fondant sur la description exacte, à ce qu'il paraît, de Cardiff dans *Gereint et Enid*, suppose qu'il est l'auteur de *Gereint et Enid*. Il n'en serait, en tout cas, d'après ce que nous venons de dire, que l'arrangeur ou le traducteur gallois.

(2) J'emprunte ces détails sur Thomas et sur Breri, ainsi que la citation, à M. Gaston Paris, *Hist. litt.*, XXX, p. 10.

Il y a eu un Bledri nommé évêque de Llandaf en 983 (1), célèbre par son savoir et son zèle pour l'instruction. Il semble que ce personnage ait été confondu avec deux autres fort différents : Blegobred ou Blegabred, personnage fabuleux, roi des chanteurs et des poètes dont parle Gaufrei de Monmouth (*Hist.*, III, 19), et Blegywryd, archidiacre de Llandaf, jurisconsulte et savant éminent, qui fut chargé par Howel Da de la rédaction du code de lois qui portent son nom (2). Les *Iolo mss.* le qualifient de *mebydd* (3) de Llandaf.

Le commentaire naturel des *Mabinogion* se trouve surtout dans les *Triades*, sortes de mementos du passé mythologico-historique des Bretons. La *Triade* est un lit de Procuste, où les lettrés ont fait entrer de force, trois par trois, les personnages et les choses du passé. Nul doute que cette méthode n'ait beaucoup contribué à fausser les traditions bretonnes, mais elle a eu l'avantage d'aider la mémoire. Les *Triades* servaient sans doute, comme les *Mabinogion*, à l'enseignement bardique : tous les poètes gallois du douzième au seizième siècle en sont lit-

---

(1) *Liber Land.*, p. 517-518.

(2) *Ancient laws*, I, p. 343.

(3) *Mebydd* me paraît signifier *professeur*, et non pas *célibataire*, comme le traduisent les dictionnaires, et devoir être rapproché de *mabinog*, disciple. Les Triades (*Myv.*, p. 409, 93) donnent en effet trois Cyn-vebydd, ou anciens, ou premiers *mebydd* : Tydein Tadawen, Menyw Hen et Gwrhir, barde de Teilaw, à Llandaf. Le nom de Blegywryd est le même que celui de Blegovred.

téralement nourris ; les noms qui y figurent leur sont aussi familiers qu'aux poètes grecs les noms des dieux et des héros de l'épopée homérique. On possède plusieurs versions des *Triades*, mais elles paraissent remonter en somme à trois sources : de l'une dérivent les *Triades du Livre Rouge*, celles d'un manuscrit de Hengwrt, du treizième-quatorzième siècle, publiées dans le *Cymmrodor*, VII, part. II, p. 99, p. 126, par M. Egerton Phillimore, et celles de la *Myv. arch.*, p. 395-399, jusqu'au n° 60 ; la seconde a donné les *Triades* imprimées par Skene, en appendice, dans le tome II, p. 456 de ses *Four ancient books of Wales*, d'après un manuscrit du quatorzième siècle, et celles de la *Myv. arch.*, p. 388 ; une troisième a produit les *Triades* imprimées dans ce même recueil de la *Myv. arch.* de la page 400 à la page 417 ; il y en a 126 sur les 300 que contenait l'œuvre primitive ; l'extrait de la *Myv. arch.* a été fait en 1601 sur le livre de *Jeuan Brechva*, qui est mort vers 1500 environ, et sur un autre manuscrit appelé très improprement le livre de *Caradoc de Lancarvan*, plus récent, probablement, que le premier. Ce sont donc les plus récentes de toutes ; ce sont elles qui ont aussi subi le plus de remaniements. En revanche elles sont moins laconiques que les autres, et en forment parfois comme le commentaire. Malgré des additions et des arrangements postérieurs, les *Triades* doivent dater, dans l'ensemble, de la fin du douzième siècle. Elles sont d'accord avec les

Mabinogion et les citations des poètes de cette époque. Le fragment des *Triades des chevaux* du *Livre Noir* est de la même source que les *Triades des chevaux* du *Livre Rouge*, et celles-ci n'en sont pas une copie. Si les *Triades* ont une valeur historique des plus contestables, quoiqu'on y trouve l'écho d'événements certains sur lesquels l'histoire est muette, elles n'en sont pas moins très précieuses au point de vue de la mise en œuvre par les lettrés des légendes et traditions des Bretons, précisément à l'époque où s'écrivaient les *Mabinogion*, ce qui, pour nous, en double le prix. Les *Iolo mss.* (1), au point de vue légendaire, sont intéressants aussi à consulter. Pour l'histoire du Glamorgan, les divisions territoriales des pays bretons d'Angleterre, ils ont même une valeur historique sérieuse. J'ai dépouillé aussi la partie la plus considérable des poésies galloises jusqu'au quinzième siècle. Les documents purement historiques ne peuvent pas être d'un grand secours pour l'interprétation de compositions purement romanesques ou légendaires. Je n'ai pas cependant négligé de les consulter à l'occasion. L'influence de Gaufrei de Monmouth se fait sentir dans un certain nombre de triades, mais, en somme, assez peu dans les *Mabinogion*. A l'occasion, j'ai renvoyé à ses écrits. On

---

(1) *Iolo manuscrits, a selection of ancient welsh manuscripts*, made, by the late Edward Williams (*Iolo Morganwg*), with english translation and notes, by his son, Taliesin Williams, Llandovery, 1848.

trouvera aussi en note quelques comparaisons avec les mœurs et les personnages de l'épopée irlandaise ; lorsqu'elle sera mieux connue, il se pourrait qu'elle nous livrât la clef d'une partie des origines de la légende bretonne, ou qu'elle nous servît grandement à en reconnaître et fixer les traits primitifs.

Pour les noms propres, suivant l'exemple de MM. Rhys et Evans, j'ai adopté un compromis entre l'orthographe des *Mabinogion* et l'orthographe moderne. La spirante dentale sonore (à peu près le *th* doux anglais) est exprimée dans les *Mabinogion* par *d;* je lui ai substitué partout le *dd* moderne, afin qu'on ne la confondît pas avec *d*. J'ai adopté aussi partout *v* au lieu de *f* = *v* que donnent les *Mabinogion* à la fin des mots, et qui est exclusivement en toute position en usage aujourd'hui. Les autres signes orthographiques sont ceux du gallois moderne : *w* = *ou* français, comme consonne = *w* anglais ; *u* exprime un son intermédiaire entre *u* et *i* français; *y* dans les monosyllabes accentués, et la dernière syllabe des polysyllabes = *i ;* ailleurs, il est, en général, équivalent à notre *e* muet français ; *ch* a la valeur du *c'h* breton (spirante gutturale sourde); *th*, spirante dentale sourde, est analogue au *th* dur anglais ; *r*, au commencement des mots, est une sourde, les Gallois l'expriment maintenant par *rh ; ll* est une sourde aussi : on peut prononcer ce son en pressant la langue contre le palais, au-dessus des dents, et en expirant fortement l'air des deux côtés, mais plus du côté droit. J'ai donné les épithètes, même quand le sens en était certain, en gallois, quitte à les traduire en note : l'épithète est souvent plus significative et plus tenace que le nom. La forme galloise des noms peut servir parfois d'indice et de point de repère dans l'étude de l'évolution des traditions bretonnes chez les autres peuples du moyen âge.

LES
MABINOGION

PWYLL, prince de Dyvet

Ici commence le Mabinogi.

Pwyll (1), prince de Dyvet (2) régnait sur les

---

(1) *Pwyll.* Il est encore question incidemment de ce personnage dans le *Mabinogi* de Manawydan ab Llyr; v. trad. Taliesin fait allusion à Pwyll dans un poème curieux connu sous le nom de *Preiddieu Annwn*; le poète semble lui attribuer, à lui et à son fils Pryderi, la prison de Gwair (V. Kulhwch et Olwen, note). Dans le même poème est mentionné le chaudron de *Pen Annwvyn*, qui *ne fait pas bouillir la nourriture du lâche* (cf. Kulhwch et Olwen, note. V. ce poème dans Skene, *Four ancient books of Wales*, II, p. 181, vers. 9-24). Les *Triades* (Mabinogion, éd. Rhys-Evans, p. 307, l. 7) citent, parmi les trois puissants porchers de l'île, son fils Pryderi; les porcs de Pryderi n'étaient autres que les sept animaux que Pwyll Penn Annwnn avait emmenés en Dyved; d'après le *Mabinogi* de Math, fils de Mathonwy, ils auraient été envoyés en présent à son fils Pryderi par son ami Arawn, roi d'Annwvyn. Pwyll, d'après les Triades, les aurait donnés à Pendaran Dyvet, son père nourricier (v. trad. plus loin). Le nom propre Pwyll se retrouve en Armorique : Poyll, *Cart. de Quimper*, Bibl. nat., 9891, fol. 40 v°, quatorzième siècle.

(2) *Dyvet* tire son nom du peuple des *Demetae*. Les *Demetae*

sept *cantrefs* (1) de ce pays. Un jour qu'il était à

occupaient le territoire qui a formé les comtés actuels de Caermarthen, de Pembroke et de Cardigan. Il en est question dans la vie de saint Samson (Mabillon, *Acta SS.*, I, p. 165; Paul Aurélien, *Revue celt.*, V. p. 413 et suiv., ch. II). *Demett* est le nom d'une paroisse importante de notre Cornouailles. *Cart. de Landevennec*, p. 45; plus tard, au quatorzième siècle, *Ploe-Demet*, auj. *Plo-Zevet*, près Quimper. L'étendue du territoire de Dyved a beaucoup varié. Il n'y avait à porter proprement ce nom que la partie comprise entre la Teivi, au nord-ouest, et la Tywy, au sud-est (*Ancient laws*, éd. Aneurin Owen, I, 339, note; *Iolo, mss.* p. 86). L'évêché de Menevie ou Saint-Davids' s'étend sur à peu près tout l'ancien territoire des Demetae. Les *Triades* nous ont aussi conservé le souvenir de la puissance des Demetae lorsqu'elles mentionnent que les peuples de Cardigan et de Gwyr étaient des branches des Demetae. D'après notre *Mabinogi*, Pryderi, fils de Pwyll aurait ajouté à Dyved, trois *cantrevs* de Caermarthen et quatre de Cardigan. Mais, d'après le *Mabinogi* de Math (Trad. franç., plus bas), sa domination se serait étendue sur vingt et un *cantrevs*, ce qui supposerait à peu près tout le territoire de l'ancien royaume de Dynevwr ou Sud-Galles, moins Erycheiniog ou le Breconshire (Powell, *History of Wales*, p. XVII et suiv.). Les sept *cantrevs* propres de Pwyll ne comprennent que le comté actuel de Pembroke (cf. Giraldus Cambrensis, *Itiner.*, I, 12); mais, au treizième siècle, Dyved a huit *cantrevs* (*Myv. arch.*, 2ᵉ éd., p. 737). Les poètes désignent Dyved sous le nom de *Bro yr hud*, « le pays de la magie, » expression qui trouve son explication dans le *Mabinogi* de Manawyddan ab Llyr (Dafydd ab Gwilym, poète du quatorzième siècle, 2ᵉ éd., p. 320). Llewys Glyn Cothi, poète du quinzième siècle, appelle aussi Dyved, *Gwlad Pryderi* ou *le pays de Pryderi* (p. 136, v. 150).

(1) *Cantrev*, mot à mot; cent habitations ou *villas* : Giraldus Cambrensis, *Cambriae Descript.*, c. 4 : « Cantredus autem, id est *cantref*, a *cant* quod, centum, et *tref*, villa, composito vocabulo tam britannica quam hibernica lingua dicitur tanta terrae portio, quanta centum villas continere potest. » Le *cantrev* se subdivisait en *cymmwd*. Au douzième siècle, Gwynedd ou le Nord-

Arberth (1), sa principale cour, il lui prit fantaisie d'aller à la chasse. L'endroit de ses domaines pour lequel il se décida, ce fut Glynn Cuch (2). Il partit la nuit même d'Arberth et arriva à Llwyn Diarwya (3) où il passa la nuit. Le lendemain il se leva, dans la *jeunesse* (4) du jour, et se rendit à Glynn Cuch pour y lancer ses chiens sous bois. Il sonna du cor, donna le signal du tumulte de la chasse, s'élança à la suite des chiens et perdit bientôt ses compagnons. Comme il prêtait l'oreille aux aboiements des chiens, il entendit ceux d'une autre meute ; la voix n'était pas la même et cette meute

---

Galles comprenait 12 *cantrevs*, Powys 6, le sud du pays de Galles 29, parmi lesquels les 7 de Dyved (Girald. Cambr., *Itiner.*, I, 12). Sur l'étendue primitive du *cantrev*, v. *Ancient Laws*, I, p. 185-186 ; sur des traces certaines de cette division en Armorique, v. J. Loth, *l'Emigration bretonne en Armorique*, p. 228. Paris, Picard, 1883.

(1) *Arberth*, cour princière et nom d'un ancien *cantrev*, au sud-est du comté de Pembroke, sur les limites du Caermarthenshire. Un poète du treizième siècle, Einiawn Wann, appelle Llywelyn ab Iorwerth *Llyw Arberth*, ou le chef d'Arberth (*Myv. arch.*, p. 233, col 2).

(2) *Glynn Cuch*. La Cuch ou Cych est une rivière qui coule entre les comtés de Pembroke et de Carmarthen et va se jeter dans la Teivi entre Cenarth et Llechryd. Le *glynn* indique proprement un vallon étroit et boisé. *Glen*, en breton armoricain moyen, indique la terre, opposée au ciel.

(3) *Llwyn Diarwya*. Le mot *llwyn* signifie buisson, fourré (vieil armoricain, *loin*; pluriel, *loeniou*. V. J. Loth, *Chrestomathie bret. Annales de Bretagne*, t. II, p. 401).

(4) Cette expression paraît correspondre à *prime* dans nos romans français de la *Table Ronde*, c'est-à-dire à la période de trois heures qui suit le lever du soleil.

s'avançait à la rencontre de la sienne. A ce moment une clairière s'offrit à sa vue dans le bois, et, au moment où sa meute apparaissait sur la lisière de la clairière, il aperçut un cerf fuyant devant l'autre. Il arrivait au milieu de la clairière lorsque la meute qui le poursuivait l'atteignit et le terrassa. Pwyll se mit à considérer la couleur de ces chiens sans plus songer au cerf; jamais il n'en avait vu de pareille à aucun chien de chasse au monde. Ils étaient d'un blanc éclatant et lustré, et ils avaient les oreilles rouges, d'un rouge aussi luisant que leur blancheur. Pwyll s'avança vers les chiens, chassa la meute qui avait tué le cerf et appela ses chiens à la curée. A ce moment il vit venir à la suite de la meute, un chevalier monté sur un grand cheval gris-fer, un cor de chasse passé autour du cou, portant un habit de chasse de laine grise.

Le chevalier s'avança vers lui et lui parla ainsi : « Prince, je sais qui tu es, et je ne te saluerai point. » — « C'est que tu es peut-être, » répondit Pwyll, « d'un rang tel que tu puisses t'en dispenser. » — « Ce n'est pas assurément l'éminence de mon rang qui m'en empêche. » — « Quoi donc, seigneur ? » — « Par moi et Dieu, ton impolitesse et ton manque de courtoisie. » — « Quelle impolitesse, seigneur, as-tu remarquée en moi ? » — « Je n'ai jamais vu personne en commettre une plus grande que de chasser une meute qui a tué un cerf et d'appeler la sienne à la curée ! c'est bien là un manque de courtoisie ; et, quand même je ne me vengerais pas de toi, par moi et Dieu, je te ferai mauvaise réputation pour la valeur de plus de cent cerfs. » — « Si je t'ai fait tort, je rachèterai ton amitié. » — « De quelle manière ? » — « Ce sera selon ta dignité ; je ne sais qui tu es. » — « Je suis roi couronné dans mon pays d'origine. » — « Seigneur, bon jour à toi ! Et de quel pays es-tu ? » — « D'Annwvyn (1) ; je suis Arawn (2), roi d'Annwvyn. » — « De quelle façon, seigneur, obtiendrai-je ton amitié ? » — « Voici : il y a quelqu'un dont les domaines sont juste en face des miens et qui me fait continuellement la guerre ; c'est Hafgan roi d'Annwvyn. Si tu me débarrasses de ce fléau, et tu le pourras facilement, tu obtiendras sans peine mon amitié. » — « Je le ferai volontiers. Indique-moi comment j'y arriverai. » — « Voici comment. Je vais lier avec toi confraternité (3) intime ; je te mettrai à ma place en

---

(1) *Annwvyn*, ou *Annwvn*, ou *Annwn*, proprement un abîme, et souvent la région des morts, l'enfer (Kulhwch et Olwen, trad. franç. ; cf. Silvan Evans, Welsh dictionary). D'après lady Guest, on parle encore, en Galles, des chiens d'Annwvn ; on les entend passer, aboyant dans l'air, à la poursuite d'une proie.

(2) *Arawn*. Ce personnage figure à la bataille mythologique de Cat Goddeu. Il y est battu par Amaethon, fils de Don (v. Kulhwch et Olwen, trad., note).

(3) Le terme de *compagnonnage* serait plus exact, dans le sens qu'on lui attribuait assez souvent au moyen âge. Les *compagnons* étaient des chevaliers qui faisaient entre eux une association tant pour l'attaque que pour la défense de leurs personnes.

Annwvyn ; je te donnerai pour dormir à tes côtés chaque nuit la femme la plus belle que tu aies jamais vue. Tu auras ma figure et mon aspect, si bien qu'il n'y aura ni valet de la chambre, ni officier, ni personne parmi ceux qui m'ont jamais suivi, qui se doute que ce n'est pas moi. Et cela, jusqu'à la fin de cette année, à partir de demain. Nous nous retrouverons alors dans cet endroit-ci. »
— « Bien, mais, même après avoir passé un an là-bas, d'après quelles indications pourrai-je me rencontrer avec l'homme que tu dis ? » — « La rencontre entre lui et moi est fixée à un an ce soir, sur le gué. Tu y seras sous mes traits ; tu lui donneras un seul coup, et il n'y survivra pas. Il t'en demandera un second, mais ne le donne pas en dépit de ses supplications. Moi j'avais beau le frapper, le lendemain il se battait avec moi de plus belle. »
— « Bien, mais que ferai-je pour mes états ? » — « Je pourvoirai, » dit Arawn, « à ce qu'il n'y ait dans tes états ni homme ni femme qui puisse soupçonner que c'est moi qui ai pris tes traits ; j'irai à ta place. » — « Volontiers, je pars donc. » — « Ton voyage se fera sans obstacles ; n'hésite pas à aller devant toi, jusqu'à ce que tu arrives dans mes Etats : je serai ton guide. » Il accompagna Pwyll jusqu'en vue de la cour et des habitations. « Je remets, » dit-il, « entre tes mains ma cour et mes domaines. Entre ; il n'y a personne qui hésite à te reconnaître. A la façon dont tu verras le service se faire, tu apprendras les manières de la cour. »

Pwyll se rendit à la cour. Il y aperçut des chambres à coucher, des salles, des appartements avec les décorations les plus belles qu'on pût voir dans une maison. Aussitôt qu'il entra dans la salle, des écuyers et de jeunes valets accoururent pour le désarmer. Chacun d'eux le saluait en arrivant. Deux chevaliers vinrent le débarrasser de son habit de chasse et le revêtir d'un habit d'or de *paile* (1). La salle fut préparée ; il vit entrer la famille, la suite, la troupe la plus belle et la mieux équipée qui se fût jamais vue, et avec eux la reine, la plus belle femme du monde, vêtue d'un habit d'or de *paile* lustrée ; après s'être lavés, ils se mirent à table : la reine d'un côté de Pwyll, le comte, à ce qu'il supposait, de l'autre. Il commença à causer avec la reine et il jugea, à sa conversation, que c'était bien la femme la plus avisée, au caractère et au langage le plus nobles qu'il eût jamais vus. Ils eurent à souhait mets, boisson, musique, *compotation* ; c'était bien de toutes les cours qu'il avait vues au monde, la mieux pourvue de nourriture, de boissons, de vaisselle d'or et de bijoux royaux. Lorsque le moment du sommeil fut arrivé, la reine et lui allèrent se coucher. Aussitôt qu'ils furent au lit, il lui tourna le dos et resta le visage fixé vers le bord du lit, sans lui dire un seul mot jusqu'au

---

(1) *Paile*, drap de soie brochée, appelé souvent *paile alexandrin*, parce que c'est Alexandrie qui en était le dépôt, en usage surtout aux onzième et douzième siècles (V. Quicherat, *Hist. du costume*, p. 153).

matin. Le lendemain, il n'y eut entre eux que gaieté et aimable conversation. Mais, quelle que fût leur affection pendant le jour, il ne se comporta pas une seule nuit jusqu'à la fin de l'année autrement que la première. Il passa le temps en chasses, chants, festins, relations aimables, conversations avec ses compagnons, jusqu'à la nuit fixée pour la rencontre. Cette rencontre, il n'y avait pas un homme, même dans les parages les plus éloignés du royaume qui ne l'eût présente à l'esprit. Il s'y rendit avec les gentilshommes de ses domaines.

Aussitôt son arrivée, un chevalier se leva et parla ainsi : « Nobles, écoutez-moi bien, c'est entre les deux rois qu'est cette rencontre, entre leurs deux corps seulement. Chacun d'eux réclame à l'autre terre et domaines. Vous pouvez tous rester tranquilles, à la condition de laisser l'affaire se régler entre eux deux. » Aussitôt les deux rois s'approchèrent l'un de l'autre et en vinrent aux mains. Au premier choc, le remplaçant d'Arawn atteignit Hafgan au milieu de la boucle de l'écu si bien qu'il le fendit en deux, brisa l'armure et lança Hafgan à terre, de toute la longueur de son bras et de sa lance (1), par dessus la croupe de son cheval, mor-

---

(1) Cette expression a été probablement imitée de nos romans français : Raoul de Cambrai, v. 2468 :

  Plaine sa lance l'abat mort en l'erbois.

    (*Société des anciens textes français.*)

tellement blessé. « Ah, prince, » s'écria Hafgan, « quel droit as-tu à ma mort? Je ne te réclamais rien ; tu n'avais pas de motif, à ma connaissance, pour me tuer. Au nom de Dieu, puisque tu as commencé, achève-moi. » — « Prince, » répondit-il, « il se pourrait que j'eusse à me repentir de ce que je t'aurais fait ; cherche qui te tue, pour moi, je ne le ferai pas. » — « Mes nobles fidèles, emportez-moi d'ici ; c'en est fait de moi ; je ne suis plus en état d'assurer plus longtemps votre sort. » — « Mes nobles, » dit le remplaçant d'Arawn, « faites-vous renseigner et sachez quels doivent être mes vassaux. » — « Seigneur, » répondirent les nobles ; « tous ici doivent l'être ; il n'y a plus d'autre roi sur tout Annwvyn que toi. » — « Eh bien, il est juste d'accueillir ceux qui se montreront sujets soumis ; pour ceux qui ne viendront pas faire leur soumission, qu'on les y oblige par la force des armes (1). » Il reçut aussitôt l'hommage des vassaux, et commença à prendre possession du pays ; vers midi, le lendemain, les deux royaumes étaient en son pouvoir. Il partit ensuite pour le lieu du rendez-vous, et se rendit à Glynn Cuch. Il y trouva Arawn qui l'attendait ; chacun d'eux fit à l'autre joyeux accueil : « Dieu te récompense, » dit Arawn, « tu t'es conduit en camarade, je l'ai appris. Quand tu seras de retour, dans ton pays, » ajouta-

(1) On dirait un souvenir du vers de Virgile
Parcere subjectis et debellare superbos.

t-il, « tu verras ce que j'ai fait pour toi. » — « Dieu te le rende, » répondit Pwyll. Arawn rendit alors sa forme et ses traits à Pwyll, prince de Dyvet et reprit les siens ; puis il retourna à sa cour en Annwvyn.

Il fut heureux de se retrouver avec ses gens et sa famille (1), qu'il n'avait pas vus depuis un long temps. Pour eux, ils n'avaient pas senti son absence, et son arrivée ne parut pas cette fois plus extraordinaire que de coutume. Il passa la journée dans la gaieté, la joie, le repos et les conversations avec sa femme et ses nobles. Quand le moment leur parut venu de dormir plutôt que de boire, ils allèrent se coucher. Le roi se mit au lit et sa femme alla le rejoindre. Après quelques moments d'entretiens, il se livra avec elle aux plaisirs de l'amour. Comme elle n'y était plus habituée depuis un an, elle se mit à réfléchir. « Dieu, » dit-elle, « comment se fait-il qu'il ait eu cette nuit des sentiments autres que toutes les autres nuits depuis un an maintenant ? » Elle resta longtemps songeuse. Sur ces entrefaites, il se réveilla. Il lui adressa une première fois la parole, puis une seconde, puis une troisième, sans obtenir de réponse. « Pourquoi, » dit-il, « ne me réponds-tu pas ? » — « Je t'en dirai, » répondit-elle, « plus

---

(1) *Teulu* ou *llwyth*, dans l'ancien pays de Galles, indique un véritable *clan*. D'après les *Triades* de Dyvnwal Moelmut, la famille comprenait tous les parents jusqu'au neuvième degré (*Myv. arch.*, p. 927, 88).

que je n'en ai dit en pareil lieu depuis un an. » — « Comment ? Nous nous sommes entretenus de bien des choses. » — « Honte à moi, si, il y aura eu un an hier soir, à partir de l'instant où nous nous trouvions dans les plis de ces draps de lit, il y a eu entre nous jeux et entretiens, si tu as même tourné ton visage vers moi, sans parler, à plus forte raison, de choses plus importantes ! » Lui aussi devint songeur. « En vérité, Seigneur Dieu, » s'écria-t-il, « il n'y a pas d'amitié plus solide et plus sûre que celle du compagnon que j'ai trouvé. » Puis il dit à sa femme : « Princesse, ne m'accuse pas ; par moi et Dieu, je n'ai pas dormi avec toi, je ne me suis pas étendu à tes côtés depuis un an hier soir. » Et il lui raconta son aventure. « J'en atteste Dieu, » dit-elle, « tu as mis la main sur un ami solide et dans les combats, et dans les épreuves du corps, et dans la fidélité qu'il t'a gardée. » — « Princesse, c'était justement à quoi je réfléchissais, lorsque je me suis tu vis-à-vis de toi. » — « Ce n'était donc pas étonnant, » répondit-elle.

Pwyll, prince de Dyvet, s'était rendu lui aussi dans ses domaines et son pays. Il commença par demander à ses nobles ce qu'ils pensaient de son gouvernement, cette année-là, en comparaison des autres années. « Seigneur, » répondirent-ils, « jamais tu n'as montré autant de courtoisie, jamais tu n'as été plus aimable ; jamais tu n'as dépensé avec tant de facilité ton bien ; jamais ton administration n'a été meilleure que cette année. » —

« Par moi et Dieu, » s'écria-t-il, « il est vraiment juste que vous en témoigniez votre reconnaissance à l'homme que vous avez eu au milieu de vous. Voici l'aventure telle qu'elle s'est passée. » Et il la leur raconta tout au long. « En vérité, seigneur, » dirent-ils, « Dieu soit béni de t'avoir procuré pareille amitié. Le gouvernement que nous avons eu cette année, tu ne nous le reprendras pas ? » — « Non, par moi et Dieu, autant qu'il sera en mon pouvoir. » A partir de ce moment, ils s'appliquèrent à consolider leur amitié ; ils s'envoyèrent chevaux, chiens de chasse, faucons, tous les objets précieux que chacun d'eux croyait propres à faire plaisir à l'autre. A la suite de son séjour en Annwvyn, comme il y avait gouverné avec tant de succès et réuni en un les deux royaumes le même jour, la qualification de prince de Dyvet pour Pwyll fut laissée de côté, et on ne l'appela plus désormais que Pwyll, chef d'Annwvyn.

Un jour, il se trouvait à Arberth, sa principale cour, où un festin avait été préparé, avec une grande suite de vassaux. Après le premier repas, Pwyll se leva, alla se promener, et se dirigea vers le sommet d'un tertre (1) plus haut que la cour, et

---

(1) Le mot gallois *gorsedd* signifie proprement siège, mais il désigne souvent un tertre qui servait de tribunal, comme le fait remarquer lady Guest. Le mont appelé Tynwald en Man a servi longtemps de siège aux assemblées judiciaires. La *mote* islandaise désignait à la fois l'assemblée, et la *motte* sur laquelle elle se tenait.

qu'on appelait Gorsedd Arberth. « Seigneur, » lui dit quelqu'un de la cour, « le privilège de ce tertre, c'est que tout noble qui s'y asseoit, ne s'en aille pas sans avoir reçu des coups et des blessures, ou avoir vu un prodige. » — « Les coups et les blessures, » répondit-il, « je ne les crains pas au milieu d'une pareille troupe. Quant au prodige, je ne serais pas fâché de le voir. Je vais m'asseoir sur le tertre. » C'est ce qu'il fit. Comme ils étaient assis, ils virent venir, le long de la grand'route qui partait du tertre, une femme montée sur un cheval blanc-pâle, gros et grand ; elle portait un habit doré et lustré. Le cheval paraissait à tous les spectateurs s'avancer d'un pas lent et égal. Il arriva à la hauteur du tertre. « Hommes, » dit Pwyll, « y a-t-il parmi vous quelqu'un qui connaisse cette femme à cheval, là-bas ? » — « Personne, seigneur, » répondirent-ils. — « Que quelqu'un aille à sa rencontre sur la route, pour savoir qui elle est. » Un d'eux se leva avec empressement et se porta à sa rencontre ; mais quand il arriva devant elle sur la route, elle le dépassa. Il se mit à la poursuivre de son pas le plus rapide ; mais plus il se hâtait, plus elle se trouvait loin de lui.

Voyant qu'il ne lui servait pas de la poursuivre, il retourna auprès de Pwyll, et lui dit : « Seigneur, il est inutile à n'importe quel homme à pied, au monde, de la poursuivre. » — « Eh bien, » répondit Pwyll, « vas à la cour, prends le cheval le plus rapide que tu trouveras, et pars à sa suite. » Le valet (1) alla chercher le cheval, et partit. Arrivé sur un terrain uni, il fit sentir les éperons au cheval ; mais plus il le frappait, plus elle se trouvait loin de lui, et cependant son cheval paraissait avoir gardé la même allure qu'au début. Son cheval à lui faiblit. Quand il vit que le pied lui manquait, il retourna auprès de Pwyll. « Seigneur, » dit-il, « il est inutile à qui que ce soit de poursuivre cette dame. Je ne connaissais pas auparavant de cheval plus rapide que celui-ci dans tout le royaume, et cependant il ne m'a servi de rien de la poursuivre. » — « Assurément, » dit Pwyll, « il y a là-dessous quelque histoire de sorcellerie. Retournons à la cour. » Ils y allèrent et y passèrent la journée. Le lendemain, ils y restèrent depuis leur lever jusqu'au moment de manger. Le premier repas terminé, Pwyll dit : « Nous allons nous rendre au haut du tertre, nous tous qui y avons été hier. Et toi, » dit-il à un écuyer, « amène le cheval le plus rapide que tu connaisses dans les champs. »

Le page obéit, et ils allèrent au tertre avec le che-

---

(1) *Valet.* Ce terme, dans notre traduction, n'a pas le sens actuel ; nous l'employons dans le sens qu'il avait au moyen âge, de « jeune homme de condition honorable. » « La domesticité au douzième siècle, » dit justement M. Paulin Paris, « dans les familles nobles, était une sorte d'apprentissage de la chevalerie réservée aux jeunes amis et aux parents du chevalier qui les entretenait. Au dix-septième siècle encore, l'emploi de fille de chambre et de compagnie était de préférence donné aux parentes les moins fortunées (*Les romans de la Table Ronde mis en nouveau langage*, V, p. 186, note).

val. Comme ils étaient assis, ils virent la femme sur le même cheval, avec le même habit, suivant la même route. « Voici, » dit Pwyll, « la cavalière d'hier. Sois prêt, valet, pour aller savoir qui elle est. » — « Volontiers, seigneur. » L'écuyer monta à cheval ; mais avant qu'il ne fût bien installé en selle, elle avait passé à côté de lui en laissant entre eux une certaine distance ; elle ne semblait pas se presser plus que le jour précédent. Il mit son cheval au trot, pensant que, quelle que fût la lenteur du pas de son cheval, il l'atteindrait. Comme cela ne lui réussissait pas, il lança son cheval à toute bride ; mais il ne gagna pas plus de terrain que s'il eût été au pas. Plus il frappait le cheval, plus elle se trouvait loin de lui, et cependant elle ne semblait pas aller d'une allure plus rapide qu'auparavant. Voyant que sa poursuite était sans résultat, il retourna auprès de Pwyll. « Seigneur, le cheval ne peut pas faire plus que ce que tu lui as vu faire. » — « Je vois, » répondit-il, « qu'il ne sert à personne de la poursuivre. Par moi et Dieu, elle doit avoir une mission pour quelqu'un de cette plaine ; mais elle ne se donne pas le temps de l'exposer. Retournons à la cour. » Ils y allèrent et y passèrent la nuit, ayant à souhait musique et boissons.

Le lendemain, ils passèrent le temps en divertissements jusqu'au moment du repas. Le repas terminé, Pwyll dit : « Où est la troupe avec laquelle j'ai été, hier et avant-hier, au haut du tertre ? » — « Nous voici, seigneur, » répondirent-ils. — « Allons nous y asseoir. » — « Et toi, » dit-il à son écuyer, « selle bien mon cheval, va vite avec lui sur la route, et apporte mes éperons. » Le serviteur le fit. Ils se rendirent au tertre. Ils y étaient à peine depuis un moment, qu'ils virent la cavalière venir par la même route, dans le même attirail, et s'avançant de la même allure. « Valet, » dit Pwyll, « je vois venir la cavalière ; donne-moi mon cheval. » Il n'était pas plus tôt en selle qu'elle l'avait déjà dépassé. Il tourna bride après elle, et laissa son cheval bondir et caracoler en toute liberté, persuadé qu'il allait l'atteindre à la deuxième ou troisième enjambée. Il ne se trouva pas plus près d'elle qu'auparavant. Il lança son cheval de toute sa vitesse. Voyant qu'il ne lui servait pas de la poursuivre, Pwyll s'écria : « Jeune fille, pour l'amour de l'homme que tu aimes le plus, attends-moi. » — « Volontiers, » dit-elle ; « il eût mieux valu pour le cheval que tu eusses fait cette demande il y a déjà quelque temps. » La jeune fille s'arrêta et attendit. Elle rejeta la partie de son voile qui lui couvrait le visage, fixa ses regards sur lui et commença à s'entretenir avec lui. — « Princesse, » dit Pwyll, « d'où viens-tu et pourquoi voyages-tu ? » — « Pour mes propres affaires, » répondit-elle, « et je suis heureuse de te voir. » — « Sois la bienvenue. » Aux yeux de Pwyll, le visage de toutes les pucelles ou femmes qu'il avait vues n'était d'aucun charme à côté du sien. « Princesse, » ajouta-t-il, « me diras-tu un mot de tes affaires ? » — « Oui, par moi et

Dieu (1), » répondit-elle, « ma principale affaire était de chercher à te voir » — « Voilà bien, pour moi, la meilleure affaire pour laquelle tu puisses venir. Me diras-tu qui tu es ? » — « Prince, je suis Rhiannon (2), fille de Heveidd Hen (3). On veut me donner à quelqu'un malgré moi. Je n'ai voulu d'aucun homme, et cela par amour pour toi, et je ne voudrai jamais de personne, à moins que tu ne me repousses. C'est pour avoir ta réponse à ce sujet que je

---

(1) On pourrait traduire l'expression galloise *yrof i a Duw* par *entre moi et Dieu*.

(2) Elle est donnée en mariage, après la mort de Pwyll, à Manawyddan ab Llyr, par son fils Pryderi. Le chant de ses oiseaux merveilleux qui charme pendant sept ans Manawyddan et ses compagnons au festin de Harddlech, dans le *Mabinogi* de Branwen, fille de Llyr, est célèbre dans les légendes galloises. Les *Triades* de l'avare disent : « Il y a trois choses qu'on n'entend guère : le chant des oiseaux de Rhiannon, un chant de sagesse de la bouche d'un Anglais et une invitation à dîner de la part d'un avare » (*Myv. arch.*, p. 899, 29). Goronwy Gyriawg., poète du quatorzième siècle, compare, pour la générosité, une certaine Gwenhwyvar à Rhiannon (*Myv. arch.*, p. 333, col. 1).

(3) *Heveid hen* ou *le vieux*. Il y a plusieurs personnages de ce nom. On trouve dans le *Mab.* de Kulhwch et Olwen un Hyveidd *unllen* ou *à un seul manteau* (trad. française), mentionné aussi dans le *Songe de Rhonabwy*; un Hyveidd, fils de Don, dans le *Mab.* de Math, fils de Mathonwy (trad., franç.); un Heveidd *hir* ou *le Long*, dans le *Mab.* de Branwen; un Heveidd, f:s de Bleiddig, dans les *Triades*; ce dernier serait fils d'étranger et aurait régné dans le sud de Galles (*Triades Mab.*, p. 308, 20); il serait devenu saint. Les *Annales Cambriae* signalent à l'année 939 la mort d'un Himeid (= Hyveidd), fils de Clitauc. Un guerrier du nom de Hyveidd est célébré par Taliesin (Skene, *Four ancient books of Wales*, II, p. 150, v. 7; 190, 25; 191, 26). Dans le Gododin (Skene, *Four ancient books*, II, p. 64), il s'agit de Heveidd hir.

suis venue. » — « Par moi et Dieu, la voici : Si on me donnait à choisir entre toutes les femmes et les pucelles du monde, c'est toi que je choisirais. » — « Eh bien ! si telle est ta volonté, fixe-moi un rendez-vous avant qu'on ne me donne à un autre. » — « Le plus tôt sera le mieux ; fixe-le à l'endroit que tu voudras. » — « Eh bien, seigneur, dans un an, ce soir, un festin sera préparé par mes soins, en vue de ton arrivée, dans la cour d'Heveidd. » — « Volontiers, j'y serai au jour dit. » — « Reste en bonne santé, seigneur, et souviens-toi de ta promesse. Je m'en vais. »

Ils se séparèrent et Pwyll revint auprès de ses gens et de sa suite. Quelque demande qu'on lui fît au sujet de la jeune fille, il passait à d'autres sujets. Ils passèrent l'année à Arberth jusqu'au moment fixé. Il s'équipa avec ses chevaliers, lui centième, et se rendit à la cour d'Eveidd Hen. On lui fit bon accueil. Il y eut grande réunion, grande joie et grands préparatifs de festin à son intention. On disposa tout le personnel de la cour d'après sa volonté. La salle fut préparée et on se mit à table : Heveidd Hen s'assit à un des côtés de Pwyll, Riannon de l'autre ; et, après eux, chacun suivant sa dignité. On se mit à manger, à boire et à causer.

Après avoir fini de manger, au moment où on commençait à boire, on vit entrer un grand jeune homme brun, à l'air princier, vêtu de *paile*. De l'entrée de la salle, il adressa son salut à Pwyll et à ses compagnons. — « Dieu te bénisse, mon âme, » dit Pwyll, « viens t'asseoir. » — « Non, » répondit-il, « je suis un solliciteur et je vais exposer ma requête. » — « Volontiers. » — « Seigneur, c'est à toi que j'ai affaire et c'est pour te faire une demande que je suis venu. » — « Quel qu'en soit l'objet, si je puis te le faire tenir, tu l'auras. » — « Hélas! » dit Riannon, « pourquoi fais-tu une pareille réponse! » — « Il l'a bien faite, princesse, » dit l'étranger, « en présence de ces gentilshommes? » — « Quelle est ta demande, mon âme? » dit Pwyll. — « Tu dois coucher cette nuit avec la femme que j'aime le plus ; c'est pour te la réclamer, ainsi que les préparatifs et les objets du festin, que je suis venu ici. » Pwyll resta silencieux, ne trouvant rien à répondre. — « Tais-toi tant que tu voudras, » s'écria Riannon; « je n'ai jamais vu d'homme faire preuve de plus de lenteur d'esprit que toi. » — « Princesse, » répondit-il, « je ne savais pas qui il était. » — « C'est l'homme à qui on a voulu me donner malgré moi ; Gwawl, fils de Clut, personnage puissant et riche. Mais puisqu'il t'est échappé de parler comme tu l'as fait, donne-moi à lui pour t'éviter une honte. » — « Princesse, je ne sais quelle réponse est la tienne ; je ne pourrai jamais prendre sur moi de dire ce que tu me conseilles. » — « Donne-moi à lui et je ferai qu'il ne m'aura jamais. » — « Comment cela? » — « Je te mettrai en main un petit sac ; garde-le bien. Il te réclamera le festin et tous ses préparatifs et approvisionnements, mais rien de cela ne t'appartient.

Je le distribuerai aux troupes et à la famille. Tu lui répondras dans ce sens. Pour ce qui me concerne, je lui fixerai un délai d'un an, à partir de ce soir, pour coucher avec moi. Au bout de l'année, tu te trouveras avec ton sac, avec tes chevaliers, toi centième, dans le verger là-haut. Lorsqu'il sera en plein amusement et compotation, entre, vêtu d'habits de mendiant, le sac en main, et ne demande que plein ton sac de nourriture. Quand même on y fourrerait tout ce qu'il y a de nourriture et de boisson dans ces sept *cantrevs*-ci, je ferai qu'il ne soit pas plus plein qu'auparavant. Quand on y aura mis une grande quantité, il te demandera si ton sac ne sera jamais plein. Tu lui répondras qu'il ne le sera point, si un noble très puissant ne se lève, ne presse avec ses pieds la nourriture dans le sac et ne dise : « On en a assez mis. » C'est lui que j'y ferai aller. Une fois qu'il y sera entré, tourne le sac jusqu'à ce qu'il en ait par-dessus la tête et fais un nœud avec les courroies du sac. Aie une bonne trompe autour du cou, et, aussitôt que le sac sera lié sur lui, sonne de la trompe : ce sera le signal convenu entre toi et tes chevaliers. A ce son, qu'ils fondent sur la cour. » Gwawl dit à Pwyll : « Il est temps que j'aie réponse au sujet de ma demande. » — « Tout ce que tu m'as demandé de ce qui est en ma possession, » répondit-il, « tu l'auras. » — « Mon âme, » lui dit Riannon, « pour le festin avec tous les approvisionnements, j'en ai disposé en faveur des hommes de Dyvet, de ma famille et des compagnies qui sont ici ; je ne permettrai de le donner à personne. Dans un an ce soir, un festin se trouvera préparé dans cette salle pour toi, mon âme, pour la nuit où tu coucheras avec moi. » Gwawl retourna dans ses terres, Pwyll en Dyvet, et ils y passèrent l'année jusqu'au moment fixé pour le festin dans la cour d'Eveidd Hen.

Gwawl, fils de Ciut, se rendit au festin préparé pour lui ; il entra dans la cour et il y reçut bon accueil. Pwyll, chef d'Annwvyn, se rendit au verger avec ses chevaliers, lui centième, muni de son sac. Il revêtit de lourds haillons et mit de grosses chaussures. Lorsqu'il sut qu'on avait fini de manger et qu'on commençait à boire, il marcha droit à la salle. Arrivé à l'entrée, il salua Gwawl et ses compagnons, hommes et femmes. « Dieu te donne bien, » dit Gwawl, « sois le bienvenu en son nom. » — « Seigneur, » répondit-il, « j'ai une requête à te faire. » — « Qu'elle soit la bienvenue ; si tu me fais une demande convenable, tu l'obtiendras. » — « Convenable, seigneur ; je ne demande que par besoin. Voici ce que je demande : plein le petit sac que tu vois de nourriture. » — « Voilà bien une demande modeste ; je te l'accorde volontiers : apportez-lui de la nourriture. » Un grand nombre d'officiers se levèrent et commencèrent à remplir le sac. On avait beau en mettre : il n'était pas plus plein qu'en commençant. « Mon âme, » dit Gwawl, « ton sac sera-t-il jamais plein ? » — « Il ne le sera jamais, par moi et Dieu, quoi que l'on y mette, à moins qu'un maître de terres, de domaines et de vassaux, ne se lève, ne presse la nourriture avec ses deux pieds dans le sac et ne dise : « On en a mis assez. » — « Champion, » dit Riannon à Gwawl, fils de Clut, « lève-toi vite. » — « Volontiers, » répondit-il. Il se leva et mit ses deux pieds dans le sac. Pwyll tourna le sac si bien que Gwawl en eut par-dessus la tête et, rapidement, il ferma le sac, le noua avec les courroies, et sonna du cor. Les gens de sa maison envahirent la cour, saisirent tous ceux qui étaient venus avec Gwawl et les jetèrent en prison. Pwyll rejeta les haillons, les grosses chaussures et toute sa grossière défroque. Chacun de ses gens en entrant donnait un coup sur le sac en disant : « Qu'y a-t-il là-dedans ? » — « Un blaireau, » répondaient les autres. Le jeu consistait à donner un coup sur le sac, soit avec le pied, soit avec une trique. Ainsi firent-ils le jeu du sac. Chacun en entrant demandait : « Quel jeu faites-vous-là ? » — « Le jeu du blaireau dans le sac, » répondaient-ils. Et c'est ainsi que se fit pour la première fois le jeu du *Blaireau dans le sac* (1). « Sei-

---

(1) D'après le *Linguae britannicae dictionar. duplex*, de Davies, ce jeu consistait à essayer de fourrer son adversaire dans un sac. C'est encore une expression proverbiale (v. Richards, *Welsh dict.*, p. 251 : *Chwareu broch ynghod*). Dafydd ab Gwilym, dans une satire contre Gruffydd Gryg, lui dit que lui, Davydd, s'il veut aller dans le Nord, sera partout choyé; « si toi, » ajoute-t-il, « tu viens dans le Sud, tu seras *broch y'nghod*, blai-

gneur, » dit l'homme du sac à Pwyll, « si tu voulais m'écouter, ce n'est pas un traitement qui soit digne de moi que d'être ainsi battu dans ce sac. »
— « Seigneur, » dit aussi Eveidd Hen, « il dit vrai. Ce n'est pas un traitement digne de lui. » —
« Eh bien, » répondit Pwyll, « je suivrai ton avis à ce sujet. » — « Voici ce que tu as à faire, » dit Riannon; « tu es dans une situation qui te commande de satisfaire les solliciteurs et les musiciens. Laisse-le donner à chacun à ta place et prends des gages de lui qu'il n'y aura jamais ni réclamation, ni vengeance à son sujet. Il est assez puni. » —
« J'y consens volontiers, » dit l'homme du sac. —
« J'accepterai, » dit Pwyll, « si c'est l'avis d'Eveydd et de Riannon. » — « C'est notre avis, » répondirent-ils. — « J'accepte donc : cherchez des cautions pour lui. » — « Nous le serons, nous, » répondit Eveydd, « jusqu'à ce que ses hommes soient libres et répondent pour lui. » Là-dessus, on le laissa sortir du sac et on délivra ses nobles. « Demande maintenant des cautions à Gwawl, » dit Eveydd à Pwyll, « nous connaissons tous ceux qu'on peut accepter de lui. » Eveydd énuméra les cautions. « Maintenant, » dit Gwawl à Pwyll, « arrange toi-même le traité. » — « Je me contente, » répondit-il, « de celui qu'a proposé Riannon. » Cet arrangement fut confirmé par les cautions. « En vérité, seigneur, » dit alors Gwawl, « je suis

---

reau dans le sac, *braich anghadarn*, ô bras sans force » (p. 174).

moulu, et couvert de contusions. J'ai besoin de bains (1) : avec ta permission, je m'en irai et je laisserai des nobles ici à ma place pour répondre à chacun de ceux qui viendront vers toi en solliciteurs. » — « Je le permets volontiers, » répondit Pwyll. Gwawl retourna dans ses terres. On prépara la salle pour Pwyll, ses gens et ceux de la cour. Puis tous se mirent à table et chacun s'assit dans le même ordre qu'il y avait un an pour ce soir-là. Ils mangèrent et burent. Quand le moment fut venu, Pwyll et Riannon se rendirent à leur chambre. La nuit se passa dans les plaisirs et le contentement. Le lendemain, dans la *jeunesse* du jour, Riannon dit : « Seigneur, lève-toi, et commence à satisfaire les musiciens; ne refuse aujourd'hui à personne ce qu'il te demandera. » — « Je le ferai volontiers, » dit Pwyll, « et aujourd'hui et les jours suivants, tant que durera le banquet. »

Pwyll se leva et fit faire une publication invitant les solliciteurs et les artistes à se montrer et leur signifiant qu'on satisferait chacun d'eux suivant sa volonté et sa fantaisie. Ce qui fut fait. Le banquet

---

(1) A en juger par les *Mabinogion*, les Gallois devaient faire grand usage de bains; c'est confirmé par plusieurs passages des Lois, un notamment. Il n'est pas dû d'indemnité pour un incendie causé par un feu d'*enneint* (bains), si l'établissement est distant de 7 brasses des autres maisons du hameau (*Ancient Laws*, I, p. 258). Le *Brut Tysilio* mentionne un établissement de bains chauds fondé à Caer Vaddon (Bath) par Bleidyt (*Myv. arch.*, p. 441, col. 1). C'était un reste probablement des usages introduits par les Romains.

se continua et, tant qu'il dura, personne n'éprouva de refus. Quand il fut terminé, Pwyll dit à Eveydd : « Seigneur, avec ta permission, je partirai pour Dyvet demain. » — « Eh bien, » répondit Eveydd, « que Dieu aplanisse la voie devant toi. Fixe le terme et le moment où Riannon ira te rejoindre. » — « Par moi et Dieu, » répondit-il, « nous partirons tous les deux ensemble d'ici. » — « C'est bien ton désir, seigneur? » — « Oui, par moi et Dieu. » Ils se mirent en marche le lendemain pour Dyvet et se rendirent à la cour d'Arberth, où un festin avait été préparé pour eux. De tout le pays, de toutes les terres, accoururent autour d'eux les hommes et les femmes les plus nobles. Riannon ne laissa personne sans lui faire un présent remarquable, soit collier, soit anneau, soit pierre précieuse.

Ils gouvernèrent le pays d'une façon prospère cette année, puis une seconde. Mais la troisième, les hommes du pays commencèrent à concevoir de sombres pensées, en voyant sans héritier un homme qu'ils aimaient autant qu'ils faisaient leur seigneur et leur frère de lait : ils le prièrent de se rendre auprès d'eux. La réunion eut lieu à Presseleu (1), en Dyvet. « Seigneur, » lui dirent-ils, « nous ne savons si tu vivras aussi vieux que certains hommes de ce pays, et nous craignons que tu n'aies pas

---

(1) *Presseleu*, aujourd'hui Presselly, désigne la plus haute chaîne de collines du comté de Pembroke. Il en est encore question dans Kulhwch et Olwen.

d'héritier de la femme avec laquelle tu vis. Prends-en donc une autre qui te donne un héritier. Tu ne vivras pas toujours; aussi, quand même tu voudrais rester ainsi, nous ne te le permettrions pas. » — « Il n'y a pas encore longtemps, » répondit Pwyll, « que nous sommes ensemble. Il peut arriver bien des choses. Remettez avec moi toute résolution d'ici à un an. Convenons de nous réunir aujourd'hui dans un an, et alors je suivrai votre avis. » On convint du délai.

Avant le terme fixé, un fils lui naquit, à Arberth même. La nuit de sa naissance, on envoya des femmes veiller la mère et l'enfant. Les femmes s'endormirent, ainsi que Riannon la mère. Ces femmes étaient au nombre de six. Elles veillèrent bien une partie de la nuit; mais, dès avant minuit, elles s'endormirent et ne se réveillèrent qu'au point du jour. Aussitôt réveillées, leurs yeux se dirigèrent vers l'endroit où elles avaient placé l'enfant : il n'y avait plus trace de lui. « Hélas! » s'écria une d'elles, « l'enfant est perdu! » — « Assurément, » dit une autre, « on trouvera que c'est une trop faible expiation pour nous de la perte de l'enfant que de nous brûler ou de nous tuer! » — « Y a-t-il au monde, » s'écria une autre, « un conseil à suivre en cette occasion? » — « Oui, » répondit une d'elles, « j'en sais un bon. » — » Lequel? » dirent-elles toutes. — « Il y a ici une chienne de chasse avec ses petits. Tuons quelques-uns des petits, frottons de leur sang le visage et les mains de

Riannon, jetons les os devant elle et jurons que c'est elle qui a tué son fils. N'opposerons-nous pas notre serment à nous six à son affirmation à elle seule? » Elles s'arrêtèrent à ce projet.

Vers le jour, Riannon s'éveilla et dit : « Femmes, où est mon fils? » — « Princesse, ne nous demande pas ton fils ; nous ne sommes que plaies et contusions, après notre lutte contre toi ; jamais, en vérité, nous n'avons vu autant de force chez une femme ; il ne nous a servi de rien de lutter contre toi : tu as toi-même mis en pièces ton fils. Ne nous le réclame donc pas. » — « Malheureuses, » répondit-elle, « par le Seigneur Dieu qui voit tout, ne faites pas peser sur moi une fausse accusation. Dieu qui sait tout, sait que c'est faux. Si vous avez peur, j'en atteste Dieu, je vous protégerai. » — « Assurément, » s'écrièrent-elles, « nous ne nous exposerons pas nous-mêmes à mal pour personne au monde. » — « Malheureuses, mais vous n'aurez aucun mal en disant la vérité. » En dépit de tout ce qu'elle put leur dire de beau et d'attendrissant, elle n'obtint d'elles que la même réponse. A ce moment, Pwyll se leva, ainsi que sa troupe et toute sa maison. On ne put lui cacher le malheur. La nouvelle s'en répandit par le pays. Tous les nobles l'apprirent ; ils se réunirent et envoyèrent des messagers à Pwyll pour lui demander de se séparer de sa femme, après un meurtre aussi horrible. Pwyll leur fit cette réponse : « Vous ne m'avez demandé de me séparer de ma femme que pour une seule raison, c'est qu'elle n'avait pas d'enfant. Or, je lui en connais un. Je ne me séparerai donc pas d'elle. Si elle a mal fait, qu'elle en fasse pénitence. » Riannon fit venir des docteurs et des sages, et il lui parut plus digne d'accepter une pénitence que d'entrer en discussion avec les femmes. Voici la pénitence qu'on lui imposa : elle resterait pendant sept ans de suite à la cour d'Arberth, s'asseoirait chaque jour à côté du montoir de pierre qui était à l'entrée, à l'extérieur, raconterait à tout venant qui lui paraîtrait l'ignorer toute l'aventure et proposerait, aux hôtes et aux étrangers, s'ils voulaient le lui permettre, de les porter sur son dos à la cour. Il arriva rarement que quelqu'un consentît à se laisser porter. Elle passa ainsi une partie de l'année.

En ce temps-là, il y avait comme seigneur à Gwent Is-coed (1) Teyrnon Twryv Vliant (2). C'était

---

(1) *Gwent* s'étendait depuis l'Usk jusqu'au pont de Gloucester (*Iolo mss.* p. 86), et se divisait en trois *cantrevs* : *Gwent is coed*, ou « plus bas que la forêt; » *Gwent uch coed*, ou « plus haut que la forêt, » et *cantrev coch*, ou « le rouge, » appelé aussi *cantrev coch yn y Dena*, ou « dans la forêt de Dean » (*Myv. arch.*, p. 737). Gwent comprenait donc le Monmouthshire actuel, une partie du Herefordshire et du Gloucestershire. Le nom de Gwent vient de *Venta* (*Venta Silurum*).

(2) *Teirnon* est un dérivé de *Tiern*, = vieux celtique *Tigernos*, « chef de famille, chef. » (Pour les dérivés armoricains, voy. *Annales de Bretagne*, 1887, t. II, p. 422. Cf. Rhys, *Lectures on welsh Phonology*, 2ᵉ édit., p. 33.) *Twryf* signifie *bruit* ; *vliant* est pour *bliant*, nom d'une étoffe dont il est souvent question dans les *Mabinogion*, sorte de toile fine ou de batiste.

le meilleur homme du monde. Il avait chez lui une jument qu'aucun cheval ou jument dans tout le royaume ne surpassait en beauté. Tous les ans, dans la nuit des calendes (1) de mai, elle mettait bas, mais personne n'avait jamais de nouvelles du poulain. Un soir, Teyrnon dit à sa femme : « Femme, nous sommes vraiment bien nonchalants : nous avons chaque année un poulain de notre jument et nous n'en conservons aucun ! » — « Que peut-on y faire ? » répondit-elle. — « Que la vengeance de Dieu soit sur moi, si, cette nuit, qui est celle des calendes de mai, je ne sais quel genre de destruction m'enlève ainsi mes poulains. » Il fit rentrer la jument, se revêtit de son armure et commença sa garde.

Au commencement de la nuit, la jument mit bas un poulain grand et beau qui se dressa sur ses pieds immédiatement. Teyrnon se leva et se mit à considérer les belles proportions du cheval. Pendant qu'il était ainsi occupé, il entendit un grand bruit, et, aussitôt après, il vit une griffe pénétrer par la fenêtre dans la maison et saisir le cheval par la crinière. Teyrnon tira son épée et trancha le bras à partir de l'articulation du coude, si bien que cette partie et le poulain lui restèrent à l'intérieur. Là-dessus, tumulte et bruit

---

(1) *Calan* est un mot emprunté par tous les Bretons à l'époque de l'occupation romaine, et désigne le premier jour du mois (cf. le nom propre *Kalan-hedre*, Cart. de Redon).

se firent entendre. Il ouvrit la porte et s'élança dans la direction du bruit. Il n'en voyait pas l'auteur à cause de l'obscurité, mais il se précipita de son côté et se mit à sa poursuite. S'étant souvenu qu'il avait laissé la porte ouverte, il revint. A la porte même, il trouva un petit garçon emmaillotté et enveloppé dans un manteau de *paile*. Il le prit : l'enfant était fort pour l'âge qu'il paraissait. Il ferma la porte et se rendit à la chambre où était sa femme. « Dame, » dit-il, « dors-tu? » — « Non, seigneur ; je dormais, mais je me suis réveillée quand tu es entré. » — « Voici pour toi un fils, » dit-il, « si tu veux en avoir un qui n'a jamais été à toi. » — « Seigneur, qu'est-ce que cette aventure? » — « Voici. » Et il lui raconta toute l'histoire. « Eh bien, seigneur, » dit-elle, « quelle sorte d'habit a-t-il? » — « Un manteau de *paile*, » répondit-il. — « C'est un fils de gentilhomme. Nous trouverions en lui distraction et consolation, si tu voulais. Je ferais venir des femmes et je leur dirais que je suis enceinte. » — « Je suis de ton avis à ce sujet, » répondit Teyrnon. Ainsi firent-ils. Ils firent administrer à l'enfant le baptême alors en usage et on lui donna le nom de Gwri *Wallt Euryn* (1) (aux cheveux d'or), parce que tout ce qu'il avait de cheveux sur la tête était aussi jaune que de l'or.

---

(1) *Gwallt*, « cheveux; » *euryn*, « d'or. » Voy. la note à Pryderi, p. 60.

On le nourrit à la cour jusqu'à ce qu'il eût un an. Au bout de l'année, il marchait d'un pas solide; il était plus développé qu'un enfant de trois ans grand et gros. Au bout d'une seconde année d'éducation, il était aussi gros qu'un enfant de six ans. Avant la fin de la quatrième année, il cherchait à gagner les valets des chevaux pour qu'ils le laissassent les conduire à l'abreuvoir. « Seigneur, » dit alors la dame à Teyrnon, « où est le poulain que tu as sauvé la nuit où tu as trouvé l'enfant. » — « Je l'ai confié aux valets des chevaux, » répondit-il, « en leur recommandant de bien veiller sur lui. » — « Ne ferais-tu pas bien, seigneur, de le faire dompter et de le donner à l'enfant, puisque c'est la nuit même où tu l'as trouvé que le poulain est né et que tu l'as sauvé (1)? » — « Je n'irai pas là contre. Je t'autorise à le lui donner. » — « Dieu te le rende, je le lui donnerai donc. » On donna le cheval à l'enfant; la dame se rendit auprès des valets d'écurie et des écuyers pour leur recommander de veiller sur le cheval et de faire qu'il fût bien dressé pour le moment où l'enfant irait chevaucher.

Au milieu de ces occupations, ils entendirent de surprenantes nouvelles au sujet de Riannon et de sa pénitence. Teyrnon, à cause de la trouvaille qu'il avait faite, prêta l'oreille à cette histoire et

---

(1) Ce passage est d'accord avec les lois. C'est à trois ans que le poulain devait être dompté et utilisé (*Ancient laws*, I, p. 262)

s'en informa incessamment jusqu'à ce qu'il eût entendu souvent les nombreuses personnes qui fréquentaient la cour plaindre Riannon pour sa triste aventure et sa pénitence. Teyrnon y réfléchit. Il examina attentivement l'enfant et trouva qu'à la vue, il ressemblait à Pwyll, chef d'Annwn, comme il n'avait jamais vu fils ressembler à son père. L'aspect de Pwyll lui était bien connu, car il avait été son homme autrefois. Il fut pris ensuite d'une grande tristesse à la pensée du mal qu'il causait en retenant l'enfant lorsqu'il le savait fils d'un autre. Aussitôt qu'il trouva à entretenir sa femme en particulier, il lui remontra qu'ils ne faisaient pas bien de retenir l'enfant et de laisser ainsi peser tant de peine sur une dame comme Riannon, l'enfant étant le fils de Pwyll, chef d'Annwn. La femme de Teyrnon tomba d'accord avec lui pour envoyer l'enfant à Pwyll. « Nous en recueillerons, » dit-elle, « trois avantages : d'abord, remerciements et aumône pour avoir fait cesser la pénitence de Riannon ; des remerciements de la part de Pwyll pour avoir élevé l'enfant et le lui avoir rendu ; en troisième lieu, si l'enfant est de noble nature, il sera notre fils nourricier et nous fera le plus de bien qu'il pourra. » Ils s'arrêtèrent à cette résolution.

Pas plus tard que le lendemain, Teyrnon s'équipa avec ses chevaliers, lui troisième, son fils quatrième, monté sur le cheval dont il lui avait fait présent. Ils se dirigèrent vers Arberth et ne tardèrent pas à y arriver. Ils aperçurent Riannon assise à côté du montoir de pierre. Lorsqu'ils arrivèrent à sa hauteur, elle leur dit : « Seigneur, n'allez pas plus loin ; je porterai chacun de vous jusqu'à la cour : c'est là ma pénitence pour avoir tué mon fils et l'avoir moi-même mis en pièces. » — « Dame, » répondit Teyrnon, « je ne crois pas qu'un seul de nous ici aille sur ton dos. » — « Aille qui voudra, » dit l'enfant, « pour moi, je n'irai pas. » — « Ni nous non plus, assurément, mon âme, » dit Teyrnon. Ils entrèrent à la cour, où on les reçut avec de grandes démonstrations de joie.

On commençait justement un banquet ; Pwyll venait de faire son tour de Dyvet (1). Ils se rendirent à la salle et allèrent se laver. Pwyll fit bon accueil à Teyrnon. On s'assit : Teyrnon entre Pwyll et Riannon, ses deux compagnons à côté de Pwyll et l'enfant entre eux. Après qu'on eut fini de manger et que l'on commença à boire, ils se

---

(1) *Cylchaw Dyvet*. Le *cylch* était une sorte de voyage circulaire du roi ou chef avec ses principaux officiers à travers ses Etats. C'étaient les tenanciers qui en faisaient tous les frais. Les hommes libres contribuaient seulement aux frais du circuit annuel que faisait après Noël le *Penteulu* chef de famille, ou *major domus*. Les hommes d'Arvon et de Powys en étaient exempts (Voy. *Ancient Laws*, I, p. 16, 106, 359; II, 746; cf., sur ces usages, Ferdinand Walter, *Das alte Wales*, Bonn, 1859, p. 191, 199, 212, 213). Il y a une très curieuse pièce de vers du prince-barde de Powys, *Owen Cyveiliog* (1150-1197) sur le *cylch* de sa maison (*Myv. arch.*, p. 192).

mirent à causer. Teyrnon, lui, raconta toute l'aventure de la jument et de l'enfant, comment l'enfant avait passé pour le sien et celui de sa femme, comment ils l'avaient élevé. « Voici ton fils, princesse, » ajouta-t-il ; « ils ont bien tort ceux qui t'ont faussement accusée. Quand j'ai appris la douleur qui t'accablait, j'en ai éprouvé grande peine et compassion. Je ne crois pas qu'il y ait dans toute l'assistance quelqu'un qui ne reconnaisse l'enfant pour le fils de Pwyll. » — « Personne n'en doute, » répondirent-ils tous. — « Par moi et Dieu, mon esprit serait délivré de son souci (*pryderi*), si c'était vrai. » — « Princesse, » s'écria Pendaran Dyvet (1), « tu as bien nommé ton fils, Pryderi (2) ; cela lui va parfaitement : Pryderi,

---

(1) La famille ou tribu de Pendaran est donnée comme une des trois familles des Cymry ou Gallois ; la première est celle des *Gwenhwysson*, ou hommes de Gwent ; la seconde, celle des *Gwyndydiaid*, ou hommes de Gwynedd et Powys ; la troisième, celle de *Pendaran Dyved*, c'est-à-dire des hommes de Dyved, Gwyr (Gower) et Ceredigiawn (Cardigan) (*Myv. arch.*, p. 402, col. 2). Une autre triade nous apprend que Pryderi garda les porcs de Pendaran Dyved, son père nourricier, à Glynn Cuch (*Myv. arch.*, p. 317, 7).

(2) *Pryderi*, « souci » (Breton arm. *prederi*). Il devient le compagnon de Manawydan dans le *Mabinogi* de ce nom, et lui donne sa mère en mariage. Il est tué par Gwydion ab Don dans le *Mab.* de Math, fils de Mathonwy, sur les bords de la Cynvael, dans le Merionethshire, et enterré à Maen Tyvyawc. Le *Livre Noir* place sa tombe à Abergwenoli (Skene, *Four ancient books*, II, p. 29, 8). D'après les triades, c'est un des trois *gwrdveichyat* ou *grands porchers* de l'île ; il garde pour Pendaran les sept porcs que son père Pwyll a donnés à Pendaran (voy. la note à Pwyll). Le titre de porcher ne paraît avoir eu rien de dégradant (cf. le nom

fils de Pwyll, chef d'Annwn. » — « Voyez, » dit Riannon, « si son propre nom à lui ne lui irait pas mieux encore. » — « Quel nom a-t-il? » dit Pendaran Dyvet. — « Nous lui avons donné le nom de Gwri *Wallt Euryn*. » — « Pryderi sera son nom, » dit Pendaran. — « Rien de plus juste, » dit Pwyll, « que de lui donner le nom qu'a dit sa mère lorsqu'elle a eu à son sujet joyeuse nouvelle. » On s'arrêta à cette idée.

« Teyrnon, » dit Pwyll, « Dieu te récompense pour avoir élevé cet enfant jusqu'à cette heure; il est juste aussi que lui-même, s'il est vraiment noble, te le rende. » — « Seigneur, » répondit-il, « pas une femme au monde n'aura plus de chagrin après son fils que la femme qui l'a élevé n'en aura après lui. Il est juste qu'il ne nous oublie ni moi ni elle pour ce que nous avons fait pour lui. » — « Par moi et Dieu, » répondit Pwyll, « tant que je vivrai, je te maintiendrai, toi et tes biens, tant que je pourrai maintenir les miens à moi-même. Quand ce sera son tour, il aura encore plus de raisons que moi de te soutenir. Si c'est ton avis et

---

propre *Win-mochiat, Cart. de Rédon, Annales de Bret.*, 1887, t. II, p. 430). Son nom est associé à celui de Manawydan par Taliesin (Skene, *Four ancient books*, II, p. 155, v. 9; cf. *ibid.*, p. 181, v. 10). Daydd ab Gwilym appelle Dyved la terre de Pryderi (*O Fon hyd Bryderi dir*, p. 170), ainsi que Llewis Glyn Cothi. Les *Iolo manuscrits* font aussi mention de Pryderi, p. 258. Cynddelw, poète de la seconde moitié du douzième siècle, compare Owain, fils de Madawc, roi de Powys, à Pryderi (*Myv. arch.*, p. 159, col. 2).

celui de ces gentilshommes, comme tu l'as nourri jusqu'à présent, nous le donnerons désormais à élever à Pendaran Dyvet. Vous serez *compagnons*, et pour lui tous les deux pères nourriciers (1). » — « C'est une bonne idée, » dit chacun.

On donna donc l'enfant à Pendaran Dyvet. Les nobles du pays partirent avec lui. Teyrnon Twryv Vliant et ses compagnons se mirent en route au milieu des témoignages d'affection et de joie. Il ne s'en alla pas sans qu'on lui eût offert les joyaux les plus beaux, les chevaux les meilleurs et les chiens les plus recherchés, mais il ne voulut rien accepter. Ils restèrent ensuite dans leurs domaines. Pryderi, fils de Pwyll, chef d'Annwn, fut élevé avec soin, comme cela se devait, jusqu'à ce qu'il fut devenu le jeune homme le plus agréable, le plus beau et le plus accompli en toute prouesse qu'il y eût dans tout le royaume. Ils passèrent ainsi des années et des années, jusqu'au moment où le terme de l'existence arriva pour Pwyll, chef d'Annwn. Après sa mort,

---

(1) *Nourrir* ici indique une éducation complète. Comme chez les Irlandais (voy. O'Curry, *On the manners and the customs of the ancient Irish*, II, p. 355 et suiv.), chez les Gallois l'habitude était d'envoyer l'enfant hors de la famille, au sens étroit de ce mot. L'éducation dans un autre clan devenait souvent l'origine d'une véritable alliance du *nourri* avec ceux qui avaient été élevés avec lui ; les *Mabinogion* le montrent en maint endroit. Quelque chose de semblable a existé sur le continent. On appelait, en vieux français, *nourri* celui qui avait passé sa jeunesse dans la maison d'un parent, ami ou patron (Paulin Paris, les *Romans de la Table Ronde*, IV, appendice).

Pryderi gouverna les sept *cantrevs* de Dyvet d'une façon prospère, aimé de ses vassaux et de tous ceux qui l'entouraient. Ensuite, il ajouta à ses domaines les trois *cantrevs* d'Ystrat Tywi (1) et quatre *cantrevs* de Seisyllwc (2). Il fut occupé à ces conquêtes jusqu'au moment où il lui vint à l'esprit de se marier. Il choisit pour femme Kicva, fille de Gwynn Gohoyw (3), fils de Gloyw Wallt Lydan (4), fils de Casnar Wledic (5), de la race des princes de cette île. Ainsi se termine cette branche (6) des *Mabinogion*.

(1) *Ystrad Tywi* ou la vallée de la *Tywi*.

(2) Seisyllwc ou Cardigan. De même que *Morganhwg* tire son nom de Morgant, *Seisyllwc* doit tirer son nom de *Seisyll*, ou plus anciennement *Sitsyllt*. Il y a plusieurs personnages de ce nom ; le plus connu est Seisyll, roi de Nord-Galles, dont le fils Llywelyn joue un rôle important (voy. *Brut y Tywysogion*, à l'année 1020, *Monum. hist. brit.*). Une triade nous dit que Cynan Meiriadawc (Conan Meriadec) emmena en Llydaw des hommes de Seissyllwg et autres contrées (*Myv. arch.*, p. 402, 14).

(3) *Gwynn*, « blanc ; » *gohoyw*, « enjoué, animé. »

(4) *Gloyw*, « clair, transparent » : *gwallt lydan* « chevelure étendue. »

(5) *Casnar* est aussi un nom commun signifiant *rage*, *fureur* (v. Taliesin, ap. Skene, II, p. 123, 29). *Gwledic* dérivé de *gwlat*, « contrée, domaines, » arm. moy. *glat*, « biens, » a varié comme signification, mais a généralement le sens de roi, chef suprême. Llywelyn Vardd, qui vivait entre 1230-1280, fait descendre le célèbre prince Llywelyn ab Iorwerth, de Lary, fils de Casnar (*Myv. arch.*, p. 247, col. 1).

(6) Le même terme est usité dans les romans français de la *Table Ronde*. Le mot gallois *ceing* signifie proprement une branche d'arbre. Un poète du quatorzième siècle, Davydd y Coet, appelle l'*Elucidarius*, *eur-ddar*, « chêne d'or ou précieux. » (*Eurddar y Lucidarius Myv. arch.*, p. 328, col. 1.)

BRANWEN [1], fille de Llyr

Voici la seconde branche du Mabinogi.

Bendigeit Vran (2) était roi couronné de toute

---

(1) Branwen. Il y a eu, disent les *Triades*, trois soufflets causés par la colère : celui que donna l'Irlandais Matholwch à Branwen, celui de Gwenhwyvach à Gwenhwyvar, femme d'Arthur, ce qui amena la bataille de Camlan ; le soufflet de Golyddan Vardd, ou le barde, à Cadwaladyr le béni (*Triades Mabin.*, p. 301, l. 16 ; la triade 51, *Myv. arch.*, p. 392, fait donner le deuxième soufflet à Medrawt par Arthur. Voy. la note à Arthur, dans le *Mab.* de Kulhwch et Olwen). Un poète de la fin du quatorzième siècle, Yr Iustus Llwyd, fait une allusion aux noces de Branwen (*Myv. arch.*, p. 367, col. 2). Dafydd ab Gwilym compare le teint d'une de ses maîtresses à celui de *Bronwen*, fille de Llyr. Lady Guest rapporte, d'après le *Cambro-briton*, II, p. 71, 1821, qu'on découvrit, en 1813, sur les bords de l'Alaw, en Anglesey, dans un endroit appelé Ynys Bronwen, ou l'île de Bronwen, sous un tumulus, une urne funéraire contenant des cendres et des ossements.

(2) Bran le béni doit son surnom, d'après les *Triades*, à ce qu'il apporta le premier la foi chrétienne aux Kymry de Rome, où il

cette île, et portait la couronne suprême de Llun—

avait passé sept années comme ôtage avec son fils Caradawc (Caratacos), pris par les Romains à la suite de la trahison d'Aregwedd Voeddawg. Les deux autres inspirés et bénis sont : Lleirwg ab Coel ab Cyllin, surnommé *Lleuver mawr*, grande lumière, qui bâtit la première église à Llandaf, et Cadwaladr le béni, qui accorda un refuge sur ses terres et sa protection aux chrétiens fuyant les Saxons (*Myv. arch.*, p. 404, 35). Il est rangé aussi à côté de Prydain ab Aedd Mawr, et Dyfnwal Moelmut, parmi les trois fondateurs et législateurs du royaume de Bretagne (*Ibid.*, p. 404, 36). Le *Mabinogi* de Branwen, plus bas, nous le montre ordonnant de lui couper la tête, et de la cacher dans la colline blanche, à Londres. Ce fut, disent les *Triades*, une des trois bonnes cachettes, avec les os de Gwerthevyr (cf. Nennius, *Hist.*, 47; cf. Gaufrei de Monm., *Hist.*, VI, 14) enfouis dans les principaux ports de l'île, et les dragons cachés par Lludd à Dinas Emreis (voy. le *Mab.* de Lludd et Llevelys). Ce fut une des trois mauvaises découvertes, quand on la découvrit. Ce fut Arthur qui la déterra, ne voulant devoir la défense de l'île qu'à sa valeur : il ne devait pas y avoir d'invasion tant qu'elle resterait cachée. Ce fut Gwrtheyrn qui, par amour pour la fille de Hengist, déterra les dragons et les os de Gwerthevyr (*Triades mabinog.*, p. 300). Bran est la tige d'une des trois grandes familles de saints; Cunedda et Brychan sont les deux autres (Rees, *Welsh saints*, p. 77; *Iolo mss.*, p. 100, p. 8, p. 40). Un poème des *Iolo mss.*, p. 307, attribué à Rhys Goch, poète du quatorzième siècle, fait cacher la tête de Bran dans le bois de Pharaon, ou Dinas Emrys, près Beddgelert, Carnarvonshire, et non les dragons. Son nom revient souvent chez les poètes (*Livre Noir*, ap. Skene, *Four anc. books*, p. 55 : dans le dialogue de Gwyn ab Nudd et de Guitnev un des interlocuteurs dit qu'il a été là où *Bran fut tué*). Taliesin prétend qu'il a été avec Bran en Iwerddon, et qu'il a vu tuer Morddwyd Tyllon, (Skene, 154, 27); Llywarch ab Llywelyn, poète du douzième siècle, compare Gruffudd ab Cynan à Bran, fils de Llyr, (*Myv. arch.*, p. 205, col. 1). *Bran*, corbeau, est un nom fort commun chez tous les Celtes (On trouve sept ou huit Bran et des noms qui en sont dérivés dans le *Cartul.* de Redon).

dein (Londres) (1). Il était fils de Llyr (2). Un après-midi, il se trouvait à Harddlech (3), en Ardudwy (4), qui lui servait de cour, assis au sommet du rocher, au-dessus des flots de la mer, en compagnie de Manawyddan (5), fils de Llyr, son frère, de deux autres frères du côté de sa mère, Nissyen et Evnissyen, et, en outre, de beaucoup

(1) Voir le début du *Mab.* de Lludd et Llevelys.

(2) *Llyr Lledieith*, ou au demi-langage, ou au langage incorrect, est un personnage dont il est fréquemment question. D'après les *Triades* (*Mab.*, II, p. 306, 9), c'est un des trois principaux prisonniers de l'île de Bretagne (voir Kulhwch et Olwen, note à Mabon, fils de Modron). Il aurait été emprisonné avec sa famille par Euroswydd et les Romains. Les *Iolo mss.* lui font chasser les Romains du sud de l'île, les Gaëls du nord du pays de Galles, les Armoricains de Cornouailles (p. 83). On distingue plusieurs Llyr : Llyr Lledieith, Llyr Merini, et enfin Llyr, fils de Bleidyt, que Gaufrei de Monmouth a popularisé, surtout grâce à l'histoire de ses filles Gonorilla, Regan et Cordélia (*Hist.*, II, 11 ; Brut Tysilio, *Myv. arch.*, p. 440 et suiv.). L'histoire des enfants de Lir est une des trois histoires douloureuses chez les Irlandais (O'Curry, *On the manners*, II, p. 325). Llyr, chez les Gaëls comme chez les Bretons, signifie les flots, la mer. Etait-ce le Neptune celtique ? Le passage cité plus haut, du *Livre Noir*, tendrait à le confirmer : « Bran, fils de Y Werydd, à la gloire étendue. » Y Werydd signifie l'Océan, et semble s'appliquer plus spécialement au canal de Saint-Georges.

(3) *Harddlech*, aujourd'hui Harlech, sur la côte, dans le Merionethshire. Suivant lady Guest, Harlech porterait aussi le nom de Twr Bronwen, ou la tour de Bronwen.

(4) *Ardudwy* était un *cymwd* faisant partie du *cantrev* de Dinodic en Arvon (*Myv. arch.*, p. 735). Silvan Evans, dans son *English-Welsh Dict.*, donne à l'article *sea-side*, à Ardudwy, le sens de *bord de la mer*.

(5) Voy. le *Mabinogi* qui porte son nom.

de nobles de son entourage, comme il convenait à un roi. Ces deux frères étaient fils d'Eurosswydd (1), mais ils étaient de la même mère que lui : Penardim, fille de Beli, fils de Mynogan (2). L'un de ces jeunes gens était bon ; il mettait la paix au milieu de la famille quand on était le plus irrité : c'était Nissyen. L'autre mettait aux prises ses deux frères quand ils s'aimaient le plus. Pendant qu'ils étaient ainsi assis, ils aperçurent treize navires venant du sud d'Iwerddon (l'Irlande) (3) et se dirigeant de leur côté; leur marche était facile, rapide ; le vent, soufflant en poupe, les rapprochait d'eux rapidement. « Je vois là-bas des navires, » s'écria le roi, « venant vite vers la terre ;

---

(1) Beaucoup d'écrivains gallois, lady Guest notamment, ont identifié ce personnage avec le général romain Ostorius ; l'identification des deux noms est phonétiquement impossible. Voy. la note à Llyr.

(2) Beli le Grand, fils de Mynogan, aurait régné en Bretagne trente-neuf ou quarante ans. C'est le père de Lludd et de Caswallawn, dont on peut identifier le nom avec celui de Cassivellaunus. De la mort de Beli jusqu'à Llyr, dont le fils apporta la foi en Bretagne, il se serait écoulé cent vingt ans (*Iolo mss.*, p. 37, 38 ; Brut Tysilio, *Myv.*, p. 448, col. 1 ; Gaufrei de Monmouth, *Hist.*, III, 20). Une triade lui attribue l'honneur d'avoir étouffé une conspiration contre la sûreté de l'île (*Myv. arch.*, p. 401, 11). Taliesin le célèbre (Skene, *Four ancient books of Wales*, 204, 28) ; il lui attribue sept fils (*ibid.*, 202, 9). Voy. le début du *Mabinogi* de Lludd et Llevelys.

(3) Iwerddon est aujourd'hui encore le nom gallois de l'Irlande. Il dérive de la même forme vieille celtique que le nom que les Irlandais eux-mêmes donnent à leur pays : nominatif *Eriu*, accus. *Erinn*.

commandez aux hommes de la cour de se vêtir, et d'aller voir quelles sont leurs intentions. » Les hommes se vêtirent et descendirent au rivage, dans la direction des navires. Quand ils purent les voir de près, ils furent bien convaincus qu'ils n'en avaient jamais vu qui eussent l'air mieux équipés. De beaux étendards de *paile* flottaient au-dessus d'eux. Tout à coup un navire se détacha en avant des autres, et on vit se dresser au-dessus du pont un écu, le *soc* en haut, en signe de paix. Les hommes de Bran avancèrent de son côté, de façon à pouvoir converser.

Les étrangers jetèrent des canots à la mer, se rapprochèrent du rivage et saluèrent le roi. Il les entendait du haut du rocher où il était assis, au-dessus de leurs têtes. « Dieu vous donne bien, » dit-il, « soyez les bienvenus. A qui appartiennent ces navires et quel en est le chef? » — « Seigneur, » répondirent-ils, « Matholwch (1), roi d'Iwerddon est ici, et ces navires sont à lui. » — « Que désire-t-il? Veut-il venir à terre? » — « Comme il vient en solliciteur auprès de toi, il n'ira pas, s'il n'obtient l'objet de son voyage. » — « Quel est-il? » — « Il veut, seigneur, s'allier à toi : c'est pour demander Branwen, fille de Llyr, qu'il est venu. Si cela t'agrée, il établira entre l'île des Forts (2) et Iwerddon, un lien qui augmentera leur

---

(1) Voir la note à Branwen, et le *Mabinogi* de Math.
(2) *Ynys y Kedyrn*, « l'île des Forts. » Ce nom revient souvent

puissance. » — « Eh bien, qu'il vienne à terre, et nous délibérerons à ce sujet. » Cette réponse fut portée à Matholwch. « Volontiers, » dit-il. Et il se rendit à terre. On lui fit bon accueil, et il y eut cette nuit-là un grand rassemblement formé par ses troupes et celles de la cour. Dès le lendemain on tint conseil, et il fut décidé qu'on donnerait Branwen à Matholwch. C'était une des trois premières dames de cette île (1), et la plus belle jeune fille du monde. Il fut convenu que Matholwch coucherait avec elle à Aberffraw. On se mit en marche, et toutes les troupes se dirigèrent vers Aberffraw (2), Matholwch et les siens par mer, Bendigeit Vran et ses gens par terre.

A leur arrivée à Aberffraw, le banquet commença.

---

dans les *Mabinogion*, et semble ailleurs d'un emploi assez rare. Suivant une triade (*Myv. arch.*, p. 400, 1), l'île a porté trois noms : celui de Clas Merddin avant d'être habitée ; celui de *Y vel ynys*, « l'île de miel, » après, et enfin, le nom de Ynys Prydein, après sa conquête par Prydain ab Aedd mawr. D'après une autre triade (*Myv. arch.*, p. 388, 1), on lui donna, après sa colonisation par Bryt (Brutus), le nom d'Ynys Bryt.

(1) Les *Triades* ne la nomment pas parmi les dames célèbres de l'île.

(2) Aberffraw, au sud de l'île d'Anglesey, à l'embouchure d'une petite rivière, comme l'indique le mot *aber*, « embouchure, » a été, au moins depuis le huitième siècle jusqu'à la chute de l'indépendance galloise, la résidence principale des rois de Gwynedd ou Nord-Galles. C'était le chef-lieu d'un *cantrev* du même nom. *Mon*, que les Anglais appellent *Anglesey*, avait une importance considérable surtout à cause de sa fertilité qui, au témoignage de Giraldus Cambrensis, l'avait fait surnommer la mère de la Cambrie.

Ils s'assirent, le roi de l'île des Forts et Manawydan d'un côté, Matholwch de l'autre, et Branwen avec eux. Ce n'est pas dans une maison qu'ils étaient, mais sous des pavillons : Bendigeit Vran n'aurait jamais pu tenir dans une maison. On se mit à boire, et on continua, en causant, jusqu'au moment où il fut plus agréable de dormir que de boire. Ils allèrent se coucher. Cette nuit-là Matholwch et Branwen couchèrent ensemble. Le lendemain, tous les gens de la cour se levèrent; les officiers commencèrent à s'occuper du partage des chevaux, de concert avec les valets; ils les distribuèrent de tous côtés jusqu'à la mer. Sur ces entrefaites, un jour, l'ennemi de la paix dont nous avons parlé plus haut, Evnissyen, tomba sur le logis des chevaux de Matholwch, et demanda à qui ils appartenaient. « Ce sont les chevaux de Matholwch, roi d'Iwerddon, » fut-il répondu. — « Que font-ils ici ? » dit-il. — « Le roi d'Iwerddon est ici; il a couché avec ta sœur Branwen; ces chevaux sont les siens. » — « Et c'est ainsi qu'ils en ont agi avec une jeune fille comme elle, avec ma sœur à moi! la donner sans ma permission! Ils ne pouvaient me faire plus grand affront. » Aussitôt il fond sous les chevaux, leur coupe les lèvres au ras des dents, les oreilles au ras de la tête, la queue au ras du dos; s'il ne trouvait pas prise sur les sourcils, il les rasait jusqu'à l'os. Il défigura ainsi les chevaux, au point qu'il était impossible d'en rien faire. La nouvelle en vint à Matholwch; on lui rapporta que les chevaux étaient défigurés et gâtés à tel point, qu'on n'en pouvait plus tirer aucun parti. « Oui, seigneur, » dit un de ses hommes, « on t'a insulté ; c'est bien ce qu'on voulait te faire. » — « En vérité, » répondit-il, « je trouve étrange, s'ils voulaient m'outrager, qu'ils m'aient donné une pareille jeune fille, d'aussi haute condition, aussi aimée de sa nation. » — « Seigneur, » dit un autre, « tu en vois la preuve ; il ne te reste qu'une chose à faire, te rendre sur tes vaisseaux. »

A la suite de cet entretien, il se mit en devoir de partir sur ses navires. Bendigeit Vran, apprenant que Matholwch quittait la cour sans prendre congé, lui envoya demander pourquoi. Les messagers étaient Iddic, fils d'Anarawc (1), et Eveydd Hir. Ils arrivèrent jusqu'à lui, et lui demandèrent ce que signifiaient ses préparatifs, et pour quel motif il partait. « Assurément, » répondit-il, « si j'avais su, je ne serais pas venu ici. J'ai essuyé l'outrage le plus complet. Personne n'a eu à subir pire attaque que moi en ces lieux. Une chose, cependant, me sur-

---

(1) Il faut peut-être lire *Anarawt*, nom bien connu. Les *Iolo mss.*, p. 258, mentionnent un roi de Gwynedd ou Nord-Galles de ce nom. D'après une triade, c'est un des trois *taleithiawc*, « roi porte-diadème, » avec Cadell, roi de Dinevwr ou du Sud, et Mervin, roi de Mathraval ou Powys (*Myv. arch.*, p. 405, col. 2). Les *Annales Cambriae* mentionnent la dévastation de Cereticiawn et de Ystrattui (Ystrad Tywi) par Anarawt et les Saxons. Anarawt meurt en 915 ; d'après le *Brut y Tywysogion*, c'est un fils de Rodri ; il est qualifié de Rex Britonum (*Monum. Hist. brit.*, p. 846, 847).

prend par dessus tout. » — « Laquelle, » dirent-ils ? — « Qu'on m'ait donné Branwen, une des trois premières dames de cette île, la fille du roi de l'île des Forts, que j'aie couché avec elle, et qu'ensuite on vienne m'outrager. Je suis étonné qu'on ne l'ait pas fait avant de me la donner. » — « Assurément, seigneur, ce n'est point par la volonté de celui qui possède cette cour, ni d'aucun de son conseil qu'on t'a fait cet affront. Et, si tu te trouves outragé, Bendigeit Vran est encore plus sensible que toi à cet affront et à ce mauvais tour. » — « Je le crois, mais il ne peut pas faire que je n'aie reçu cet outrage. » Ils s'en retournèrent, là-dessus, auprès de Bendigeit Vran, et lui rapportèrent la réponse de Matholwch. « Il n'y a pas moyen, » dit-il, « de l'empêcher de partir avec des dispositions hostiles, quand même je ne le permettrais pas. » — « Eh bien, seigneur, envoie encore des messagers après lui. » — « C'est ce que je vais faire. Levez-vous, Manawyddan fils de Llyr, Eveidd Hir, Unic Glew Ysgwydd (1), allez après lui, et dites-lui qu'il aura un cheval en bon état pour chacun de ceux qu'on lui a gâtés. Je lui donnerai, en outre, en *wynebwarth* (2) (*en compensation*) des verges d'ar-

---

(1) *Unic*, « seul, unique; » *glew*, « vaillant; » *ysgwydd*, « épaule. »
(2) *Wyneb-werth*, mot à mot *prix du visage*. Visage et honneur sont synonymes chez les Celtes (voy. Kulhwch et Olwen). La compensation s'appelait, en Irlande, *log enech*, « prix du visage; » l'*enech ruice* ou *outrage* était proprement *la rougeur du visage* causée par un acte attentatoire à l'honneur de la famille;

gent aussi épaisses et aussi longues que lui, un plat d'or aussi large que son visage. Faites-lui savoir quelle espèce d'homme lui a fait cela, que je n'y suis pour rien, que le coupable est un frère à moi, du côté de ma mère, et qu'il ne m'est guère possible de me défaire de lui ni de le tuer. Qu'il vienne me voir; je ferai la paix aux conditions qu'il tracera lui-même. » Les messagers se mirent à la recherche de Matholwch, lui rapportèrent ce discours d'une façon amicale. Après les avoir entendus, il dit : « Hommes, nous allons tenir conseil. » Il alla tenir conseil, et ils réfléchirent que, s'ils rejetaient ces propositions, il en résulterait vraisemblablement pour eux plutôt de la honte encore qu'une réparation aussi importante. Il con-

---

enechgris, qui a un sens analogue, indique que le visage devient pâle ou blanc par suite d'une injure. La forme bretonne armoricaine de *wynep-werth* est, au neuvième siècle, *enep-uuert[h]* (*Cart.* de Redon); mais ce mot avait chez nous un sens moins général : c'était le don offert par le mari à sa femme après la consommation du mariage, la compensation pour la virginité. Le mot actuel *enebarz*, « douaire, » est le représentant moderne d'*enep-werth*. Comme l'a fait remarquer lady Guest, le *Mabinogi* est ici à peu près d'accord avec les lois; la compensation pour un outrage fait au roi d'Aberffraw ou du Nord-Galles consistait en : cent vaches par *cantrev*, avec un taureau blanc aux oreilles rouges par cent vaches; *une verge d'or aussi longue que lui et aussi épaisse que son petit doigt; un plat d'or aussi long que son visage et aussi épais que l'ongle d'un laboureur qui laboure depuis sept ans* (*Ancient Laws*, I, p. 7). On a ici *wyneb-warth*; il semble qu'il y ait là une tentative d'étymologie populaire : *gwarth*, en effet, en gallois, signifie *outrage*.

descendit à accepter, et ils se rendirent à la cour en amis.

On leur prépara pavillons et tentes en guise de salles, et ils se mirent à table. Ils s'assirent dans le même ordre qu'au commencement du banquet, et Matholwch commença à s'entretenir avec Bendigeit Vran. Celui-ci trouva que sa conversation languissait, qu'il était triste, à cause sans doute de l'affront, tandis qu'auparavant il était constamment joyeux. Il pensa que le prince était si triste parce qu'il trouvait la réparation trop faible pour le tort qu'on lui avait fait. « Homme, » lui dit-il, « tu n'es pas aussi bon causeur cette nuit que les nuits précédentes. Si la réparation ne te semble pas suffisante, j'y ajouterai à ton gré ; et, dès demain, on te payera tes chevaux. » — « Seigneur, » répondit-il, « Dieu te le rende. » — « Je parferai la réparation en te donnant un chaudron (1) dont voici la vertu : Si on te tue un homme aujourd'hui, tu n'auras qu'à le jeter dedans pour que le lendemain il soit aussi bien que jamais, sauf qu'il n'aura plus la parole. » Matholwch le remercia, et en conçut très grande joie. Le lendemain on remplaça ses chevaux par d'autres, tant qu'il y eut des chevaux domptés. On alla ensuite dans un autre *kymmwt* (2), et on lui donna

---

(1) Voyez le *Mabinogi* de Kulhwch et Olwenn ; voir plus haut la note à Pwyll Penn Annwvyn.

(2) Voy. la note au mot *cantrev*, p. 28.

des poulains jusqu'à payement complet; ce qui fit que ce *kymmwt* porta, à partir de là, le nom de *Tal-ebolyon* (1).

La nuit suivante, ils s'assirent en compagnie. « Seigneur, » dit Matholwch à Bendigeit, « d'où t'est venu le chaudron que tu m'as donné? » — « Il m'est venu, » répondit-il, « d'un homme qui a été dans ton pays, mais je ne sais si c'est là qu'il l'a trouvé. » — « Qui était-ce? » — « Llasar Llaesgyvnewit. Il est venu ici d'Iwerddon, avec Kymideu Kymeinvoll sa femme. Ils s'étaient échappés de la maison de fer, en Iwerddon, lorsqu'on l'avait chauffée à blanc sur eux. Je serais bien étonné si tu ne savais rien à ce sujet. » — « En effet, seigneur, et je vais te dire tout ce que je sais. Un jour que j'étais à la chasse en Iwerddon, sur le haut d'un tertre qui dominait un lac appelé *Llynn y Peir* (le lac du Chaudron), j'en vis sortir un grand homme aux cheveux roux, portant un chaudron sur le dos. Il était d'une taille démesurée, et avait l'air d'un malfaiteur. Sa femme était encore deux fois plus grande que lui. Ils se dirigèrent vers moi et me saluèrent. « Quel voyage

---

(1) L'auteur y voit le mot *tal*, « payement, » et *ebolyon*, « poulains » (Armor. *ebeul*). Chez un poète du douzième-treizième siècle, Davydd Benvras, on trouve la forme *Tal y bolion* (*Myv. arch.*, p. 222, col. 1). Talybolion ou Talebolion était un *cymmwd* du *cantrev* de Cemais en Mon (Anglesey), d'après Powell. La *Myv. arch.* range Cemais ou Cemmaes avec Talebolion parmi les Cymmwd du *cantrev* d'Aberffraw (*Myv. arch.*, p. 735).

est le vôtre ? » leur dis-je. » — « Voici, seigneur, » répondit-il. « Cette femme sera enceinte dans un mois et quinze jours. Celui qui naîtra d'elle au bout d'un mois et demi sera un guerrier armé de toutes pièces. » — « Je me chargeai de pourvoir à leur entretien, et ils restèrent une année avec moi sans qu'on m'en fît des reproches. Mais, à partir de là, on me fit des difficultés à leur sujet. Avant la fin du quatrième mois, ils se firent eux-mêmes haïr en commettant sans retenue des excès dans le pays ; en gênant et en causant des ennuis aux hommes et aux femmes nobles. A la suite de cela, mes vassaux se rassemblèrent et vinrent me sommer de me séparer d'eux en me donnant à choisir entre ces gens et eux-mêmes. Je laissai au pays le soin de décider de leur sort. Ils ne s'en seraient pas allés certainement de bon gré, et ce n'était pas non plus en combattant qu'ils auraient été forcés de partir. Dans cet embarras, mes vassaux décidèrent de construire une maison tout en fer. Quand elle fut prête, ils firent venir tout ce qu'il y avait en Irlande de forgerons possédant tenailles et marteaux, et firent accumuler tout autour du charbon jusqu'au sommet de la maison. Ils passèrent en abondance nourriture et boisson à la femme, à l'homme et à ses enfants. Quand ils les surent ivres, ils commencèrent à mettre le feu au charbon autour de la maison et à faire jouer les soufflets jusqu'à ce que tout fut chauffé à blanc. Les étrangers tinrent conseil au milieu de la maison. L'homme, lui, y resta jusqu'à ce que la paroi de fer fut blanche. La chaleur devenant intolérable, il donna un coup d'épaule à la paroi, et sortit en la jetant dehors, suivi de sa femme. Personne autre qu'eux deux n'échappa. C'est alors, je suppose, qu'il traversa la mer et se rendit près de toi. » — « C'est alors, sans doute, qu'il vint ici et me donna le chaudron. » — « Comment les as-tu accueillis ? » — « Je les ai distribués de tous côtés sur mes domaines. Ils se multiplient et s'élèvent en tout lieu ; partout où ils sont, ils se fortifient en hommes et en armes les meilleurs qu'on ait vus. »

Quand ils trouvèrent qu'il valait mieux dormir que de siéger plus longtemps, ils allèrent se coucher. Ils passèrent ainsi le temps du banquet dans la gaieté. Quand il fut terminé, Matholwch partit avec Branwen pour Iwerddon. Ils sortirent d'Aber Menei (1) avec leurs treize navires, et arrivèrent en Iwerddon, où on les accueillit avec de très grandes démonstrations de joie. Il ne venait pas un homme de marque ni une femme noble en Iwerddon faire visite à Branwen, qu'elle ne lui donnât un collier, une bague ou un bijou royal précieux, qui leur donnait un air princier quand ils sortaient. Elle passa ainsi l'année glorieusement, et réussit complètement à acquérir gloire et amitié. Il arriva alors

---

(1) *Aber menai*, l'embouchure de la Menai, ou du détroit entre l'île d'Anglesey et le continent. Aber Menai désigne la sortie sud du détroit.

qu'elle devint enceinte. Au bout du temps requis, il lui naquit un fils. On lui donna le nom de Gwern, fils de Matholwch, et on l'envoya élever chez les hommes les meilleurs d'Iwerddon.

La seconde année, il se fit tout à coup grand bruit en Iwerddon, au sujet de l'outrage qu'avait essuyé Matholwch en Kymry (1) (Galles), et du mauvais tour qu'on lui avait joué à propos de ses chevaux. Ses frères de lait et ses plus proches parents lui en firent ouvertement des reproches. Le tumulte devint tel en Iwerddon, qu'il ne put espérer de repos s'il ne tirait vengeance de l'outrage. Voici la vengeance qu'ils décidèrent : il chasserait Branwen de sa chambre, l'enverrait cuire les aliments, et, tous les jours, le boucher, après avoir coupé la viande, irait à elle et lui donnerait un soufflet. Ce fut le châtiment qu'on imposa à Branwen. « Maintenant, seigneurs, » dirent ses hommes à Matholwch, « fais empêcher les navires,

---

(1) *Kymry* ou *Kymru*, et non *Kymri*, le pays de Galles. Le singulier est *Kymro*, qui suppose en vieux celtique *Com-brox*, pluriel *Com-broges*, « gens du même pays, compatriotes, » nom que se sont donné, vers le septième siècle, les Bretons en lutte avec les Saxons. *Kymry* a compris non seulement le pays de Galles actuel, mais encore le nord de l'Angleterre breton jusqu'à la Clyde; le nom de Cumberland en vient. Cette extension du pays de Kymry a amené les auteurs des romans français de la *Table Ronde* à placer en Nord-Galles des villes du nord de l'Angleterre, Longtown, par exemple (Longuetown), qui est située à l'extrémité septentrionale du Cumberland (Paulin Paris, *Les Romans de la Table Ronde*, I, p. 280).

les barques et les *corwg* (1) d'aller en Kymry ; tous ceux qui viendront de Kymry, emprisonne-les ; ne les laisse pas s'en retourner, de peur qu'on ne le sache. » Ils s'arrêtèrent à ce plan. Ils ne restèrent pas moins de trois années ainsi.

Pendant ce temps, Branwen éleva un étourneau sur le bord de son pétrin, lui apprit un langage, lui indiqua quelle espèce d'homme était son frère, et lui apporta une lettre exposant ses souffrances et le traitement injurieux qu'elle subissait (2). Elle attacha la lettre à la naissance des ailes de l'oiseau, et l'envoya vers Kymry. L'oiseau se rendit dans cette île. Il trouva Bendigeit Vran à Caer Seint (3) en Arvon (4), qui lui servait alors de cour de jus-

---

(1) Le *corwc* ou *corwgl* était un léger bâteau en usage chez les pêcheurs de Galles, d'Ecosse et d'Irlande. Il avait la forme ovale, était fait d'osier ou de baguettes entrelacées et recouvert de cuir, de peau de cheval ou de toile goudronnée. Assis au milieu, le pêcheur pouvait ramer d'une main et manier ses filets de l'autre. Arrivé à terre, il emportait son *corwc* sur son dos. Ce canot était en usage sur les rivières surtout (Richards, *Welsh Dict.*). Le mot irlandais est *curach*.

(2) Dans le lai de Milun de Marie de France, Milun se sert d'un cygne pour le même ministère (éd. Warncke, p. 158).

(3) Ce nom désigne une ancienne forteresse romaine, près de la ville actuelle de Carnarvon. La rivière à l'embouchure de laquelle est située cette ville, porte le nom de *Seint*. Seint a été plus anciennement Segeint (Nennius ap. Petrie, *Mon. hist. brit.*; p. 54), qui représente exactement le *Segontium* de l'époque romaine.

(4) *Arvon*, ou le territoire en face ou auprès de Mon (Mon, Anglesey) ; le mot est composé comme *Arvor*, territoire près de la mer. *Arvon* formait une des trois subdivisions de Gwynedd ou

tice. Il descendit sur son épaule et hérissa ses plumes jusqu'à ce qu'on aperçut la lettre et qu'on reconnut qu'on avait affaire à un oiseau élevé dans une maison. Bendigeit Vran prit la lettre et la lut. Sa douleur fut grande en apprenant les souffrances de Branwen, et il envoya sur-le-champ des messagers pour soulever l'île tout entière. Il appela à lui toutes les forces des cent quarante-quatre pays. Il se plaignit lui-même à eux des souffrances qu'on faisait subir à sa sœur, et tint conseil. On décida de faire une expédition en Iwerddon, et de laisser dans cette île sept hommes comme gouverneurs, et Cradawc (1) à leur tête; c'étaient sept chevaliers. On

---

Nord-Galles ; les autres étaient Mon et Meirionydd (Merioneth). Arvon répond au Carnarvonshire actuel.

(1) *Cradawc* ou *Caradawc* = Caratâcos ; ce nom a été maladroitement changé, par les éditeurs, en Caractacus. On a confondu sans doute plusieurs personnages sous ce nom. Les chroniqueurs gallois n'ont pas manqué de l'identifier avec le Caratacus ou Caractacus de Tacite et de Dion Cassius, le fils de Cunobelinos, le brave et généreux chef des Silures, livré aux Romains par la reine des Brigantes, Cartismandua (Tacite, *Ann.*, XII, 33-7; Dion Cassius, IX, 20, 21). Dans les *Triades*, c'est un des trois monarques de l'île, choisis et établis par serment, avec Caswallawn ab Ludd ab Beli et Owen ab Macsen Wledig (*Myv. arch.*, p. 402, 17; *ab* ou *ap* a le sens de *map*, fils). D'après une autre triade (*ibid.*, p. 404, 34), c'est pour diriger la défense contre les Romains qu'on lui donna la royauté. C'est aussi un des trois braves de l'île avec *Cynvelyn* (Cunobelinos) et Arthur (*ibid.*, p. 403); un des trois chefs de guerre avec Caswallawn, fils de Beli, et Gweirydd, fils de Cynvelyn (*ibid.*, p. 403, 24). Il est livré aux Romains par Aregwedd Voeddawg, fille d'Avarwy ab Lludd, que les chroniqueurs ont identifiée avec Cartismandua (*ibid.*, p. 403, 22).

les laissa en Edeirnon (1), et c'est à cause de cela qu'on appela la ville *Seith Marchawc (Sept Chevaliers)*. C'étaient : Cradawc, fils de Bran ; Eveidd Hir ; Unic Glew Ysgwydd ; Iddic, fils d'Anarawc Walltgrwn (aux cheveux ronds); Ffodor, fils d'Ervyll ; Wlch Minascwrn ; Llashar (2), fils de Llaesar Llaesgywydd, et Pendaran Dyvet qui restait avec eux comme jeune valet. Ces sept hommes restèrent comme administrateurs pour veiller sur l'île ; Cradawc était à leur tête.

Bendigeit Vran et tous les soldats que nous avons indiqués mirent à la voile pour Iwerddon. Les flots n'étaient pas considérables alors ; il marcha à travers des bas-fonds. Il n'y avait que deux rivières appelées Lli et Archan. Depuis, les flots ont étendu leur empire. Bendigeit s'avança, portant sur son

---

Une triade, qui est l'écho d'une tradition semblable à celle que nous a conservée notre *Mabinogi*, nous dit que c'est un des *Cynweisiad* ou premiers serviteurs (cf. Taliesin ap. Skene, 156, 9) de l'île ; les autres sont Cawrdaf, fils de Caradawc Vreichvras, et Owain ab Macsen Wledig ; on les appelait ainsi parce qu'il n'y avait pas en Bretagne un homme qui ne se levât à leur appel et qui ne fût prêt à les suivre (*ibid.*, p. 404, 41). Caradawc est le héros d'un curieux récit des *Iolo mss.*, p. 185 et suiv. Il est roi d'Essyllwg, pays des Silures, et bat les Romains. Ceux-ci attribuant leur défaite à la constitution du pays qui est couvert de bois et de fourrés, il détruit les bois pour leur montrer qu'il ne doit le succès qu'à sa seule vaillance. Manawyddan ab Llyr bâtit, à l'intention des traîtres, une prison avec les os des Romains tués (voy. Kulhwch et Olwen, note à Caer Oeth et Anoeth).

(1) *Edeirnion, kymmwd du Cantrev y Barwn en Powys* (*Myv. arch.*, p. 735).

(2) Voy. Manawyddan, fils de Llyr.

dos tout ce qu'il y avait de musiciens (1), et se rendit à la terre d'Iwerddon.

Les porchers de Matholwch, qui étaient sur le bord des eaux, retournèrent auprès de lui. « Seigneur, » dirent-ils, « porte-toi bien. » — « Dieu vous donne bien, » répondit-il, « apportez-vous des nouvelles ? » — « Oui, seigneur, des nouvelles surprenantes. Nous avons aperçu un bois sur les eaux, à un endroit où auparavant nous n'en avons jamais vu trace. » — « Voilà une chose surprenante ; c'est tout ce que vous avez vu ? » — « Nous avons vu encore, seigneur, une grande montagne à côté du bois, et cette montagne marchait ; sur la montagne un pic, et de chaque côté du pic un lac. Le bois, la montagne, tout était en marche. » — « Il n'y a personne ici à rien connaître à cela, si ce n'est Branwen ; interrogez-la. » Les messagers se rendirent auprès de Branwen. « Princesse, » dirent-ils, « qu'est-ce que tout cela, à ton avis ? » — « Ce sont, » répondit-elle, « les hommes de l'île

(1) Ce passage singulier, si le texte n'est pas altéré, me semble éclairci par un poème de Iorwerth Beli, poète de la seconde moitié du quatorzième siècle, à l'évêque de Bangor. Il se plaint à lui de ce qu'il néglige les poètes pour les musiciens. Il lui rapporte, pour prouver la supériorité des poètes sur les musiciens, que Maelgwn, se rendant à Caer Seion, emmena avec lui tout ce qu'il y avait de chanteurs et de musiciens (a oedd o gerdd arwest ar gerddorion), et qu'il força tous les gens de sa suite à nager pour atteindre Caer Seion. Les harpistes, dit le poète, ne valaient plus rien après cette épreuve, tandis que les poètes composaient tout aussi bien (Myv. arch., p. 317, 318).

des Forts qui traversent l'eau pour venir ici après avoir appris mes souffrances et mon déshonneur. »
— « Qu'est-ce que ce bois qu'on a vu sur les flots ? »
— « Ce sont des vergues et des mâts de navire. »
— « Oh ! » dirent-ils, « et la montagne que l'on voyait à côté des navires ? » — « C'est Bendigeit Vran, mon frère, marchant à gué. Il n'y avait pas de navire dans lequel il pût tenir. » — « Et le pic élevé, et les lacs des deux côtés du pic ? » — « C'est lui jetant sur cette île des regards irrités ; les deux lacs des deux côtés du pic sont ses yeux de chaque côté de son nez. »

On rassembla aussitôt tous les guerriers d'Iwerddon, tous les grands chefs, et on tint conseil. « Seigneur, » dirent les nobles à Matholwch, « il n'y a d'autre plan de possible que de reculer par delà la Llinon (rivière d'Irlande), de mettre la Llinon entre toi et lui, et de rompre le pont. Il y a au fond de la rivière une pierre aimantée qui ne permet à aucun navire ni vaisseau de la traverser. » Ils se retirèrent de l'autre côté de la rivière, et rompirent le pont. Bendigeit vint à terre et se rendit avec la flotte sur le bord de la rivière. « Seigneur, » lui dirent ses nobles, « tu connais le privilège de cette rivière : personne ne peut la traverser, et il n'y a pas de pont dessus. Quel est ton avis pour un pont ? » — « Je n'en vois pas d'autre que celui-ci : *Que celui qui est chef soit pont* (1).

(1) Ce proverbe se trouve encore dans tous les recueils de proverbes gallois (*A uo pen bid pont*, Myv. arch., p. 839, col. 1).

C'est moi qui serai le pont. » C'est alors, pour la première fois, que ce propos fut tenu, et aujourd'hui encore il sert de proverbe: Il se coucha par-dessus la rivière ; on jeta des claies sur lui, et les troupes traversèrent sur son corps. Au moment où il se relevait, les messagers de Matholwch vinrent le saluer et le complimenter de la part de leur maître, son parent par alliance, en l'assurant qu'il n'avait pas démérité de lui, en ce qui dépendait de sa volonté. « Matholwch, » ajoutèrent-ils, « donne le royaume d'Iwerddon à Gwern ton neveu, le fils de ta sœur ; il le lui offre en ta présence, en réparation du tort et des vexations qui ont été faites à Brannwen ; tu pourvoiras à l'entretien de Matholwch où tu voudras, ici ou dans l'île des Forts. » — « Si je ne puis moi-même, » répondit Bendigeit Vran, « m'emparer du royaume, il se peut que je délibère au sujet de vos propositions. Avant de m'avoir apporté d'autres propositions, ne cherchez pas à obtenir de moi une réponse. » — « La réponse la plus satisfaisante que nous recevrons pour toi, nous te l'apporterons. Attends donc notre message. » — « J'attendrai, mais revenez vite. »

Les messagers se rendirent auprès de Matholwch. « Seigneur, » lui dirent-ils, « prépare pour Bendigeit Vran une réponse qui soit plus satisfaisante. Il ne veut rien écouter de celle que nous lui avons apportée de ta part. » — « Hommes, » dit Matholwch, « quel est votre avis ? » — « Seigneur, » répondirent-ils, « nous n'en voyons qu'un. Jamais il n'a pu tenir dans une maison. Eh bien ! fais une maison assez grande pour le recevoir lui et les hommes de l'île des Forts d'un côté, toi et ton armée de l'autre. Donne-lui ton royaume pour qu'il en dispose à son gré, et fais-lui hommage. En retour de l'honneur qu'on lui aura fait en bâtissant une maison capable de le contenir, ce qu'il n'a jamais eu, il fera la paix avec toi. » Les messagers retournèrent avec ce message auprès de Bendigeit Vran. Il se décida à accepter. Tout cela se fit par le conseil de Branwen, qui voulait éviter la ruine à un pays qui lui appartenait à elle aussi. On se mit à exécuter les conditions du traité ; on bâtit une maison haute et vaste. Mais les Gwyddyl (les Irlandais) (1) imaginèrent un stratagème : ils établirent des supports des deux côtés de chaque centième colonne de la maison. Ils installèrent un sac de peau sur chaque saillie, et un homme armé dans chaque sac.

Evnyssyen entra avant la troupe de l'île des Forts, et jeta de tous côtés, dans la maison, des regards furieux et méchants. Il aperçut les sacs de peau le long des piliers. « Qu'y a-t-il dans ce sac-ci, »

---

(1) *Gwyddyl*, singulier *Gwyddel*, est le nom que les Gallois donnent aux gens de race gaëlique (Irlandais, Ecossais des hautes terres et habitants de l'île de Man). C'est le nom national de ces peuples, vieil irlandais Goidel, irl. moderne *Goidheal*, qui se prononce à peu près comme Gael. On voit que ce nom n'a rien à faire avec celui de prétendus Galls qui auraient envahi la Gaule avant les non moins fabuleux Kymry.

dit-il à un Gwyddel ? » — « De la farine, mon âme, » répondit-il. Il le tâta jusqu'à ce qu'il trouva la tête, et il la serra jusqu'à ce qu'il sentit ses doigts se rencontrer dans la moelle à travers les os, et il le laissa. Il mit la main sur un autre, et demanda : « Qu'y a-t-il dans celui-ci ? » — « De la farine, » répondirent les Gwyddyl. Il se livra au même jeu avec chacun d'eux, jusqu'à ce qu'il ne resta plus vivant des deux cents hommes qu'un seul. Il alla à ce dernier, et demanda : « Qu'y a-t-il ici ? » — « De la farine, » répondirent les Gwyddyl. Il le tâta jusqu'à ce qu'il eût trouvé la tête, et la lui serra comme aux autres. Il sentit une armure sur la tête de ce dernier, et ne le lâcha pas avant de l'avoir tué. Alors il chanta cet *englyn* (1) :

« Il y a dans ce sac farine particulière, des combattants souples, descendus au combat : combat tout préparé avant les combattants. »

A ce moment les troupes entrèrent dans la maison. Les hommes de l'île d'Iwerddon allèrent d'un côté et ceux de l'île des Forts de l'autre. Aussitôt qu'ils furent assis, l'union entre eux se fit. La

(1) *Englyn*, épigramme, stance, un des trois principaux mètres gallois (V. *Dosparth Edeyrn Davod aur*, LXVI, LXVII). La *Myv. arch.*, p. 331, col. 2, nous donne une version de deux Englyn, au lieu d'un, tirés eux aussi des *Mabinogion*, d'une autre source par conséquent. Le premier ne semble pas se rapporter directement à ce passage : « J'ai entendu une grue jeter des cris dans le marais, loin des maisons; celui qu'on n'écoute pas peut se taire (?) ».

royauté fut offerte au fils de Matholwch. La paix conclue, Bendigeit Vran fit venir l'enfant ; l'enfant se rendit ensuite auprès de Manawyddan. Tous ceux qui le voyaient le prenaient en affection. Il était avec Manawyddan quand Nyssyen, fils d'Eurosswydd, l'appela auprès de lui. L'enfant alla vers lui d'un air aimable. « Pourquoi, » s'écria Evnyssyen, « mon neveu, le fils de ma sœur, ne vient-il pas à moi ? Ne serait-il pas roi d'Irlande, que je serais heureux d'échanger des caresses avec lui. » — « Volontiers, » dit Bendigeit Vran, « qu'il aille. » L'enfant alla à lui tout joyeux. « J'en atteste Dieu, » se dit Evnyssyen, « la famille ne s'attend guère au meurtre que je vais commettre en ce moment. » Il se leva, saisit l'enfant par les pieds, et, avant que personne de la famille ne pût l'arrêter, il lança l'enfant la tête la première dans le feu ardent.

Branwen, en voyant son fils au milieu des flammes, voulut, de l'endroit où elle était assise entre ses deux frères, s'élancer dans le feu ; mais Bendigeit Vran la saisit d'une main et prit son écu de l'autre. Chacun aussitôt de s'attaquer par toute la maison ; cette troupe dans la même maison produit le plus grand tumulte qu'on eût vu ; chacun saisit ses armes. Morddwyt Tyllyon (1) s'écrie

---

(1) *Morddwyd*, cuisse ; armoricain, *morzed* ou *morzad* ; *tyllion* paraît être un dérivé de *twll*, trou. Taliesin fait allusion à ce personnage : « J'ai été avec Bran en Iwerddon, j'ai vu tuer Morddwyt Tyllon (Skene, *Four ancient books*, II, p. 275).

alors : *Gwern gwngwch uiwch Vorddwyt Tyllion* (1) !

Chacun alors se jeta sur ses armes. Bendigeit Vran maintint Branwen entre son écu et son épaule. Les Gwyddyl se mirent à allumer du feu sous le chaudron de résurrection. On jeta les cadavres dedans jusqu'à ce qu'il fut plein. Le lendemain, ils se levèrent redevenus guerriers aussi redoutables que jamais, sauf qu'ils ne pouvaient parler. Evnyssyen voyant sur le sol les corps privés de *renaissance* des hommes de l'île des Forts se dit en lui-même : « O Dieu, malheur à moi d'avoir été la cause de cette destruction des hommes de l'île des Forts. Honte à moi, si je ne trouve pas un moyen de salut. » Il s'introduisit au milieu des cadavres des Gwyddyl. Deux Gwyddyl aux pieds nus vinrent à lui et, le prenant pour un des leurs, le jetèrent dans le chaudron. Il se distendit lui-même dans le chaudron au point que le chaudron éclata en quatre morceaux et que sa poitrine à lui se brisa. C'est à cela que les hommes de l'île durent tout le succès qu'ils obtinrent. Il se réduisit à ce que sept hommes purent s'échapper ; Bendigeit Vran fut blessé au pied d'un coup de lance empoisonnée. Voici les sept qui échappèrent : Pryderi, Manawyddan, Gliuieri Eil Taran (2), Talyessin (3),

---

(1) V. les notes critiques.

(2) *Eil Taran*, fils de Taran ; *taran*, tonnerre ; le dieu gaulois du tonnerre était Taranus.

(3) *Taliessin* ou *Teleessin penbeirdd*, Taliesin, chef des bardes. D'après Nennius, éd. Petrie, *Monum. hist. brit.*, p. 75, Ta-

Ynawc, Grudyeu, fils de Muryel, Heilyn, fils de Gwyn Hen (le vieux). Bendigeit Vran ordonna qu'on lui coupât la tête. « Prenez ma tête, » leur dit-il; « portez-la à Gwynn Vryn (1) (la colline blanche) à Llundein et enterrez-la en cet endroit le visage tourné vers la France. Vous serez longtemps en route. A Harddlech vous resterez sept ans à table,

---

liesin aurait vécu au sixième siècle. On ne sait de sa vie rien de certain. Dans un curieux poème du *Livre noir*, où il converse avec Ygnach, il dit qu'il vient de Caer Seon, près Carnarvon, se battre avec *Itewon*, les Juifs ? et qu'il va à Caer Lew et Gwydyon. Ygnach l'appelle *penhaw o'r gwyr*, le premier des hommes (Skene, *Four anc. books*, p. 56, xxxv). Dans les poèmes donnés sous son nom et qui sont peut-être, à certains égards, les plus curieux de la littérature galloise, il célébra surtout Urien, Elphin, Kynan, dont le premier au moins passe pour avoir été un roi des Bretons du nord. Il y est souvent question aussi de Gwydyon, roi de Gwynedd ou Nord-Galles, personnage mystérieux, plutôt mythologique que réel. Il n'est pas sans intérêt de remarquer qu'il célèbre un héros irlandais, Conroi, fils de Daere. Si tous les poèmes mis sous son nom lui appartiennent, il est sûr qu'il a vécu au milieu des Gaëls, ce qui confirmerait la légende d'après laquelle il aurait été esclave en Irlande. Pour plus de détails, voir sa vie annexée par lady Guest aux *Mabinogion*, III. Taliesin est un nom propre connu aussi en Armorique (*Petrus dictus Taliesin*, Cart. de Quimper, bibl. nat., 9892, fol. 23 v°, année 1325; *Petrus Yvonis Talgesini, ibid.*, fol. 24 r°, 1331; Talgesin, *ibid.*, fol. 79 r°, t. III, 14). V. p. 207, note 2.

(1) *Brynn*, colline; Armor., *bren*, et *gwynn*, blanc; Arm. anc. *win*, auj. *gwen*. Le féminin gallois est *gwen* (*gwynn = vindos; gwenn = vinda*. (Rhys, *Lectures on welsh phonology*, 2ᵉ éd., p. 115). D'après lady Guest, ce serait la Tour de Londres. Un poète de la fin du douzième siècle, Llywarch ab Llywelyn, plus connu sous le nom de Prydydd y Moch, en parle comme d'un lieu célèbre (*Myv. arch.*, p. 200, col. 1).

pendant que les oiseaux de Riannon chanteront pour vous. Ma tête sera pour vous une compagnie aussi agréable qu'aux meilleurs moments lorsqu'elle était sur mes épaules. A Gwales, en Penvro, vous passerez quatre-vingts ans. Jusqu'au moment où vous ouvrirez la porte qui donne sur Aber Henvelen (1), vers Kernyw (2), vous pourrez y séjourner et conserver la tête intacte. Mais ce sera impossible, dès que vous aurez ouvert la porte ; allez alors à Lundein enterrer la tête ; traversez droit devant vous. » Ils lui coupèrent la tête, et, l'emportant avec eux, partirent à travers le détroit tous les sept, sans compter Branwen.

Ils débarquèrent à Aber Alaw (3) en Talebolyon. Là ils s'assirent et se reposèrent. Branwen porta ses regards vers Iwerddon et sur l'île des Forts, sur ce qu'elle en pouvait apercevoir : « Hélas, fils de Dieu, » s'écria-t-elle « maudite soit ma naissance ! Deux îles si belles détruites à cause de moi ! » Elle poussa un grand soupir et son cœur se brisa. On lui fit une tombe carrée et on l'enterra en cet endroit sur le bord de l'Alaw. Les

---

(1) *Aber*, embouchure ; au lieu de Henvelen, le texte porte Henveleu, mais un passage de Taliesin, qui se rapporte à ce passage de notre *Mabinogi*, donne Henvelen ; la lecture est assurée par l'assonnance : « J'ai chanté devant les enfants de Llyr à Ebyr Henvelen » (Skene, *Four anc. books of Wales*, p. 153, v. 32.)

(2) *Kernyw*, nom gallois de la Cornouailles anglaise. C'est le nom aussi de notre Cornouailles armoricaine (Kerneo ; vieux celtique, Cornovia ou Carnovia).

(3) *Aber Alaw*, embouchure de l'Alaw, rivière d'Anglesey.

sept hommes se dirigèrent vers Harddlech avec la tête. En chemin, ils rencontrèrent une troupe d'hommes et de femmes. « Avez-vous des nouvelles, » dit Manawyddan? — « Pas d'autres, » répondirent-ils, « sinon que Caswallawn (1) fils de Beli a pris possession de l'île des Forts et qu'il est roi couronné à Lundein. » — « Qu'est-il arrivé, » dirent les sept, « à Caradawc, fils de Bran, et aux sept hommes qui ont été laissés avec lui dans cette île? » — « Kaswallawn les a attaqués et en a tué six; le cœur de Caradawc s'est brisé de chagrin lorsqu'il a vu l'épée tuer ses hommes sans savoir qui les frappait. C'était Kaswallawn qui avait revêtu un manteau enchanté, de sorte que personne ne le voyait les tuer :

(1) Caswallawn est identique comme forme au nom de l'époque romaine Cassivellaunus. Il est donné, dans les *Triades*, comme un des chefs luttant contre les Romains, comme un des chefs de guerre des Bretons; les deux autres sont Gweirydd, fils de Cynvelyn et Caradawc ab Bran (*Myv. arch.*, p. 403, 24). Il organise une expédition de soixante et un mille homme pour aller enlever Flur, la fille de Mynach Gorr, à Mwrchan, prince gaulois; il passe en Llydaw (Armorique), bat les Romains, reprend Flur et reste en Gwasgwyn, où ses descendants sont encore (*Myv. arch.*, p. 402, col. 1; cf. Brut Tysilio, *ibid.*, p. 449 et suiv.; Gaufrei de Monmouth, *Hist.*, III, 20; IV, 2, 3, 7, 9). C'est aussi un des trois amoureux de l'île; il est, lui, amoureux de Flur; les deux autres sont Trystan ab Tallwch, amant d'Essyllt, femme de March ab Meirchion, son oncle, et Kynon, amant de Morvudd fille d'Urien de Reged (*Myv. arch.*, p. 392, 53). C'est encore un des trois *eurgrydd* ou cordonniers-orfèvres, v. la note à Manawyddan, p. 97. La forme Caswallon semble refaite d'après Catwallon, dont la terminaison est originairement différente. Le cheval de Caswallawn s'appelle *Melynlas* (jaune pâle), *Livre noir*, 10, v. 15.

on n'apercevait que l'épée. Pour Caradawc, il ne voulait pas le tuer, parce que c'était son neveu, le fils de son cousin-germain. Ce fut un des trois hommes dont le cœur se brisa de chagrin. Pendaran Dyvet qui était jeune valet avec les sept hommes s'est échappé dans un bois. » Ils se rendirent à Harddlech et s'y installèrent. Ils commencèrent à se pourvoir en abondance de nourriture et de boisson, et se mirent à manger et à boire. Trois oiseaux vinrent leur chanter certain chant auprès duquel était sans charme tous ceux qu'ils avaient entendus. Les oiseaux se tenaient au loin au-dessus des flots et ils les voyaient cependant aussi distinctement que s'ils avaient été avec eux. Ce repas dura sept ans ; au bout de la septième année, ils partirent pour Gwales (1) en Penvro.

Ils y trouvèrent un endroit agréable, royal, au-dessus des flots, et une grande salle. Ils se rendirent à la salle. Deux des portes étaient ouvertes, mais la troi-

---

(1) Ce nom de *Gwales* représente l'anglo-saxon *Wealas*, *Walas*, nom sous lequel les Saxons désignaient les Bretons avec lesquels ils étaient en lutte. Les Germains ont appliqué en général cette dénomination à toutes les peuplades soumises à l'empire romain. Elle dérive de Volca, nom d'une population gauloise qui semble avoir joué un rôle très important dans les rapports des Celtes avec les Germains (Vieux-haut all., *Walah* = *Volca*); de Wales nous avons fait Galles (V. d'Arbois de Jubainville, *Cours de littérature celtique*, I, p. 11, d'après Gaston Paris). Ce nom semble avoir d'abord été appliqué spécialement au Pembrokeshire, où des Normands s'établirent dès la fin du onzième siècle, et des Flamands, en assez grand nombre, au commencement du douzième.

sième était fermée, celle qui donnait sur Kernyw. « Voilà, » dit Manawyddan, « la porte que nous ne devons pas ouvrir. » Ils y passèrent la nuit au milieu de l'abondance et de la gaieté. Quoi qu'ils eussent vu, quoi qu'ils eussent entendu, ils ne se rappelèrent rien, non plus qu'aucun chagrin au monde. Ils y passèrent quatre-vingts années de telle sorte qu'ils ne se rappelaient pas avoir eu un meilleur temps ni plus agréable dans toute leur vie. Ils n'étaient pas plus fatigués; aucun d'eux ne s'apercevait que l'autre fût plus vieux de tout ce temps qu'au moment où ils y étaient venus. La compagnie de la tête ne leur était pas plus pénible que pendant que Bendigeit Vran était en vie. C'est à cause des quatre-vingts années passées ainsi qu'on désigne ce temps sous le nom de *Banquet de la tête sacrée*. Le temps de l'expédition en Iwerddon s'appelle la réception de Brannwen et de Matholwch. Mais voici ce que fit un jour Heilyn, fils de Gwynn. « Honte sur ma barbe, « s'écria-t-il, » si je n'ouvre pas cette porte pour savoir si ce qu'on dit est vrai. » Il ouvrit la porte et jeta ses regards sur Kernyw et Aber Henvelen. Aussitôt qu'il eut regardé, toutes les pertes qu'ils avaient faites, la mort de leurs parents et de leurs compagnons, tout le mal qui leur était arrivé leur revint en mémoire aussi clairement que si tout fût survenu à ce moment même, mais, par dessus tout, la perte de leur seigneur. A partir de ce moment, ils n'eurent pas de repos et partirent pour Llundein avec la tête.

Qu'elle qu'ait été la longueur de leur voyage, ils y arrivèrent et enterrèrent la tête dans Gwynn Vrynn. Ce fut, quand on l'enterra, la troisième bonne cachette, et, quand on la découvrit, la troisième mauvaise découverte : aucun fléau ne pouvait en effet venir dans cette île, tant que la tête aurait été cachée en cet endroit. Voilà ce que dit l'histoire de leur aventure. Ce furent là les hommes qui revinrent d'Iwerddon.

En Iwerddon, il ne resta de vivant que cinq femmes enceintes, dans une grotte, dans le désert. Il naquit à la même époque à ces cinq femmes cinq fils. Elles les élevèrent jusqu'à ce qu'ils furent de grands jeunes gens, qu'ils pensèrent aux femmes et qu'ils les désirèrent. Alors chacun d'eux coucha avec la mère de l'autre. Ils gouvernèrent le pays, le peuplèrent et le divisèrent entre eux cinq : c'est de ce partage entre cinq que viennent les cinq divisions actuelles d'Iwerddon (1). Ils examinèrent le terrain à l'endroit où avaient eu lieu les batailles; ils y trouvèrent tant d'or et d'argent qu'ils devinrent riches. Voilà comment se termine cette branche du *Mabinogi*, traitant de la cause du soufflet donné à Branwen, le troisième des funestes soufflets donnés dans cette île; de la réception de Bran quand il alla en Iwerddon avec les troupes des cent

---

(1) L'Irlande, anciennement, a été divisée en cinq parties : Meath, Connacht, Ulster, Leinster et Munster (O'Curry, *On the manners*, I, p. xcix).

cinquante pays punir le soufflet de Branwen; du souper à Harddlech pendant sept années; du chant des oiseaux de Riannon, et du festin de la tête comprenant quatre-vingts ans.

MANAWYDDAN [1], fils de Llyr

Voici la troisième branche du Mabinogi.

Lorsque les sept hommes dont nous avons parlé

---

(1) C'est le même personnage que le Manannan, fils de Lir, des Irlandais (V. sur ce personnage O'Curry, *On the manners*, II, p. 198). Son nom dérive de Manaw, nom gallois de l'île de Man, qui désigne aussi une portion du territoire des Otadini (Manaw Gwotodin). Dans les *Triades*, c'est un des trois princes *lleddv*, obliques (?), ainsi appelés parce qu'ils ne recherchaient pas de domaines et qu'on ne pouvait cependant leur en refuser (*Myv. arch.*, 304, 20; 404, 38); les deux autres étaient Llywarch Hen ab Elidir Lydanwen, et Gwgawn Gwron ab Eleufer Gosgorddvawr. Des poèmes des *Iolo mss.* (p. 263) lui attribuent la construction de la prison d'Oeth et Anoeth (v. Kulhwch et Olwen, note sur *Kaer Oeth*). Dans le *Livre Noir*, il devient compagnon d'Arthur et on y vante la sagesse de ses conseils (Skene, *Four ancient books*, II, p. 51, 7). Comme dans ce *Mabinogi*, il est donné par les *Triades* comme un des trois *trois eur-grydd* ou cordonniers-orfèvres : « Les trois cordonniers-orfèvres sont Caswallawn, fils de Beli, quand il alla chercher Flur à Rome; Manawyddan ab Llyr, pen-

plus haut eurent enterré dans le Gwynvryn à Llundein la tête de Bendigeit Vran, le visage tourné vers la France, Manawyddan, jetant les yeux sur la ville de Llundein et sur ses compagnons, poussa un grand soupir et fut pris de grande douleur et de grand regret. « Dieu tout-puissant, » s'écria-t-il, « malheur à moi! Il n'y a personne qui n'ait un refuge cette nuit, excepté moi! » — « Seigneur, » dit Pryderi, « ne te laisse pas abattre ainsi. C'est ton cousin germain qui est roi de l'île des Forts. En supposant qu'il puisse avoir des torts vis-à-vis de toi, il faut reconnaître que tu n'as jamais réclamé terre ni possession; tu es un des trois qui sont princes sans l'être. » — « Quoique cet homme soit mon cousin, » répondit Manawyddan, « il est toujours assez triste pour moi de voir qui que ce soit à la place de mon frère Bendigeit Vran. Je ne pourrai jamais être heureux dans la même demeure que lui. » — « Veux-tu suivre un conseil? » — « J'en ai grand besoin; quel est-il ce conseil? » — « Sept *cantrevs* m'ont été laissés en héritage; ma mère Riannon y demeure. Je te la donnerai et avec elle les sept *cantrevs*. Ne t'inquiète pas quand même tu n'aurais pas d'autres possessions; il n'y en a pas au monde de meilleurs. Ma femme est Kicva, la fille

dant l'enchantement jeté sur Dyved; Llew Llaw Gyffes, quand il alla avec Gwydyon chercher un nom et des armes avec Aranrot, sa mère » (*Triades Mabin.*, p. 308, l. 14). Son nom paraît être associé à celui de Pryderi, sous la forme Manawyt, dans un poème de Taliesin (Skene, *Four ancient Books*, p. 155, v. 9).

de Gwynn Gohoyw. Les domaines seront à mon nom, mais vous en aurez la jouissance, toi et Riannon. Si tu désirais jamais des domaines en propre, tu pourrais prendre ceux-là. » — « Non jamais, seigneur, Dieu te rende ta confraternité ! » — « Si tu veux, toute l'amitié dont je suis capable sera pour toi. » — « J'accepte, mon âme, Dieu te le rende. Je vais aller avec toi voir Riannon et tes états. » — « Tu as raison ; je ne crois pas que tu aies jamais entendu femme causant mieux qu'elle. A l'époque où elle était dans la fleur de la jeunesse, il n'y en avait pas de plus parfaite, et maintenant encore son visage ne te déplaira plus. »

Ils partirent aussitôt, et, quelle qu'ait été la longueur de leur voyage, ils arrivèrent en Dyvet. Ils trouvèrent un festin préparé à leur intention en arrivant à Arberth ; c'étaient Riannon et Kicva qui l'avaient organisé. Ils se mirent tous à table ensemble et Manawyddan et Riannon causèrent. Cet entretien lui inspira pour elle de tendres sentiments et il fut heureux de penser qu'il n'avait jamais vu de femme plus belle ni plus accomplie. « Pryderi, » dit-il, « je me conformerai à tes paroles. » — « Quelles paroles ? » demanda Riannon. — « Princesse, » répondit Pryderi, « je t'ai donnée comme femme à Manawyddan fils de Llyr. » — « J'obéirai avec plaisir, » dit Riannon. — « Et moi aussi, » dit Manawyddan. « Dieu récompense celui qui me témoigne une amitié aussi solide. » Avant la fin du banquet, il coucha avec elle. « Jouissez, » dit Pryderi, « de ce qui reste du festin. Moi, je m'en vais aller porter mon hommage à Kasswallawn, fils de Beli, en Lloegyr (1). » — « Seigneur, » répondit Riannon, « Kasswallawn est en Kent. Tu peux terminer ce banquet et attendre qu'il soit plus près. » — « Nous attendrons donc, » dit-il. Ils achevèrent le banquet et ils se mirent à faire leur tour de Dyvet, à chasser, à prendre leur plaisir. En circulant à travers le pays, ils constatèrent qu'ils n'avaient jamais vu pays plus habité, meilleur pays de chasse, mieux pourvu de miel et de poisson. Leur amitié à tous les quatre grandit ainsi à tel point qu'ils ne pouvaient se passer les uns des autres ni jour ni nuit.

Entre temps, Pryderi alla porter son hommage à Kasswallawn à Ryt-ychen (2). Il y reçut un excellent accueil et on lui fut reconnaissant de son hommage. Lorsqu'il fut de retour, Manawyddan et lui se remirent aux festins et au repos. Le festin commença à Arberth; c'était la principale cour et c'était toujours par elle que commençait toute cérémonie. Après le premier repas, ce soir-là, pendant que les serviteurs étaient en train de manger, ils sortirent tous les quatre et se rendirent avec leur suite à Gorsedd Arberth. Comme ils y

---

(1) *Lloegr* ou *Lloegyr* est le nom que les Gallois donnent à l'Angleterre proprement dite, au sud de l'Humber.

(2) Nom gallois d'Oxford. Le terme gallois signifie *gué des bœufs*, ce qui ne veut pas dire que ce soit là le sens du nom anglais.

étaient assis, un grand coup de tonnerre se fit entendre, suivi d'un nuage si épais qu'ils ne pouvaient s'apercevoir les uns les autres. La nuée se dissipa et tout s'éclaircit autour d'eux. Lorsqu'ils jetèrent les yeux sur cette campagne où auparavant on voyait troupeaux, richesses, habitations, tout avait disparu, maison, bétail, fumée, hommes, demeures ; il ne restait que les maisons de la cour, vides, sans une créature humaine, sans un animal. Leurs compagnons mêmes avaient disparu sans laisser de traces ; il ne restait qu'eux quatre. « Oh ! Seigneur Dieu ! » s'écria Manawyddan, « où sont les gens de la cour ? Où sont tous nos autres compagnons ? Allons voir. » Ils se rendirent à la salle : personne ; au château, aux chambres à coucher : personne ; à la cave à l'hydromel, à la cuisine ; tout était désert. Ils se mirent tous les quatre à continuer le festin, à chasser, à prendre leur plaisir. Chacun d'eux parcourut le pays et les domaines pour voir s'ils trouveraient des maisons et des endroits habités, mais ils n'aperçurent rien que des animaux sauvages. Le festin et les provisions épuisées, ils commencèrent à se nourrir de gibier, de poisson, de miel sauvage. Ils passèrent ainsi joyeusement une première année, puis une deuxième, mais à la fin la nourriture commença à manquer. « Nous ne pouvons, en vérité, » dit Manawyddan, « rester ainsi. Allons en Lloegyr et cherchons un métier qui nous permette de vivre. »

Ils se rendirent en Lloegyr et s'arrêtèrent à Henffordd (Hereford). Ils se donnèrent comme selliers. Manawyddan se mit à façonner des arçons et à les colorer en bleu émaillé comme il l'avait vu faire à Llasar Llaesgygwyd. Il fabriqua comme lui l'émail bleu, qu'on a appelé *calch lasar* (1) du nom de son inventeur, Llasar Llaesgygwyd. Tant qu'on en trouvait chez Manawyddan, on n'achetait dans tout Henfordd à aucun sellier ni arçon ni selle. Les selliers s'aperçurent que leurs gains diminuaient beaucoup; on ne leur achetait rien que quand on n'avait pas pu se fournir auprès de Manawyddan. Ils se réunirent tous et convinrent de tuer Manawyddan et son compagnon. Mais ceux-ci en furent avertis et délibérèrent de quitter la ville. « Par moi et Dieu, » dit Pryderi, « je ne suis pas d'avis de partir, mais bien de tuer ces vilains-là. » — « Non pas, » répondit Manawyddan; « si nous nous battions avec eux, nous nous ferions une mauvaise réputation et on nous emprisonnerait. Nous ferons mieux d'aller chercher notre subsistance dans une autre ville. »

Ils se rendirent alors tous les quatre à une autre cité. « Quel métier professerons-nous? » dit Pryderi. — « Faisons des boucliers, » répondit Manawyddan. — « Mais y connaissons-nous quelque chose? » — « Nous essaierons toujours. » Ils

---

(1) *Calch lasar*, émail. *Calch* signifie *chaux*, du latin *calx, calcis*, et aussi *haubert* (v. notes crit.; cf. *Myv. arch.*, p. 161, col. 2; 167, col. 2). L'étymologie donnée à *lasar* est une pure fantaisie.

se mirent à fabriquer des écus; ils les façonnèrent sur le modèle des meilleurs qu'ils avaient vus et leur donnèrent la même couleur qu'aux selles. Ce travail leur réussit si bien qu'on n'achetait un écu dans toute la ville que lorsqu'on n'en avait pas trouvé chez eux. Ils travaillaient vite; ils en firent une quantité énorme; ils continuèrent jusqu'à ce qu'ils firent tomber le commerce des ouvriers de la ville et que ceux-ci s'entendirent pour chercher à les tuer. Mais ils furent avertis; ils apprirent que ces gens avaient décidé leur mort. « Pryderi, » dit Manawyddan, « ces hommes veulent nous tuer. » — « Ne supportons point pareille chose, » répondit-il, « de ces vilains; marchons contre eux et tuons-les. » — « Non point; Kaswallawn et ses hommes l'apprendraient; nous serions perdus. Allons dans une autre ville. »

« A quel art nous mettrons-nous maintenant, » dit Manawyddan? » — « A celui que tu voudras de ceux que nous savons, » répondit Pryderi. — « Non point; faisons de la cordonnerie. Des cordonniers n'auront jamais assez d'audace pour chercher à nous tuer ou à nous créer des obstacles. » — « Mais moi, je n'y connais rien. » — « Je m'y connais moi, et je t'apprendrai à coudre. Ne nous mêlons pas de préparer le cuir, achetons-le tout préparé et mettons-le en œuvre. » Il se mit à acheter le *cordwal* (1) le plus beau qu'il trouva

---

(1) Cuir de Cordoue; en vieux français *cordouan*.

dans la ville ; il n'achetait pas d'autre cuir excepté pour les semelles. Il s'associa avec le meilleur orfèvre de la ville ; il lui fit faire des boucles pour les souliers, dorer les boucles, et le regarda faire jusqu'à ce qu'il eût appris lui-même. C'est à cause de cela qu'on l'a surnommé un des trois cordonniers-orfèvres (1). Tant qu'on trouvait chez lui soulier ou chaussure, on n'en achetait pas chez aucun cordonnier dans toute la ville. Les cordonniers reconnurent qu'ils ne gagnaient plus rien. A mesure que Manawyddan façonnait, Pryderi cousait. Les cordonniers se réunirent et tinrent conseil; le résultat de la délibération fut qu'ils s'entendirent pour les tuer. « Pryderi, » dit Manawyddan, « ces gens veulent nous tuer. » — « Pourquoi supporter pareille chose, » répondit Pryderi, « de ces voleurs de vilains? Tuons-les tous. » — « Non pas, » dit Manawyddan ; « nous ne nous battrons pas avec eux et nous ne resterons pas plus longtemps en Lloegyr. Dirigeons-nous vers Dyvet et allons examiner le pays. »

Quelque temps qu'ils aient été en route ils arrivèrent en Dyvet et se rendirent à Arberth. Ils y allumèrent du feu, et se mirent à se nourrir de gibier ; ils passèrent un mois ainsi. Ils rassemblèrent leurs chiens autour d'eux et vécurent ainsi

---

(1) L'usage de peindre, gaufrer, dorer le cuir est ancien. D'après Viollet-le-Duc, on en trouve des exemples dès les premiers siècles du moyen âge (Viollet-le-Duc, *Dict. rais. du mob. fr.*, I). Pour les trois cordonniers-orfèvres, v. la note à Manawyddan.

pendant une année. Un matin, Pryderi et Manawyddan se levèrent pour aller à la chasse ; ils préparèrent leurs chiens et sortirent de la cour. Certains de leurs chiens partirent devant et arrivèrent à un petit buisson qui se trouvait à côté d'eux. Mais à peine étaient-ils allés au buisson qu'ils reculèrent immédiatement, le poil hérissé et qu'ils retournèrent vers leurs maîtres. « Approchons du buisson, » dit Pryderi, « pour voir ce qu'il y a. » Ils se dirigèrent de ce côté, mais quand ils furent auprès, tout d'un coup un sanglier d'un blanc éclatant se leva du buisson. Les chiens excités par les hommes s'élancèrent sur lui. Il quitta le buisson et recula à une certaine distance des hommes. Tant que les hommes ne furent pas près de lui, il rendit les abois (1) aux chiens sans reculer devant eux. Lorsque les hommes le serrèrent de près, il recula une seconde fois et rompit les abois. Ils poursuivirent le sanglier jusqu'en vue d'un fort, très élevé, paraissant nouvellement bâti, dans un endroit où ils n'avaient jamais vu ni pierre ni trace de travail. Le sanglier se dirigea rapidement vers le fort, les chiens à sa suite. Quand le sanglier et

---

(1) Les expressions galloises de vénerie sont en général des traductions du français. A chaque pause que fait le porc Trwyth dans Kulhwch et Olwen (v. trad. fr.), le texte dit *rodes ar gyvarthva*. Cette expression est inintelligible sans le secours des termes français de vénerie ; c'est la traduction galloise de l'expression *rendre les abois*, terme classique en usage quand le cerf ou le sanglier n'en peut plus et se repose (V. *La Vénerie*, par Jacques du Fouilloux, réimpression de 1844, Angers).

les chiens eurent disparu à l'intérieur, ils s'étonnèrent de trouver un fort, là où ils n'avaient jamais vu trace de construction. Du haut du tertre, ils regardèrent et écoutèrent mais ils eurent beau attendre, ils n'entendirent pas un seul chien et n'en virent pas trace. « Seigneur, » dit Pryderi, « je m'en vais au château chercher des nouvelles des chiens. » — « Ce n'est pas une bonne idée, » répondit Manawyddan, « que d'aller dans un château que tu n'as jamais vu. Si tu veux m'écouter, tu n'iras pas. C'est le même qui a jeté charme et enchantement sur le pays qui a fait paraître ce château en cet endroit. » — « Assurément, je n'abandonnerai pas mes chiens, » dit Pryderi. En dépit de tous les conseils de Manawyddan, il se rendit au château. Il entra et n'aperçut ni homme, ni animal, ni le sanglier, ni les chiens, ni maison, ni endroit habité. Sur le sol vers le milieu, il y avait une fontaine entourée de marbre, et sur le bord de la fontaine, reposant sur une dalle de marbre, une coupe d'or, attachée par des chaînes qui se dirigeaient en l'air et dont il ne voyait pas l'extrémité. Il fut tout transporté de l'éclat de l'or et de l'excellence du travail de la coupe. Il s'en approcha et la saisit. Au même instant, ses deux mains s'attachèrent à la coupe et ses deux pieds à la dalle de marbre qui la portait. Il perdit la voix et fut dans l'impossibilité de prononcer une parole. Il resta dans cette situation.

Manawyddan, lui, attendit jusque vers la fin du

jour. Quand le temps de nones touchait à sa fin et qu'il fut bien sûr qu'il n'avait pas de nouvelles à attendre de Pryderi ni des chiens, il retourna à la cour. Quand il entra, Riannon le regarda : « Où est ton compagnon ? » dit-elle. « Où sont les chiens ? » — « Voici l'aventure qui m'est arrivée, » répondit-il. Et il lui raconta tout. « Vraiment, » dit Riannon, » tu es un bien mauvais camarade et tu en as perdu un bien bon ! » En disant ces mots, elle sortit. Elle se dirigea vers la région où il lui avait dit que Pryderi et le fort se trouvaient. La porte était ouverte ; tout y était au grand jour. Elle entra. En entrant, elle aperçut Pryderi les mains sur la coupe. Elle alla à lui : « Oh ! Seigneur, » dit-elle ; « que fais-tu là ? » Et elle saisit la coupe. Aussitôt, ses deux mains s'attachèrent à la coupe, ses deux pieds à la dalle, et il lui fut impossible de proférer une parole. Ensuite, aussitôt qu'il fut nuit, un coup de tonnerre se fit entendre, suivi d'un épais nuage, et le fort et eux-mêmes disparurent.

Kicva, fille de Gwyn Gohoyw, voyant qu'il ne restait plus dans la cour que Manawyddan et elle, en conçut tant de douleur que la mort lui semblait préférable à la vie. Ce que voyant, Manawyddan lui dit : « Tu as tort, assurément, si c'est par peur de moi que tu es si affectée ; je te donne Dieu comme caution que je serai pour toi le compagnon le plus sûr que tu aies jamais vu, tant qu'il plaira à Dieu de prolonger pour toi cette situation. Par moi et

Dieu, je serais au début de la jeunesse que je garderais ma fidélité envers Pryderi. Je la garderai aussi pour toi. N'aie pas la moindre crainte. Ma société sera telle que tu voudras, autant qu'il sera en mon pouvoir, tant qu'il plaira à Dieu de nous laisser dans cette situation pénible et cette affliction. » — « Dieu te le rende, » répondit-elle ; « c'est bien ce que je supposais. » La jeune femme en conçut joie et assurance. « Vraiment, » dit Manawyddan, « ce n'est pas le moment pour nous de rester ici : nous avons perdu nos biens, il nous est impossible d'avoir notre subsistance. Allons en Lloeger, nous trouverons à y vivre plus facilement. » — « Volontiers, seigneur, » répondit-elle ; « suivons ton idée. »

Ils marchèrent jusqu'en Lloegyr. « Quel métier professeras-tu, seigneur? » dit-elle. « Prends-en un propre. » — « Je n'en prendrai pas d'autre, » répondit-il, « que la cordonnerie, comme je l'ai fait auparavant. » — « Seigneur, ce n'est pas un métier assez propre pour un homme aussi habile, d'aussi haute condition que toi. » — « C'est cependant à celui-là que je me mettrai. » Il se mit à exercer sa profession; il se servit pour son travail du *cordwal* le plus beau qu'il trouva dans la ville. Puis, comme ils l'avaient fait ailleurs, ils fermèrent les souliers avec des boucles dorées ; si bien que le travail des cordonniers de la ville était inutile ou de peu de valeur auprès du sien. Tant qu'on trouvait chez lui chaussure ou bottes, on n'achetait rien aux autres. Au bout d'une année de cette existence, les cordonniers furent animés de jalousie et de mauvais desseins contre lui ; mais il fut averti et informé que les cordonniers s'étaient entendus pour le tuer : « Seigneur, » dit Kicva, « pourquoi supporter pareille chose de ces vilains ? » — « Laissons, » répondit Manawyddan, « et retournons en Dyvet. » Ils partirent pour Dyvet.

En partant, Manawyddan emporta avec lui un faix de froment. Il se rendit à Arberth et s'y fixa. Il n'avait pas de plus grand plaisir que de voir Arberth et les lieux où il avait été chasser en compagnie de Pryderi et de Riannon. Il s'habitua à prendre le poisson et les bêtes sauvages dans leur gîte. Ensuite il se mit à travailler; il ensemença un clos, puis un second, puis un troisième. Il vit bientôt se lever le froment le meilleur du monde et le blé de ses trois clos grandir de même façon : il était impossible de voir plus beau froment. Les diverses saisons de l'année passèrent; l'automne arriva. Il alla voir un de ses clos : il était mûr. « Je moissonnerai celui-là demain, » dit-il. Il retourna passer la nuit à Arberth, et, au petit jour, il partit pour moissonner son clos. En arrivant, il ne trouva que la paille nue; tout était arraché à partir de l'endroit où la tige se développe en épi; l'épi était entièrement enlevé, il ne restait que le chaume. Il fut grandement étonné et alla voir un autre clos : celui-là aussi était mûr. « Assurément, » dit-il, « je viendrai moissonner celui-ci demain. » Le lendemain, il revint avec l'intention d'y faire la moisson : en arrivant, il ne trouva que le chaume nu. « Seigneur Dieu, » s'écria-t-il, « qui donc est ainsi à consommer ma perte? Je le devine : c'est celui qui a commencé qui achève et ma perte et celle du pays. » Il alla voir le troisième clos ; il était impossible de voir plus beau froment, et celui-là aussi était mur. « Honte à moi, » dit-il, « si je ne veille cette nuit. Celui qui a enlevé l'autre blé viendra enlever aussi celui-ci ; je saurai qui c'est. » Il prit ses armes et se mit à surveiller le clos. Il avertit Kicva. « Qu'as-tu l'intention de faire? » dit-elle. — « Surveiller ce clos cette nuit, » répondit-il. Il y alla.

Vers minuit, il entendit le plus grand bruit du monde. Il regarda : c'était une troupe de souris, la plus grande du monde, qui arrivait ; il était impossible de les compter ni d'en évaluer le nombre. Avant qu'il ne pût s'en rendre compte, elles se précipitèrent dans le clos ; chacune grimpa le long d'une tige, l'abaissa avec elle, cassa l'épi et s'élança avec lui dehors, laissant le chaume nu. Il ne voyait pas une tige qui ne fut attaquée par une souris et dont elles n'emportassent l'épi avec elles. Entraîné par la fureur et le dépit, il se mit à frapper au milieu des souris, mais il n'en atteignait aucune, comme s'il avait eu affaire à des moucherons ou à des oiseaux dans l'air. Il en avisa une d'apparence très lourde, au point qu'elle paraissait incapable de marcher. Il se mit à sa poursuite, la saisit, la mit dans son gant, dont il lia les extrémités avec une ficelle, et se rendit avec le gant à la cour.

Il entra dans la chambre où se trouvait Kicva, alluma du feu et suspendit le gant par la ficelle à un support. « Qu'y a-t-il là, seigneur? » dit Kicva. — « Un voleur, » répondit-il, « que j'ai surpris en train de me voler. » — « Quelle espèce de voleur, seigneur, pourrais-tu bien mettre ainsi dans ton gant? » — « Voici toute l'histoire. » Et il lui raconta comment on lui avait gâté et ruiné ses clos, et comment les souris avaient envahi le dernier en sa présence. « Une d'entre elles, » ajouta-t-il, « était très lourde : c'est celle que j'ai attrapée et qui est dans le gant. Je la pendrai demain, et, j'en prends Dieu à témoin, je les pendrais toutes, si je les tenais. » — « Seigneur, je le comprends. Mais ce n'est pas beau de voir un homme aussi élevé, d'aussi haute noblesse que toi pendre un vil animal comme celui-là. Tu ferais bien de ne pas y toucher et de le laisser aller. » — « Honte à moi, si je ne les pendais pas toutes, si je les tenais. Je pendrai toujours celle que j'ai prise. » — « Seigneur, je n'ai aucune raison de venir en aide à cet animal; je voulais seulement t'éviter une action peu noble. Fais ta volonté, seigneur. » — « Si je savais que tu eusses le moindre sujet de lui venir en aide, princesse, je suivrais ton conseil, mais, comme je n'en vois pas, je suis décidé à le tuer. » — « Volontiers, fais-le. »

Il se rendit à Gorsedd Arberth avec la souris et planta deux fourches à l'endroit le plus élevé du tertre. A ce moment, il vit venir de son côté un clerc revêtu de vieux habits de peu de valeur, pauvres. Il y avait sept ans que Manawyddan n'avait vu ni homme ni bête, à l'exception des personnes avec lesquelles il avait vécu, lui quatrième, jusqu'au moment où deux d'entre elles encore avaient disparu. « Seigneur, » dit le clerc, « bonjour à toi. » — « Dieu te donne bien, » répondit-il, « sois le bienvenu. D'où viens-tu, clerc? » — « Je viens de Lloegyr, où j'ai été chanter. Pourquoi me le demandes-tu ? » — « Parce que, depuis sept ans, je n'ai vu que quatre personnes isolées, et toi en ce moment. » — « Eh bien, Seigneur, moi je me rends maintenant, à travers cette contrée, dans mon propre pays. A quoi es-tu donc occupé, seigneur ? » — « A pendre un voleur que j'ai surpris me volant. » — « Quelle espèce de voleur ? Je vois dans ta main quelque chose comme une souris. Il n'est guère convenable, pour un homme de ton rang, de manier un pareil animal ; lâche-le. » — « Je ne le lâcherai point, par moi et Dieu. Je l'ai surpris en train de me voler ; je lui appliquerai la loi des voleurs. » — « Seigneur, plutôt que de voir un homme de ton rang accomplir pareille besogne, je te donnerai une livre que j'ai recueillie en mendiant ; donne la liberté à cet animal. » — « Je n'en ferai rien, et je ne le vendrai pas. » — « Comme tu voudras, seigneur ; si ce n'était pour ne pas voir un homme de ton rang manier un pareil animal, cela me serait indifférent. » Et le clerc s'éloigna.

Au moment où il mettait la traverse sur les fourches, il vit venir à lui un prêtre monté sur un cheval harnaché. « Seigneur, » dit le prêtre, « bonjour à toi. » — « Dieu te donne bien, » répondit Manawyddan : « ta bénédiction ? » — « Dieu te bénisse. Et que fais-tu là, seigneur ? » — « Je pends un voleur que j'ai pris en train de me voler. » — « Quelle espèce de voleur est celui-là, seigneur ? » — « C'est un animal, une espèce de souris ; il m'a volé ; il aura la mort des voleurs. » — « Seigneur, plutôt que de te voir manier pareil animal, je te l'achète ; lâche-le. » — « J'en atteste Dieu : je ne le vendrai ni ne le lâcherai. » — « Il est juste de reconnaître, seigneur, qu'il n'a aucune valeur. Mais, pour ne pas te voir te salir au contact de cette bête, je te donnerai trois livres ; lâche-le. » — « Je ne veux, par moi et Dieu, pour lui aucune compensation autre que celle à laquelle il a droit : la pendaison. » — « C'est bien, seigneur, fais à ta tête. » Le prêtre prit le large.

Manawyddan enroula la ficelle autour du cou de la souris. Comme il se mettait à l'élever en l'air, il aperçut un train d'évêque avec ses bagages et sa suite. L'évêque se dirigeait vers lui. Il s'arrêta dans son œuvre. « Seigneur évêque, » dit-il, « ta bénédiction ? » — Dieu te donne sa bénédiction, » répondit-il. — « Que fais-tu donc là ? » — « Je pends un voleur que j'ai pris en train de me voler. » — « N'est-ce pas une souris que je vois dans ta main ? » — « Oui, et elle m'a volé. » — « Puisque je surviens au moment où elle va périr, je te l'achète ; je te donnerai pour elle sept livres. Je ne veux pas voir un homme de ton rang détruire un animal aussi insignifiant que celui-là ; lâche-le donc, et la somme est à toi. » — « Je ne le lâcherai pas, par moi et Dieu. » — « Puisque tu ne veux pas le relâcher à ce prix, je t'offre vingt-quatre livres d'argent comptant. » — « Je ne le lâcherais pas, j'en prends Dieu à témoin, pour le double. » — « Puisque tu ne veux pas le lâcher à ce prix, je te donne tout ce que tu vois de chevaux dans ce champ, les sept charges et les sept chevaux qui les traînent. » — « Je refuse, par moi et Dieu. » — « Puisque tu n'en veux pas, fais ton prix toi-même. » — « Je veux la liberté de Riannon et de Pryderi. » — « Tu l'auras. » — « Ce n'est pas assez, par moi et Dieu. » — « Que veux-tu donc ? » — « Que tu fasses disparaître le charme et l'enchantement de dessus les sept *cantrevs*. » — « Je te l'accorde ; relâche la souris. » — « Je ne la lâcherai pas avant d'avoir su qui elle est. » — « C'est ma femme, et si cela n'était, je n'essaierais pas de la faire relâcher (1). » — « Pourquoi est-elle ainsi venue à moi ? » — « Pour piller. Je suis Llwyt, fils de Kilcoet (2). C'est moi

(1) V. notes critiques.
(2) Ce personnage paraît avoir été assez célèbre. Dafydd ab Gwilym, voulant vanter un brave, le compare à Llwyd, fils de Celcoet.

qui ai jeté le charme sur les sept *cantrevs* de Dyvet, et cela par amitié pour Gwawl, fils de Clut, pour punir sur Pryderi le jeu du *Blaireau dans le sac* que Pwyll, chef d'Annwn, avait fait subir à Gwawl dans la cour d'Eveydd Hen, par une mauvaise inspiration. Ayant appris que tu étais venu habiter le pays, les gens de ma famille vinrent me trouver, et me demandèrent de les changer en souris pour détruire ton blé. La première nuit, il n'y eut que mes gens à y aller; la deuxième nuit, de même, et ils détruisirent les deux clos. La troisième nuit, ma femme et les dames de la cour me prièrent de les métamorphoser aussi. Je le fis. Elle était enceinte; sans cela tu ne l'aurais pas atteinte. Puisqu'il en est ainsi, et que tu la tiens, je te rendrai Pryderi et Riannon; je débarrasserai Dyvet du charme et de l'enchantement. Je t'ai révélé qui elle était; lâche-la maintenant. » — « Je ne le ferai point, par moi et Dieu. » — « Que veux-tu donc? » — « Voici ce que je veux : qu'il n'y ait jamais d'enchantement, et qu'on ne puisse jeter de charme sur Dyvet. » — « Je l'accorde; lâche-la. » — « Je n'en ferai rien, par ma foi. » — « Que veux-tu donc encore? » — « Qu'on ne tire jamais vengeance de ceci sur Pryderi, Riannon et moi. » — « Tout cela, tu l'auras, et tu as été vraiment bien inspiré; sans cela, tous les malheurs retombaient sur toi. » — « Oui, et c'est pour l'éviter que j'ai ainsi précisé. » — « Mets ma femme en liberté maintenant. » — « Je ne la délivrerai pas, par moi et Dieu, avant

d'avoir vu Pryderi et Riannon libres ici avec moi. »
— « Les voici qui viennent. » A ce moment parurent Pryderi et Riannon.

Manawyddan alla à leur rencontre, les salua, et ils s'assirent ensemble. « Seigneur, » dit l'évêque, « délivre maintenant ma femme; n'as-tu pas eu tout ce que tu as indiqué? » — « Avec plaisir. » Et il la mit en liberté. L'évêque la frappa de sa baguette enchantée, et elle redevint une jeune femme, la plus belle qu'on eût jamais vue. « Regarde le pays autour de toi, » dit-il, « et tu verras les maisons et les habitations en aussi bon état que jamais. » Il se leva et regarda. Tout le pays était habité, pourvu de ses richesses et de toutes ses maisons. « A quel service ont été occupés Pryderi et Riannon? » dit Manawyddan. — « Pryderi portait au cou les marteaux de la porte de ma cour. Riannon avait au cou, elle, les licous des ânes après qu'ils avaient été porter le foin. Voilà quelle a été leur captivité. » C'est à cause de cela qu'on a appelé cette histoire le *Mabinogi* de *Mynnweir* et de *Mynordd* (1). Ainsi se termine cette branche du *Mabinogi*.

(1) *Mynweir*, collier pour les bêtes de somme; *Mynordd*, d'après le *Mabinogi*, est composé de *myn* = *mwn*, « cou, » avec la dégradation vocalique habituelle, parce que l'accent est sur le second terme, et de *ordd*, actuellement donné sous la forme *gordd*, marteau, dans les dictionnaires. Un autre personnage a porté le surnom de *Mynweir*, d'après ce passage de Taliessin : *bum Mynawc Mynweir*, « j'ai été Mynawc Mynweir » (Skene, *Four ancient books*, 156, v. 22).

MATH, fils de Mathonwy

Voici la quatrième branche du Mabinogi.

Math (1), fils de Mathonwy, était maître de Gwy-

---

(1) *Math.* « Les trois premières magies, » disent les *Triades*, « sont : celle de Math, fils de Mathonwy, qu'il apprit à Gwydyon, fils de Don, celle d'Uthur Pendragon, qu'il apprit à Menw, fils de Teirgwaedd, celle de Rudlwm Gorr, qu'il apprit à Coll, fils de Collvrewi son neveu (*Triades Mab.*, p. 302, l. 20 ; cf. Skene, *Four anc. books*, append. II, p. 460 : Rudlwm est remplacé par Gwidolwyn Gorr). Taliesin parle de la baguette enchantée de Mathonwy (Skene, *Four anc. books*, p. 947, 25), et fait aussi une allusion à la magie de Math (*ibid.*, p. 200, v. 1). « J'ai été, » dit aussi un poète du *Livre Rouge*, « avec des hommes artificieux, avec le vieux Math et Govannon (Skene, *Four ancient books*, p. 303, v. 20 ; le texte donne *gon Vathheu*, il faut lire *gan Vath hen*). » Dafydd ab Gwilym nomme, comme les trois maîtres en magie, Menw, Eiddilic Corr le Gaël, et *Maeth* (*sic*), sans qu'il soit possible de supposer une erreur de l'éditeur pour Math (p. 143). M. Rhys en fait une sorte de Plutus ou Pluton gallois (*Lectures on welsh phonology*, 2ᵉ édit., p. 413, 414). Il est évident que les trois noms de Math, Mathonwy, Matholwch dérivent de la même racine.

nedd (1), et Pryderi, fils de Pwyll, des vingt et un *cantrevs* du Sud, c'est-à-dire des sept *cantrevs* de Dyvet, des sept *cantrevs* de Morganhwc (Glamorgan), des quatre de Keredigyawn (Cardigan) et des trois d'Ystrat Tywi (Carmarthen) (2). A cette époque, Math, fils de Mathonwy, ne pouvait vivre qu'à la condition que ses deux pieds reposassent dans

(1) *Gwynedd.* Cette expression désigne tout le nord du pays de Galles compris entre la mer, depuis la Dee à Basingwerk jusqu'à Aber Dyfi, au nord et à l'ouest; la Dyfi au sud-ouest; au sud et à l'est, les limites sont moins naturelles; Gwynedd est séparé de Powys en remontant jusqu'à la Dee tantôt par des montagnes, tantôt par des rivières. Gwynedd comprenait donc Anglesey, le Carnarvonshire, le Merionethshire, une partie du Flintshire et du Denbighshire. Suivant M. Rhys, Gwynedd, à une certaine époque, aurait désigné spécialement la partie comprenant la vallée de la Clwyd et le district à l'est de cette vallée et au nord de la Mawddach. Gwynedd est identique à l'irlandais *Fine*, « tribu » (Zeuss, *Grammatica celtica*, 2ᵉ édit., VIII, note *). Le nom des Veneti, aujourd'hui *Gwenet* en breton armoricain, appartient peut-être à la même racine, mais n'a pas le même suffixe (Sur les autres formes de ce nom, voy. Rhys, *Lectures*, p. 369-370).

(2) Voy. la note à Dyved, Pwyll, p. 1. Ce qui est digne de remarque, c'est que le *mabinogi* attribue sept *cantrevs* à Morgannwc qui n'en comptait, au treizième siècle, que quatre (*Myv. arch.*, p. 737). C'est exactement l'étendue du royaume de Iestin ab Gwrgan, roi de Glamorgan de 1043 à 1091 (*Iolo mss.*, p. 22). Le *Liber Landavensis*, d'après un document disparu mais d'accord en principe avec les *Iolo mss.*, nous donne également sept *cantrevs* pour Morgannwc. Outre Gwent, les deux documents donnent à Morgannwc Ytrad Yw, dans le Brecknockshire, et Euyas dans le Herefordshire. Ces deux districts auraient été adjugés par le roi Edgar à Morgan Hen contre Howell Dda (*Liber Land.*, p. 512-513; cf. *Myv. arch.*, p. 739, col. 2). Il est probable que c'est Owain, fils de Morgan, qui a eu ce différend avec Howell.

le giron d'une vierge, à moins toutefois que le tumulte de la guerre ne s'y opposât (1). La vierge qui vivait ainsi avec lui était Goewin, fille de Pebin, de Dol Pebin (2) en Arvon. C'était bien, à la connaissance des gens du pays, la plus belle jeune fille de son temps. Math résidait toujours à Caer Dathyl (3) en Arvon ; il ne pouvait faire le tour du pays, mais Gilvaethwy, fils de Don (4) et

(1) Parmi les fonctionnaires de la cour, figure, dans les Lois, le *Troediawc* ou *porte-pied*. Son office consiste à tenir le pied du roi dans son giron, depuis le moment où il s'asseoit à table jusqu'au moment où il va se coucher ; il doit *gratter* le roi, et défendre le roi tout ce temps contre tout accident. Il a sa terre libre, sa toile et son drap, du roi, et un cheval aux frais du roi. Il mange au même plat que le roi, le dos tourné au feu. Son *sarhaet* « compensation pour outrage, » est de cent vingt vaches payées en argent. Sa valeur personnelle est de cent vingt-six vaches, avec augmentation possible. Il peut protéger un coupable en le faisant sortir depuis le moment où le roi met le pied dans son giron jusqu'au moment où il se retire dans sa chambre (*Ancient Laws*, I, p. 622, 660 ; 668).

(2) *Dol*, pré ou vallon fertile, souvent sur les bords d'une rivière.

(3) *Caer Dathl*, ou, avec une voyelle irrationnelle ou euphonique, *Caer Dathyl* et *Dathal*, est encore un nom de lieu du Carnarvonshire. Le *caer* ou *fort* se trouvait sur une éminence près de Llanrwst (Lady Guest, d'après le *Cambro-Briton*, II, p. 3). Il en est souvent question dans les *Mab.* et ailleurs (*Myv. arch.*, p. 151, col. 2 ; Llewis Glyn Cothi, IV, 1, 7).

(4) Les enfants de Don sont Amaethon, Gilvaethwy, Govannon, Heveydd, Gwydyon et Aranrot. Ce *mabinogi* fait de Don leur mère. Suivant les *Iolo mss.*, il y a eu un Don roi de Llychlyn (Scandinavie) et de Dulyn (Dublin) qui, vers 267 après J.-C., amena les Gaëls en Gwynedd. Ils y restèrent pendant cent vingt-neuf ans, jusqu'à l'époque où ils furent chassés par les fils de

Eveydd (1), fils de Don, ainsi que les gens de sa famille, le faisaient à sa place. Or, Gilvaethwy tourna ses pensées vers la jeune fille et se mit à l'aimer au point qu'il ne savait que faire à cause d'elle. Tel était son amour qu'il commença à dépérir, couleur, physionomie, aspect extérieur : c'est à peine si on l'aurait reconnu. Gwydyon (2), son

Cunedda, venant du nord de l'Angleterre (p. 81). Il y a eu encore ici probablement confusion entre un personnage mythologique et un personnage réel. Chez les Irlandais, il y a aussi un Don, l'aîné des fils de Milet, personnage mythologique, et un Don Dess, roi de Leinster, dont les fils ravagèrent, avec un roi des Bretons, la plus grande partie des côtes de Bretagne (O'Curry, On the manners, II, 189; III, 136, 137).

(1) *Eveidd*, appelé *Euuidd* chez Taliesin (Skene, p. 200, v. 1).

(2) Gwydyon est le plus célèbre des fils de Don, et un personnage des plus fameux dans la légende galloise. Suivant les *Iolo mss.*, il était roi de Mon et de Gwynedd. Ce serait lui qui, le premier, aurait appris la lecture et les sciences des livres aux Gaëls de Mon et d'Irlande. Il aurait appelé auprès de lui Maelgyn Hir, barde de Landaf, qui aurait emporté tous les prix et aurait péri victime de la jalousie des Gaëls (77, 78). Dans les *Triades*, c'est un des trois astrologues avec Idris Gam et Gwynn ab Nudd (*Myv. arch.*, p. 409, col. 1); c'est un grand magicien; il apprend la magie de Math (voy. la note à Math) ; c'est par sa magie qu'il gouverne Gwynedd, aidé en cela des conseils de Mor ap Morien (*Iolo mss.*, p. 263, 20). C'est un des trois grands bergers de l'île ; il garde son troupeau de deux mille vaches à lait en Gwynedd, au-dessus de Conwy ; les deux autres sont Benren, qui garde les troupeaux de Caradawc ab Bran et Llawfrodedd Varvawc, qui garde les troupeaux de Nudd Hael. Le *Livre Noir* mentionne Caer Lew et Gwydyon (Skene, *Four ancient books*, II, p. 57, 3). Taliesin le mentionne souvent (Skene, *Four ancient books*, II, p. 138, 29 ; 154, 25 : « J'ai été au combat de Goddeu avec Llew et Gwydyon »). Un de ses poèmes est, à ce sujet, particulièrement

frère, le regarda un jour attentivement. « Jeune homme, » lui dit-il, « que t'est-il arrivé ? » — « Pourquoi cette question ? » répondit-il. « Que remarques-tu en moi ? » — « Je vois que tu as perdu ton air et tes couleurs : qu'as-tu ? » — « Seigneur frère, je ne serai pas plus avancé de confesser à qui que ce soit ce qui m'est arrivé. » — « Qu'est-ce, mon âme ? » — « Tu connais le privilège de Math, fils de Mathonwy : la moindre conversation entre deux personnes, chuchottée aussi bas que possible, si le vent l'atteint (1), il la sait. » — « C'est bien, n'en dis pas plus long, je connais ta pensée : tu aimes Goewin. »

En voyant que son frère connaissait sa pensée, Gilvaethwy poussa un soupir le plus profond du monde. « Cesse de soupirer, mon âme, » dit Gwy-

---

intéressant : « L'homme le plus habile dont j'aie entendu parler est Gwydyon ap Don, aux forces terribles — je lis *dygynnertheu* au lieu de *dygynuertheu* ; on pourrait supposer aussi *dygynwyrtheu*, « aux prodiges terribles », — qui a tiré par magie une femme des fleurs, qui emmena les porcs du Sud ; car c'est lui qui avait la plus grande science (*Kan bu idaw disgoreu*, « leg. *Kan bu idaw disg goreu*)... qui forma du sol (?) de la cour des coursiers et des selles remarquables » (Skene, p. 158, vers 13-21). Plus loin, le poète nous dit qu'il a vu, le dimanche, une lutte terrible dans laquelle était engagé Gwydyon à Nant Ffrangcon (près de Carnarvon) ; le jeudi ils vont à Mon (*ibid.*, v. 27). Le *Livre Rouge* vante aussi l'habileté de Llew et Gwydyon (Skene, II, p. 302, v. 8). Llewis Glyn Cothi fait allusion à Caer Gwydyon qui, d'après les éditeurs, serait la voie lactée (p. 254, vers. 1). *Gilvaethwy* n'est guère connu.

(1) V. le *mabinogi* de Lludd et Lleuelys : les *Corranieit*, race étrangère, avaient ce privilège.

dyon ; « ce n'est pas ainsi que l'on vient à bout d'une entreprise. Je ferai soulever, puisqu'il n'y a pas d'autre moyen, Gwynedd, Powys (1) et le Sud (2) pour pouvoir aller chercher la jeune fille. Sois joyeux ; je ferai cela pour toi. »

Ils se rendirent aussitôt auprès de Math, fils de Mathonwy. « Seigneur, » dit Gwydyon, « j'ai appris qu'il était arrivé en Dyvet une espèce d'animaux comme il n'y en a jamais eu dans cette île. » — « Comment les appelle-t-on ? » répondit Math. — « Des *hob* (3) (cochons), seigneur. » — « Quel genre d'animaux sont ceux-là ? » — « Ce sont de petites bêtes, mais dont la chair est meilleure que celle des bœufs. Ils sont de petite taille. Ils sont en train de changer de nom. On les appelle *moch* (porcs),

---

(1) Une des trois grandes divisions du pays de Galles. Powys, à l'époque de sa plus grande étendue, était borné à l'ouest et au nord-ouest, par Gwynedd ; au sud, par le Cardiganshire et la Wye, et à l'est, par les marches d'Angleterre, depuis Chester jusqu'à la Wye, un peu au-dessus d'Hereford. La capitale avait d'abord été Pengwern, aujourd'hui Shrewsbury, appelée par les Gallois maintenant Amwythic. Les empiètements des Saxons firent transporter la capitale de Pengwern plus à l'intérieur, à Mathraval. Suivant Powell, ce transfert aurait eu lieu en 796, après l'achèvement du fossé d'Offa ; mais les *Iolo mss.*, p. 30, donnent encore Pengwern comme capitale du temps de Rhodri le Grand qui mourut en 877.

(2) Le Sud (Deheubarth), formant le royaume de Dynevawr, comprenait tout le reste du pays de Galles, c'est-à-dire tout l'ancien pays des *Demetae* et des *Silures* représentés par les deux évéchés de Saint-David et de Llandaf.

(3) *Hob*. Ce mot n'est plus usité. Il a été conservé dans une chanson très populaire dont la ritournelle est *hob y deri dando*.

maintenant. » — « A qui appartiennent-ils? » — « Ils ont été envoyés d'Annwn à Pryderi, fils de Pwyll, par Arawn, roi d'Annwn (on a gardé un souvenir de ce nom : on les appelle *Hannerhwch, Hannerhob*) (1). » — « Eh bien! de quelle façon pourrait-on les avoir de lui? » — « J'irai, seigneur, moi douzième, avec des compagnons déguisés en bardes, demander les cochons. Mon imagination n'est pas mauvaise : je ne reviendrai pas sans les porcs. » — « Volontiers, pars. » Il alla, avec Gilvaethwy et dix autres compagnons, jusqu'en Keredigyawn, à l'endroit qu'on appelle maintenant Ruddlan Teivi (2), où se se trouvait la cour de Pryderi.

Ils entrèrent sous l'aspect de bardes. On leur fit bon visage. Ce soir-là, Gwydyon fut placé à côté de Pryderi. « Nous serions heureux, » dit Pryderi, « d'entendre un récit de ces jeunes gens là-bas. » — « Notre coutume, » répondit Gwydyon, « le premier soir que nous nous rendons auprès d'un personnage important, c'est que le *Pennkerdd* (3)

(1) Le texte de ce passage n'est pas certain. Il semble qu'on soit ici en présence d'une glose du copiste du quatorzième siècle, à en juger par le dictionnaire de Davies au mot *hob*; après avoir renvoyé à ce passage de notre *mabinogi*, Davies ajoute : « hinc usitatum *hannerhob*. » *Hannerhwch* = *hanner* « moitié; » *hwch* « truie. »

(2) *Rhuddlan Teivi*. Rhuddlan, sur les bords de la Teivi, pour le distinguer d'autres Rhuddlan (plus anciennement *Ruddglan*, « la rive rouge »). C'est peut-être Glan Teivy, d'après lady Guest, à un mille et demi de Cardigan Bridge. Il y a des villages de *Rulann* en Bretagne armoricaine aussi.

(3) *Penkerdd*, « chef du chant ou des musiciens. » Le *pencerdd* est, à l'époque où les lois de Gwynedd et de Dyved ont été

prenne la parole. Je te raconterai volontiers une histoire. » Gwydyon était le meilleur conteur qu'il y eût au monde. Cette nuit-là, il amusa si bien la cour par des discours récréatifs et des récits que tout le monde fut charmé de lui et que Pryderi prit plaisir à causer avec lui. En finissant, Gwydyon dit : « Seigneur, quelqu'un pourrait-il mieux remplir ma mission auprès de toi que moi-même? » — « Oh! non, » répondit-il; « c'est une langue pleine de ressources que la tienne. » — « Voici quelle est ma mission, seigneur : j'ai à te demander les animaux qui t'ont été envoyés d'Annwvyn. » — « Ce serait la chose du monde la plus facile sans la convention qui existe à leur sujet entre le pays et moi ; il est convenu que je ne m'en dessaisirai pas avant que leur nombre ici n'ait doublé. » — « Je puis, seigneur, te libérer de ta parole. Voici comment : ne me les donne pas ce soir, mais ne me les refuse pas non plus. Demain, je te propo-

---

écrites, le même personnage que le barde à chaire; cela est dit expressément dans les lois de Dyved (*Ancient laws*, I, p. 382, 9). Le huitième personnage de la cour est le barde de la famille. Il a sa terre libre, son cheval aux frais du roi son habit de toile de la reine et son habit de laine du roi. Il s'assied auprès du *Penteulu*, ou chef de la maison royale, aux trois principales fêtes de l'année et celui-ci lui met la harpe en main. Quand on désire de la musique, *c'est au barde à chaire* ou au *chef des bardes*, comme dans notre *mabinogi*, à commencer. Il a droit à une vache et à un bœuf sur le butin fait par le clan dans une contrée voisine, après que le tiers a été donné au roi; pendant le partage des dépouilles, il chante *Unbeynyaeth Prydyn*, « monarchie de Bretagne. » Sa valeur est de 126 vaches (*Ancient laws*, I, p. 33-34).

serai des objets d'échange à leur place. » Cette nuit même, Gwydyon et ses compagnons se rendirent à leur logis pour se concerter. « Hommes, » dit-il, « nous n'obtiendrons point les porcs en les demandant. » — « Assurément, » répondirent-ils. « Par quel artifice pourrons-nous les avoir? » — « J'y arriverai, » dit Gwydyon.

Il eut recours alors à ses artifices et commença à montrer sa puissance magique. Il fit paraître douze étalons, douze chiens de chasse noirs ayant chacun le poitrail blanc, avec leurs douze colliers et leurs douze laisses que tout le monde eût pris pour de l'or. Les douze chevaux portaient douze selles, et partout le fer était remplacé par de l'or; les brides étaient en rapport avec les selles. Il se rendit auprès de Pryderi avec les chevaux et les chiens. « Bon jour à toi, seigneur, » dit-il. — « Dieu te donne bien, » répondit Pryderi; « sois le bienvenu. » — « Seigneur, je t'apporte un moyen de te libérer de la parole que tu as donnée, disais-tu hier soir, au sujet des porcs, à savoir que tu ne les donnerais ni ne les vendrais. Tu peux les *échanger* pour quelque chose de mieux. Je t'offre ces douze chevaux avec leur équipement, tel que tu le vois, leurs selles et leurs brides, ces douze chiens de chasse avec ces colliers et ces laisses, ainsi que ces douze boucliers dorés. » Ces écus c'étaient des champignons qu'il avait transformés (1).

---

(1) Voir plus haut la note à Gwydyon.

« Eh bien, » dit Pryderi, « nous allons tenir conseil. » Ils décidèrent de donner les porcs à Gwydyon, en échange des chevaux, des chiens et des écus. Les gens du Nord prirent congé, et se mirent en route avec les porcs. « Compagnons, » dit Gwydyon, « il nous faut marcher en toute hâte. Le charme ne dure que d'une période d'un jour à l'autre. » Cette même nuit ils marchèrent jusqu'à la partie la plus élevée de Keredigyawn, à l'endroit qu'on appelle encore, pour ce motif, *Mochdref* (la ville aux porcs) (1). Le lendemain, ils se mirent en route, traversèrent Elenit (2), et, à la nuit, se trouvèrent entre Keri et Arwystli (3), dans la ville qu'on appelle aussi, depuis, *Mochtref*. Ils reprirent leur marche, et arrivèrent, à la nuit, dans un *kymmwt* de Powys, qu'on appelle, pour cette raison, *Mochnant* (4). Puis ils atteignirent le *cantrev* de

---

(1) *Moch*, « porcs; » *trev*, « habitation, ville. » Ce nom se retrouve très vraisemblablement en Armorique dans *Motreff*, près Carhaix, Finistère.

(2) *Elenit*. Lady Guest suppose que c'est une erreur pour Melenid, montagne entre Llan Ddewi et Enni dans le Radnorshire. On pourrait supposer aussi Mevenydd, dans le comté de Cardigan.

(3) *Keri* était un *cymmwd* du *cantrev* de Melienydd, relevant de Mathraval, et faisant partie de Powys. Arwystli était un *cantrev* de Meirionydd. Ceri et Arwystli sont actuellement dans le comté de Montgomery.

(4) *Mochnant*, « le ravin ou le ruisseau aux porcs ». (Cf. armoricain *ant*, la fosse entre deux sillons : *an ant* pour *an nant*. Cf. *an env* pour *an nenv*). Il y avait deux *cymmwd* de Mochnant en Powys ; *Mochnant uch Raiadyr*, dans le *cantrev* de Y Vyrnwy,

Ros (1), et passèrent la nuit dans la ville connue encore sous le nom de *Mochtref*. « Hommes, » dit Gwydyon, « réfugions-nous, avec ces animaux, au cœur de Gwynedd; on lève des armées à notre poursuite. » Ils se rendirent à la ville plus élevée d'Arllechwedd (2), et y construisirent des écuries pour les porcs, ce qui a valu à la ville le nom de *Creuwyryon* (3). Les écuries faites, ils se rendirent auprès de Math, fils de Mathonwy, à Kaer Dathyl.

Lorsqu'ils y arrivèrent, on était en train d'appeler le pays aux armes. « Qu'y a-t-il de nouveau, » dit Gwydyon? — « Pryderi, » lui fut-il répondu, « est en train de réunir les gens de ses vingt et un *cantrevs* pour vous poursuivre. Nous avons été étonnés de la lenteur de votre marche. Où sont les animaux que vous avez été chercher? » — « Ils sont, » dit Gwydyon, « dans l'autre *cantrev*, là-bas, où nous leur avons fait des écuries. » A ce moment, ils entendirent les trompettes appelant les gens du

---

et *Mochnant Is Raiadyr* dans le *cantrev* de Raiadyr (V. Powel, *History of Wales; Myv. arc.*, p. 736). On trouve dans cette région aussi un *Castell y Moch*.

(1) *Ros*. Ce *cantrev* était en Gwynedd, dans la région appelée *y Berveddwlad*, « le milieu du pays. » Il fait partie actuellement du Denbighshire. Le *Mochdrev* de Ros est actuellement un village entre Conway et Abergele.

(2) *Arllechwedd* était un *cymmwd* d'Arvon, divisé en deux parties : *uchav* et *isav*, le plus haut et le plus bas. On les appelle maintenant simplement *Uchav et Isav*, dit lady Guest. Ils faisaient partie du *cantrev* d'Aber.

(3) *Creuwyryon*. L'auteur voit dans ce mot une forme ou un dérivé de *craw*, « toit à porcs; » armor., *craou*, « étable, écurie. »

pays aux armes. Ils s'armèrent et marchèrent jusqu'à Pennardd (1), en Arvon. Gwydyon, fils de Don, avec Gilvaethwy, son frère, se rendit, lui, à Kaer Dathyl; il fit coucher Gilvaethwy avec Goewin, dans le lit de Math, fils de Mathonwy, après avoir jeté dehors outrageusement les autres pucelles. Gilvaethwy coucha avec elle cette nuit-là malgré elle. Le lendemain, dès qu'ils virent poindre le jour, ils se rendirent auprès de Math, fils de Mathonwy et ses troupes. On allait justement tenir conseil pour savoir de quel côté on attendrait Pryderi et les hommes du Sud. Ils prirent part à la délibération. Il fut décidé qu'on attendrait au cœur de Gwynedd. Ils attendirent, en effet, juste au milieu des deux *maenawr* (2) de Pennardd et de Coet Alun (3). Pryderi vint les y attaquer.

La bataille s'engagea; le massacre fut grand des deux côtés, les hommes du Sud furent forcés à la retraite. Ils reculèrent jusqu'à l'endroit qu'on appelle

---

(1) *Pennardd*, à l'ouest de la rivière Seiont, en face Caernarvon. Cet endroit a eu une certaine célébrité (V. *Ancient laws*, I, p. 103). D'après les lois, Pennard était la principale *cynghellawrdref* ou *villa de chancelier* de tout le pays de Galles (*Ancient laws*, II, p. 584). Il y a une commune de Pennars près Quimper.

(2) *Maenawr* ou *maynawl*, subdivision du *cymmwd*. D'après les Lois, il y aurait eu d'abord deux *maenawr* et deux *trevs* dans chaque *cymmwd* (*Ancient laws*, I, 90, 7-13).

(3) *Coet Alun* ou le bois d'Alun, transformé aujourd'hui, par de malencontreux archéologues, en Coet Helen ou le bois d'Hélène, l'impératrice, près de la ville de Caernarvon, de l'autre côté de la rivière.

encore, aujourd'hui, Nantcall (1), poursuivis par leurs adversaires. Là il y eut un carnage indescriptible. Ils battirent en retraite jusqu'à Dol Penmaen (2), où ils se concentrèrent et demandèrent la paix. Pryderi donna des ôtages; les ôtages étaient Gwrgi Gwastra (3) et vingt-trois autres fils de chefs. Ils s'avancèrent ensuite en paix jusqu'à Traeth Mawr (4); mais, quand ils se trouvèrent réunis à Melenryt (5), on ne put empêcher les gens de pied de se lancer des flèches. Pryderi envoya des messagers demander à Math d'arrêter ses gens, et de laisser l'affaire se vider entre lui et Gwydyon, fils de Don, l'auteur de tout ce qui se passait. Quand Math, fils de Mathonwy, eut entendu son message, il dit : « Par moi et Dieu, si Gwydyon,

---

(1) *Nantcall* est actuellement, d'après lady Guest, un ruisseau qui traverse la route de Dolpenmaen et de Caernarvon, à neuf milles de cette dernière ville.

(2) *Dol Penmaen* (*penmaen*, tête de pierre), dans l'ancien *cantrev* de Dunodig, aujourd'hui dans le district d'Eivionydd.

(3) Il y a plusieurs Gwrgi; le plus célèbre est le frère de Peredur et le fils d'Eliffer Gosgorddvawr (*Myv. arch.*, p. 392, col. 1; v. la note à Peredur, dans le *Mab.* de ce nom). Il y a un Gwrgi Garwlwyd qui ne mangeait que de la chair humaine; il était allié d'Edeffled, roi des Saxons; il fut tué par Diffedell, fils de Dysgyvedawg (*Myv. arch.*, p. 405, 45, 46).

(4) *Traeth mawr* ou le grand *Traeth*. *Traeth* indique proprement une étendue sablonneuse de rivage couverte par les flots à la haute mer seulement (arm. *treaz*, sable, rivage sablonneux). Le *Traeth mawr* est une sorte d'estuaire sur les confins d'Arvon et de Merioneth. Le *Traeth bach* ou petit Traeth est un peu plus bas en Merioneth.

(5) *Melenryt*. Sa situation m'est inconnue; *ryt* signifie *gué*.

fils de Don, le trouve bon, je le permets volontiers ; je ne forcerai personne à combattre au lieu de faire nous-mêmes de notre mieux. » — « Pryderi trouve qu'il serait bien, à l'homme qui lui a fait pareil tort, d'opposer son corps à son corps, et de laisser en paix sa famille. » — « J'en atteste Dieu, » dit Gwydyon, « je ne demande pas aux hommes de Gwynedd de se battre pour moi, lorsque je puis lutter seul à seul avec Pryderi. J'opposerai mon corps au sien volontiers. » La réponse fut rapportée à Pryderi. « Je ne demande, » dit-il, « le redressement de mes torts à personne autre qu'à moi-même. » On les laissa seuls à l'écart ; ils s'armèrent et se battirent. Par l'effet de ses privilèges naturels, de sa magie et de ses enchantements, Gwydyon l'emporta, et Pryderi fut tué. Il fut enterré à Maentyvyawc (1), au-dessus de Melenryt ; c'est là qu'est sa tombe.

Les gens du Sud se dirigèrent vers leur pays en faisant entendre des chants funèbres ; ce qui n'avait rien de surprenant : ils avaient perdu leur seigneur, leurs nobles, leurs chevaux et leurs armes en grande partie. Les hommes de Gwynedd s'en retournèrent pleins de joie et d'enthousiasme. « Seigneur, » dit Gwydyon à Math, « ne ferions-nous pas un acte de justice en rendant aux gens du Sud les ôtages qu'ils nous ont livrés pour la

---

(1) Lady Guest a lu Maen Tyryawc, qu'elle identifie avec le *Maentwrog* actuel, Merionethshire.

paix? Nous n'avons pas le droit de les tenir en captivité. » — « Qu'on les mette en liberté, » répondit Math. On laissa Gwrgi et les autres ôtages aller rejoindre les hommes du Sud. Math se rendit à Kaer Dathyl, tandis que Gilvaethwy, fils de Don, et tous les gens de la famille qui l'accompagnaient auparavant se mirent à faire, comme d'habitude, le circuit de Gwynedd, en laissant de côté la cour. Arrivé dans sa chambre, Math fit préparer un endroit où il pût s'accouder et reposer ses pieds dans le giron de la pucelle. « Seigneur, » dit Goewin, « cherche une vierge pour supporter tes pieds maintenant : moi, je suis femme. » — « Qu'est-ce que cela veut dire, » répondit-il? — « On m'a assaillie, seigneur, et cela en cachette. Je ne suis pas restée silencieuse : il n'y a personne à la cour qui ne l'ait su. L'attaque est venue de tes neveux, des fils de ta sœur, Gwydyon et Gilvaethwy, fils de Don. Ils m'ont fait, à moi violence, et à toi honte. On a couché avec moi, et cela dans ta chambre et dans ton propre lit. » — « Eh bien, » répondit-il, « je ferai de mon mieux. Je te ferai tout d'abord avoir satisfaction, et je chercherai ensuite celle qui m'est due. Je te prendrai comme femme, je remettrai entre tes mains la propriété de mes Etats. » Cependant, les deux fils de Don ne se rapprochaient pas de la cour; ils continuaient à circuler à travers le pays; ils se tinrent à l'écart de lui jusqu'au moment où il fut interdit de leur donner nourriture et boisson.

Alors, seulement, ils se rendirent auprès de lui. « Seigneur, » dirent-ils, « bon jour à toi. » — « Oui, » dit-il, « est-ce pour me donner satisfaction que vous êtes venus? » — « Seigneur, » répondirent-ils, « nous sommes prêts à faire ta volonté. » — « S'il en avait toujours été ainsi, je n'aurais pas tant perdu d'hommes et de chevaux; ma honte, vous ne pouvez me la réparer, sans parler de la mort de Pryderi. Puisque vous êtes venus vous mettre à ma disposition, votre châtiment va commencer. » Il prit sa baguette enchantée, et, d'un coup, transforma Gilvaethwy en une biche de bonne taille; l'autre voulut s'enfuir, mais il le prévint en le frappant de la même baguette, et en fit un cerf. « Comme vous êtes maintenant enchaînés, » dit Math, « vous marcherez ensemble, vous formerez un couple, et vous aurez les instincts des animaux dont vous avez la forme. Vous aurez un petit à l'époque accoutumée pour eux. Dans un an, vous reviendrez auprès de moi. »

Au bout d'un an, jour pour jour, on entendit un grand bruit contre les parois de la chambre, ce qui excita aussitôt les aboiements des chiens. « Allez voir, » dit Math, « ce qu'il y a dehors. » — « Seigneur, » dit quelqu'un, « je viens d'aller voir : il y a là un cerf, une biche et un faon. » Il se leva aussitôt et sortit; il aperçut, en effet, trois bêtes : un cerf, une biche et un faon. Il leva sa baguette en disant : « Que celui d'entre vous qui a été biche l'année dernière soit sanglier cette année, et que le cerf soit une truie. » Et il les frappa de sa baguette. « Le petit, je le prends, » ajouta-t-il ; « je le ferai élever et baptiser. » On lui donna le nom de Hyddwn (1). « Allez, » dit-il ; « vous serez l'un sanglier mâle, l'autre femelle, et vous aurez les mêmes instincts que les porcs des bois. Dans un an, trouvez-vous sous les murs de cette maison avec votre petit. » Au bout de l'année, les aboiements des chiens se firent entendre sous les murs de la chambre, et toute la cour accourut de ce côté. Il se leva lui-même et sortit. Dehors, il aperçut trois bêtes : un sanglier mâle, un sanglier femelle et un petit très fort pour l'âge qu'il paraissait. « Celui-ci, » dit-il, « je le garde, et je le ferai baptiser. » Et, d'un coup de sa baguette, il en fit un bel adolescent brun et fort. On l'appela Hychtwn (2). « Que celui d'entre vous, » ajouta-t-il, « qui a été sanglier mâle l'année dernière, soit louve cette année, et que la truie soit loup. » En disant ces mots, il les frappa de sa baguette et ils devinrent loup et louve. « Ayez, » dit-il, « les instincts des animaux dont vous avez la forme. Soyez ici, sous ces murs, dans un an aujourd'hui. »

Un an après, jour pour jour, il entendit un grand tumulte, des aboiements de chiens sous les murs de sa chambre. Il se leva et sortit. Dehors, il

---

(1) *Hyddwn*; l'auteur le fait dériver de *hydd*, « cerf, » armoric., *heiz.*

(2) *Hychtwn. Hych-* = *hwch*, « porc, truie, » arm. *houch.*

aperçut un loup, une louve et, avec eux, un fort louveteau. « Celui-ci, » dit-il, « je le prends et je le ferai baptiser. Son nom est tout trouvé : ce sera Bleiddwn (1). Vous avez trois fils, dont voici les noms : les trois fils de Gilvaethwy le traître, trois impétueux et fidèles guerriers, sont Bleiddwn, Hyddwn, Hychdwn Hir (le Long). » Et, d'un coup de sa baguette, ils se trouvèrent dans leur propre chair. « Hommes, » dit Math, « si vous m'avez fait tort, vous avez assez souffert et vous avez eu la grande honte d'avoir des enfants l'un de l'autre. Donnez à ces hommes un bain, faites-leur laver la tête et donner des habits. » On exécuta ces ordres. Quand ils furent équipés, ils revinrent auprès de lui. « Hommes, » dit Math, « la paix, vous l'avez eue, l'affection, vous l'aurez aussi ; conseillez-moi : quelle pucelle prendrai-je ? » — « Seigneur, » répondit Gwydyon, « rien de plus facile : Aranrot (2), fille de Don, ta nièce, la fille de ta sœur. »

On alla la lui chercher : La jeune fille entra. « Jeune fille, » dit Math, « es-tu vierge ? » — « Pas

(1) *Bleiddwn*, dérivé de *bleidd*, arm. *bleiz*, « loup. »

(2) *Aranrot* ou *Arianrhod* : « Les trois aimables ou heureuses dames de l'île sont Creirwy, fille de Ceritwen ; Arianrhod, fille de Don, et Gwenn, fille de Cywryd ap Crydon » (*Myv. arch.*, 392, 73; cf. *ibid.*, 410, col 2). Taliesin célèbre aussi l'illustration d'Aranrot (Skene, II, p. 159, v. 2. Sur ce nom, v. Rhys, *Lectures*, p. 374, 426). Il y a aussi une Aryanrot, fille de Beli (*Triades, Mab.*, p. 298). Arianrod est le nom de la constellation *Corona Borealis*, de même que Cassiope porte le nom de Llys Don, la cour de Don, suivant lady Guest.

autre chose, seigneur, » répondit-elle, « à ma connaissance. » Alors, il prit sa baguette et la courba. « Passe par-dessus, » dit-il, « et, si tu es vierge, je le reconnaîtrai. » Elle fit un pas par-dessus la baguette enchantée et, en même temps, elle laissa après elle un enfant blond et fort. Aux cris de l'enfant, elle chercha la porte, et aussitôt elle laissa encore après elle un enfant semblable ; mais, avant que personne ne pût l'apercevoir une seconde fois, Gwydyon saisit l'enfant, l'enroula dans un manteau de *paile* et le cacha au fond d'un coffre, au pied de son lit. « Eh bien, » dit Math, fils de Mathonwy, en parlant de l'enfant blond, « je vais faire baptiser celui-ci, et je le ferai nommer Dylan. » On le baptisa. A peine fut-il baptisé qu'il se dirigea vers la mer. Aussitôt qu'il y entra, il en prit la nature et devint aussi bon nageur que le plus rapide des poissons. Aussi l'appela-t-on Dylan Eil Ton (1) (Dylan, fils de la vague). Jamais vague ne se brisa sous lui. Le coup qui causa sa mort partit de la main de Govannon (2), son oncle, et ce fut un des trois coups funestes.

(1) *Dylan*, « fils de la vague » : « c'est le bruit des vagues contre le rivage voulant venger Dylan, » dit Taliesin (Skene, 145, 8). Un autre passage du même poète a trait à cet épisode de notre *mabinogi* : « Je suis né avec Dylan Eil Mor (fils de la mer), au milieu *d'une assemblée?* entre les genoux des princes (Skene, II, 142, v. 30).

(2) *Govannon*, un des enfants de Don, a donné son nom à Kaer Govannon. Taliesin dit qu'il est resté un an à Kaer Ovannon (Skene, II, p. 108, 3). Son nom est associé à celui de Math,

Comme Gwydyon était un jour au lit mais éveillé, il entendit des cris dans le coffre qui était au pied de son lit ; ils étaient tout juste assez forts pour être entendus de lui. Il se leva précipitamment et ouvrit le coffre. Il aperçut un petit garçon remuant les bras du milieu du manteau et le rejetant. Il prit l'enfant dans ses bras se rendit avec lui en ville, dans un endroit où il savait trouver une femme pouvant donner le sein et fit marché avec elle pour nourrir l'enfant. On le nourrit une année. Au bout de l'année, il était d'une taille qui eût paru forte même pour un enfant de deux ans. Au bout de la seconde année, c'était un grand enfant capable d'aller tout seul à la cour. Quand il fut à la cour, Gwydyon veilla sur lui ; l'enfant se familiarisa avec lui et l'aima plus que personne. Il fut élevé à la cour ainsi jusqu'à l'âge de quatre ans ; il eût été bien assez développé pour un enfant de huit ans. Un jour, il alla se promener au dehors à la suite de Gwydyon. Celui-ci se rendit avec lui à Kaer Aranrot. En le voyant entrer, Aranrot se leva pour aller à sa rencontre, lui souhaiter la bienvenue et le saluer. « Dieu te donne bien, » dit-il. — « Quel est donc, » dit-elle, « cet enfant qui te suit ? » — « Cet enfant c'est ton fils, » répondit Gwydyon ? — « Homme, » s'écria-t-elle, « quelle

---

fils de Mathonwy, dans un poème de Llywarch Hen (Skene, II, p. 303). Il est question de lui dans le Mab. de Kulhwch et Olwen.

idée t'a pris de m'outrager ainsi, de poursuivre et de maintenir aussi longtemps mon déshonneur? » — « Si tu n'as pas d'autre déshonneur que celui de nourrir un enfant aussi beau que celui-ci, ce sera peu de chose. » — « Quel est le nom de ton fils? » — « Il n'en a pas encore, en vérité. » — « Eh bien, je jure qu'il aura cette destinée qu'il n'aura pas de nom avant d'en avoir reçu un de moi. » — « J'en atteste Dieu; tu es une femme de rien; l'enfant aura un nom quand même tu le trouverais mauvais, et toi, tu ne retrouveras plus jamais celui que tu es si furieuse d'avoir perdu, celui de *pucelle.* » En disant ces mots, il sortit furieux et retourna à Kaer Dathyl où il passa la nuit.

Le lendemain il se leva, prit l'enfant avec lui et alla se promener sur les bords de la mer, entre l'Océan et Aber Menei. Il fit paraître par enchantement un navire à l'endroit où il aperçut des algues et du varech; ils transforma les algues et le goëmon en *cordwal* en grande quantité; il lui donna diverses couleurs au point qu'on ne pouvait voir de plus beau cuir. Il mit à la voile et se rendit lui et l'enfant à la porte de l'entrée de Kaer Aranrot. Puis il se mit à façonner des souliers et à les coudre. On le remarqua du fort. Aussitôt qu'il s'en aperçut, il changea ses traits et ceux de l'enfant pour qu'on ne pût les reconnaître. « Quels hommes sont à bord de ce navire? » dit Aranrot. — « Ce sont des cordonniers, » lui fut-il répondu. — « Allez voir quelle espèce de cuir ils ont et comment ils travaillent. » On se rendit auprès d'eux, et on trouva Gwydyon en train de colorer le cuir : il le dorait. Les messagers allèrent le rapporter à Aranrot. « Eh bien, » dit-elle, « portez la mesure de mon pied à ce cordonnier et dites-lui de me faire des souliers. » Il façonna les souliers, mais non d'après sa mesure : il les fit plus grands. On apporta les souliers : ils étaient trop grands. « Ils sont trop grands, » dit-elle; « je les lui paierai, mais qu'il en fasse une paire de plus petits. » Que fit-il? Il lui en façonna une paire beaucoup trop petite pour son pied et la lui envoya. « Dites-lui, » dit-elle, « que ceux-ci ne me vont pas non plus. » On lui rapporta ces paroles. « Eh bien, » s'écria-t-il, « je ne lui ferai pas de souliers avant d'avoir vu son pied. » On alla le lui dire. « Eh bien, » s'écria-t-elle, « je vais aller jusqu'à lui. » Elle se rendit au navire : il était en train de tailler et le jeune garçon de coudre. « Princesse, » dit-il, « bon jour à toi. » — « Dieu te donne bien, » répondit-elle. « Je suis étonnée que tu ne puisses arriver à me faire des souliers sur mesure. » — « C'est vrai, mais je le pourrai maintenant. » A ce moment, un roitelet se dressa sur le pont du navire. L'enfant lui lança un coup et l'atteignit entre le nerf de la jambe et l'os. Elle se mit à rire. « En vérité, » s'écria-t-elle, « c'est d'une main bien sûre que le petit lion l'a atteint. » — « Eh bien, » dit Gwydyon, « il a un nom, sans que nous ayons à prier Dieu de t'en récompenser, et le nom n'est pas mauvais : désormais, il s'appellera Llew Llaw Gyffes (1). » Aussitôt, tout ce qu'il avait fait se transforma en algue et en goëmon, et il ne continua pas plus longtemps ce travail, qui lui valut d'être appelé un des trois *eurgrydd* (cordonniers-orfèvres) (2). « En vérité, » dit-elle, « tu ne te trouveras pas mieux de te montrer aussi méchant envers moi. » — « Je ne l'ai pas été, » répondit-il. Et il rendit à l'enfant ses traits. « Eh bien, » dit-elle, « je jure que l'enfant aura pour destinée de n'avoir pas d'armure avant que je ne l'en revête moi-même. » — « Par moi et Dieu, » dit Gwydyon, « tu peux être aussi perverse que tu voudras, il aura des armes. »

Ils se rendirent à Dinas Dinllev (3). Il y éleva

(1) *Llew Llaw Gyffes*, Llew (lion) a la main prompte ou forte (v. notes critiques). C'est un des trois *eurgrydd* ou cordonniers orfèvres (v. plus haut la note à Gwydyon). C'est aussi un des trois *ruddvoawc* ou *ruddvaawc*, ainsi nommés parce que là où ils passaient, pendant une année entière, il ne poussait ni herbe ni plante; les deux autres étaient Run, fils de Beli, et Morgan Mwynvawr (sur Run Ruddvoawg, cf. *Myv. arch.*, p. 224, col. 1, XIII); Arthur l'était encore plus qu'eux : rien ne poussait après lui pendant sept ans (*Triades Mab.*, 303, 5; cf. Skene, II, app., p. 458 : ici Llew est supprimé et remplacé par Arthur). Le *Livre Noir* mentionne sa tombe : « La tombe de Llew Llawgyffes est sous un havre (ou lieu protégé près de la mer), là où a été son... (*y gywnes?*) : c'était un homme qui ne donna jamais justice à personne (Skene, II, p. 31, 23).

(2) V. p. 56, note.

(3) *Dinas Dinllev* ou la forteresse ou ville forte de Dinllev, aujourd'hui Dinas Dinlle, à trois milles environ au sud-ouest de la ville de Caernarvon, sur la côte, dans la paroisse de Llandwrog.

l'enfant jusqu'à ce qu'il fût en état de monter n'importe quel cheval et qu'il eût atteint tout son développement comme visage, taille et corpulence. Gwydyon s'aperçut qu'il était humilié de n'avoir pas de cheval ni d'armes, il l'appela auprès de lui : « Garçon, » lui dit-il, « nous irons en expédition demain toi et moi : sois donc plus joyeux que cela. » — « Je le serai, » répondit le jeune homme. Le lendemain, ils se levèrent dans la *jeunesse* du jour et remontèrent la côte jusqu'à Brynn Aryen (1). Arrivés au haut de Kevyn Clutno (2), ils s'équipèrent eux et leurs chevaux et se dirigèrent vers Kaer Aranrot. Ils changèrent leurs traits et se rendirent à l'entrée sous l'aspect de deux jeunes gens, Gwydyon ayant pris toutefois un visage plus grave que son compagnon. « Portier, » dit-il, « rentre et dis qu'il y a ici des bardes de Morgannwc. » Le portier obéit. « Qu'ils soient les bienvenus au nom de Dieu, » dit-elle ; « laisse-les entrer. » On leur fit le meilleur accueil. La salle fut préparée et ils se mirent à table. Quand on eut fini de manger, elle causa avec Gwydyon

---

Il y a encore des restes très visibles de la forteresse. *Dinas* est dérivé de *din*, « citadelle, » irlandais *dun*, vieux celtique *dunos* (cf. les noms gaulois en *dunum*. *Dinastet*, dans le dict. vannetais de l'Armerye, traduit *palais* et suppose un singulier *dinas*; cf. *Dinan*).

(1) *Brynn Aryen* ou la colline d'Aryen.

(2) *Cevyn Clutno*, le promontoire, ou la colline arrondie de Clutno. *Cevyn* signifie proprement *dos* (arm. *kein*).

de contes et d'histoires. Gwydyon était bon conteur. Quand ce fut le moment de cesser de boire, on leur prépara une chambre et ils allèrent se coucher. Gwydyon se leva de grand matin et appela à lui sa magie et son pouvoir. Un grand mouvement de navires et un grand bruit de trompettes auxquels répondirent de grands cris dans la campagne, se firent entendre. Quand le jour vint, ils entendirent frapper à la porte de la chambre, et Aranrot demander qu'on lui ouvrît. Le jeune homme se leva et ouvrit. Elle entra suivie d'une pucelle (1). « Gentilshommes, » dit-elle, « nous sommes dans une mauvaise situation. » — « Oui, » répondirent-ils ; « nous entendons le son des trompettes et les cris ; que t'en semble ? » — « En vérité, » dit-elle, « il est impossible de voir les flots, tellement les navires sont serrés les uns contre les autres. Ils se dirigent vers la terre de toute leur vitesse. Que faire ? » — « Princesse, il n'y a pas autre chose à faire que de nous renfermer dans le fort et le défendre du mieux que nous pourrons. » — « Dieu vous le rende. Défendez-le ; vous trouverez ici des armes en abondance. »

Elle alla leur chercher des armes. Elle revint avec deux pucelles, apportant chacune une armure. « Princesse, » dit Gwydyon, « revêts son armure à ce jeune homme ; moi, je revêtirai l'au-

---

(1) *Pucelle.* J'emploie ce mot dans ma traduction avec les sens qu'il avait au moyen âge, de femme non mariée et de suivante.

tre avec le secours des deux pucelles. J'entends le tumulte de gens qui arrivent. » — « Volontiers, » répondit-elle. Elle le revêtit avec empressement d'une armure complète. « As-tu fini, » dit Gwydyon à Aranrot, « d'armer ce jeune homme? » — « C'est fait, » répondit-elle. — « J'ai fini moi aussi. Tirons maintenant nos armures; nous n'en avons plus besoin. » — « Oh! pourquoi? Voici la flotte autour de la maison. » — « Non, femme, il n'y a pas la moindre flotte. » — « Que signifiait donc toute cette levée? » — « C'était pour rompre le sort que tu as jeté sur ce jeune homme et lui procurer des armes, et il en a eu sans que tu aies droit à des remerciements. » — « Par moi et Dieu, tu es un méchant homme. Il se pourrait que bien des jeunes gens perdissent la vie à cause de la levée que tu as occasionnée dans ce *cantrev* aujourd'hui. Je jure que ce jeune homme aura pour destinée de n'avoir jamais une femme de la race qui peuple cette terre en ce moment. » — « En vérité, » dit-il, « tu as toujours été une femme de rien, que personne ne devrait soutenir. Il aura une femme quand même. »

Ils se rendirent auprès de Math, fils de Mathonwy, et se plaignirent d'Aranrot avec la plus grande insistance. Gwydyon lui apprit comment il avait procuré une armure au jeune homme. « Eh bien, » dit Math, « cherchons, au moyen de notre magie et de nos charmes à tous les deux, à lui faire sortir une femme des fleurs. » Il avait alors la stature d'un homme et c'était bien le jeune homme le plus accompli qu'on eût jamais vu. Ils réunirent alors les fleurs du chêne, celles du genêt et de la reine des prés, et, par leurs charmes, ils en formèrent la pucelle la plus belle et la plus parfaite du monde. On la baptisa suivant les rites d'alors et on la nomma Blodeuwedd (aspect, visage de fleurs) (1). Lorsqu'ils eurent couché ensemble, pendant le festin Gwydyon dit : « Il n'est pas facile de s'entretenir sans domaines. » — « Eh bien, » répondit Math, « je lui donnerai le meilleur *cantrev* qu'un jeune homme puisse avoir. » — « Quel *cantrev*, seigneur? » — « Celui de Dinodig. » (Ce *cantrev* porte aujourd'hui les noms d'Eiwynydd et Ardudwy) (2). On lui bâtit une cour à l'endroit qu'on appelle Mur y Castell (3), sur

---

(1) *Blodeuwedd*, v. la note à la page 161.

(2) Cette phrase paraît une glose introduite dans le texte. Au treizième siècle encore, parmi les cantrevs de l'Arvon, on donne le *cantrev* de Dunodig avec les deux kymmwd d'Eivionydd et d'Ardudwy. Après la conquête définitive du pays de Galles et sa réorganisation par le roi Edouard I*er*, il n'est plus question du *cantrev* de Dunodig; Eivionydd reste au contraire un des *cymmwd* dépendant du vicomte de Caernarvon; le *cymmwd* d'Ardudwy est sous la main du vicomte de Meirionydd (V. Statuts de Rothelan, *Ancient laws*, II, p. 708; les statuts de Rothelan, ou mieux Rhuddlan, ont été promulgués en 1284).

(3) *Mur y Castell*, « le mur ou rempart du Château, » appelé aussi *Tomen y Mur*, sur les confins d'Ardudwy, est, d'après lady Guest, à deux milles au sud de la Cynvael ou rivière de Festiniog, et à trois milles de Llyn y Morwynion, ou lac des jeunes filles, où les pucelles de Blodeuwedd se noyèrent.

les confins d'Ardudwy. C'est là qu'il habita et régna. Tout le monde fut content et accepta avec plaisir sa domination.

Un jour, il se rendit à Kaer Dathyl pour faire visite à Math, fils de Mathonwy. Ce jour-là, Blodeuwedd se mit à se promener dans l'enceinte de la cour. Le son d'un cor se fit entendre, et aussitôt elle vit passer un cerf fatigué poursuivi par les chiens et les chasseurs. Après les chiens et les chasseurs venait toute une troupe de gens à pied. « Envoyez un valet, » dit-elle, « savoir à qui est cette troupe-là. » Un valet sortit et demanda qui ils étaient. — « La troupe de Gronw Pebyr (1), seigneur de Penllynn (2), » répondirent-ils. Le valet revint le lui dire. Pour Gronw, il continua à poursuivre le cerf, l'atteignit sur les bords de la rivière Kynvael et le tua. Il fut occupé à l'écorcher et à donner la curée aux chiens jusqu'à la tombée de la nuit.

Quand il vit le jour s'en aller et la nuit approcher, il se rendit à l'entrée de la cour. « Il est bien sûr, » dit Blodeuwedd, « que nous ferons mal parler de nous par ce seigneur, si nous le laissons, à une pareille heure, aller à un autre endroit sans l'inviter. » — « Assurément, princesse, » répondi-

---

(1) *Gronw le Fort*, v. p. 151 et 152, note.
(2) *Penllynn* était un *cantrev* de Meirionydd (*Myv. arch.*, p. 735), qui devint, par le statut de Rothelan, un *cymmwd* sous l'autorité du vicomte de Meirionydd (*Ancient laws*, II, p. 908).

rent ses gens, « il vaut mieux l'inviter. » Des messagers allèrent lui porter l'invitation. Il accepta avec plaisir et se rendit à la cour. Elle alla au devant de lui pour lui souhaiter la bienvenue et le saluer. « Princesse, » dit-il, « Dieu te récompense de ton bon accueil. » Il se désarma et ils s'assirent. Blodeuwedd le regarda et, à partir de ce moment, il n'y eut pas une place dans tout son être qui ne fut pénétrée de son amour. Il jeta lui aussi les yeux sur elle et il fut envahi par les mêmes sentiments. Il ne put lui cacher qu'il l'aimait; il le lui dit. Elle en fut toute réjouie. L'amour qu'ils avaient conçu l'un pour l'autre fut l'unique sujet de leur entretien ce soir-là. Ils ne tardèrent guère à s'unir : cette nuit même ils couchèrent ensemble. Le lendemain, il voulut partir. « Non, assurément, » dit-elle, « tu ne t'en iras pas d'auprès de moi cette nuit. » Ils passèrent la nuit ensemble et se concertèrent pour savoir comment ils pourraient vivre réunis. « Il n'y a qu'un moyen, » dit-il, « il faut que tu cherches à savoir de lui comment on peut lui donner la mort, et cela sous couleur de sollicitude pour lui. » Le lendemain il voulut partir. « Vraiment, » dit-elle, « je ne suis pas d'avis que tu t'en ailles d'auprès de moi aujourd'hui. » — « Puisque tel est ton avis, je ne m'en irai pas, » répondit-il, « je te ferai seulement remarquer qu'il est à craindre que le seigneur de cette cour ne revienne à la maison. » — Eh bien, demain, je te permettrai de t'en aller. » Le lendemain, il voulut partir, et elle ne s'y opposa pas. « Rappelle-toi, » dit-il, « ce que j'ai dit; presse-le de questions, et cela, comme en plaisantant, par tendresse ; applique-toi à savoir de lui comment la mort pourrait lui venir. »

Llew Llaw Gyffes revint chez lui ce soir-là. Ils passèrent le temps en causeries, musique, festin, et, dans la nuit, allèrent coucher ensemble. Il lui adressa la parole une fois, puis une seconde, sans obtenir de réponse. « Qu'as-tu, » lui dit-il, « tu n'es pas bien? » — « Je réfléchis, » répondit-elle, « à une chose qui ne te viendrait jamais à l'esprit à mon sujet : je suis soucieuse en pensant à ta mort, au cas où tu t'en irais avant moi. » — « Dieu te récompense de ta sollicitude; mais si Dieu lui-même ne s'en mêle, il n'est pas facile de me tuer. » — « Voudrais-tu, pour l'amour de Dieu et de moi, m'indiquer de quelle façon on pourrait te tuer? Je me souviendrai mieux que toi des précautions à prendre. » — « Volontiers. Il n'est pas facile de me tuer en me frappant : il faudrait passer une année à faire le javelot dont on se servirait et n'y travailler que pendant la messe le dimanche. » — « Est-ce sûr? » — « Bien sûr. On ne peut me tuer dans une maison, on ne le peut dehors; on ne peut me tuer, si je suis à cheval; on ne le peut, si je suis à pied. » — « Eh bien, de quelle façon peut-on donc te tuer? » — « Je vais te le dire : il faut me préparer un bain sur le bord d'une rivière, établir, au-dessus de la cuve une claie, et ensuite la couvrir hermétiquement, amener un bouc, le placer à côté de la cuve ; il faudrait que je misse un pied sur le dos du bouc et l'autre sur le bord de la cuve : quiconque m'atteindrait dans ces conditions, me donnerait la mort. » — « J'en rends grâces à Dieu, c'est là une chose facile à éviter. » Elle n'eut pas plutôt obtenu cette révélation qu'elle la fit parvenir à Gronw Pebyr. Gronw s'occupa de la fabrication de la lance, et, au bout de l'année, jour pour jour, elle fut prête. Il le fit savoir le jour même à Blodeuwedd. « Seigneur, » dit celle-ci à Llew, « je me demande comment pourrait se réaliser ce que tu m'as dit. Voudrais-tu me montrer comment tu te tiendrais sur le bord de la cuve et sur le bouc, après que j'aurais moi-même préparé le bain ? » — « Je te le montrerai, » répondit-il. Elle envoya vers Gronw et l'avertit de se tenir à l'abri de la colline qu'on appelle maintenant Brynn Kyvergyr (1) sur les bords de la rivière de Kynvael. Elle fit rassembler tout ce qu'elle trouva de chèvres dans le *cantrev* et les amena de l'autre côté de la rivière, en face de Brynn Kyvergyr.

Le lendemain, elle dit à Llew : « Seigneur, j'ai fait préparer la claie et le bain : ils sont prêts. » — « C'est bien, » répondit-il, « allons voir. » Ils allèrent voir le bain. « Veux-tu aller dans le bain, seigneur, » dit-elle ? — « Volontiers, » répondit-il. Il y alla et prit son bain. « Seigneur, » dit-elle,

---

(1) *Brynn Kyvergyr* ou la colline de la rencontre, du combat.

« voici les animaux que tu as dit s'appeler *boucs*. »
— « Eh bien, » répondit-il, « fais en prendre un et fais-le amener ici. » On amena le bouc. Llew sortit du bain, mit ses chausses et posa un pied sur le bord de la cuve, et l'autre sur le dos du bouc. Gronw se leva alors, à l'abri de la colline qu'on appelle Brynn Kyvergyr, et, appuyé sur un genou, il le frappa de la lance empoisonnée, et l'atteignit si violemment dans le flanc, que la hampe sauta, et que le fer resta dans le corps. Llew s'envola sous la forme d'un oiseau en jetant un cri effrayant, et on ne le revit plus.

Aussitôt qu'il eut disparu, ils se rendirent, eux, à la cour, et, cette nuit même, couchèrent ensemble. Le lendemain, Gronw se leva et prit possession d'Ardudwy. Après s'en être rendu maître, il le gouverna et devint seigneur d'Ardudwy et de Penllyn. L'histoire parvint aux oreilles de Math, fils de Mathonwy. Math en conçut profonde douleur et grand chagrin, et Gwydyon beaucoup plus encore. « Seigneur, » dit Gwydyon, « je ne prendrai jamais de repos avant d'avoir eu des nouvelles de mon neveu. » — « Bien, » dit Math, « Dieu te soit en aide. » Il partit et se mit à parcourir le pays; il erra à travers Gwynedd et Powys d'un bout à l'autre. Ensuite il se rendit en Arvon, et arriva à la maison d'un serf qui habitait le *maenawr* de Pennardd. Il descendit chez lui et y passa la nuit. Le maître de la maison et les gens de sa famille rentrèrent. Le porcher arriva le dernier. Le maître lui dit : « Valet, ta truie est-elle rentrée ce soir? » — « Oui, » répondit-il; « en ce moment elle est venue rejoindre les porcs. » — « Quel trajet fait donc cette truie, » demanda Gwydyon? — « Tous les jours, aussitôt qu'on ouvre l'écurie, elle sort et on ne la voit plus; on ne sait quel chemin elle a pris, pas plus que si elle allait sous terre! » — « Voudrais-tu, » reprit Gwydyon, « me faire le plaisir de ne pas ouvrir la porte de l'écurie avant que je ne sois avec toi à côté? » — « Volontiers. » Ils allèrent se coucher.

Au point du jour, le porcher se leva et réveilla Gwydyon. Il se leva, s'habilla, alla avec le porcher, et se tint auprès de l'écurie. Le porcher ouvrit la porte; au même moment, la truie s'élança dehors et se mit à marcher d'une allure vigoureuse. Gwydyon la suivit. Elle prit sa course en remontant le cours de la rivière, se dirigea vers le vallon qu'on appelle maintenant Nant y Llew (le ravin de Llew ou du Lion); là, elle s'arrêta et se mit à paître. Gwydyon vint sous l'arbre et regarda ce que mangeait la truie. Il vit que c'étaient de la chair pourrie et des vers. Il leva les yeux vers le haut de l'arbre et aperçut un aigle au sommet. A chaque fois que l'aigle se secouait, il laissait tomber des vers et de la chair en décomposition que mangeait la truie. Gwydyon pensa que l'aigle n'était pas autre que Llew, et chanta cet *englyn* :

Chêne qui pousse entre deux *glens*, l'air et le vallon sont sombres et agités : si je ne me trompe, ces débris décomposés sont ceux de Llew (1).

L'aigle se laissa aller jusqu'au milieu de l'arbre. Gwydyon chanta un second *englyn* :

Chêne qui pousse sur cette terre élevée, que la pluie ne peut plus mouiller, qui ne s'amollit plus, qui a supporté cent quatre-vingts tempêtes : à son sommet est Llew Llaw Gyffes.

L'aigle se laissa aller jusque sur la branche la plus basse de l'arbre. Gwydyon chanta un troisième *englyn* :

Chêne qui pousse sur la pente ; si je ne me trompe, Lew viendra dans mon giron.

L'aigle se laissa tomber sur les genoux de Gwydyon. D'un coup de sa baguette enchantée, Gwydyon lui rendit sa forme naturelle. On n'avait jamais vu quelqu'un présentant plus triste aspect : il n'avait que la peau et les os.

Gwydyon se rendit avec lui à Kaer Dathyl. On amena, pour le soigner, tout ce qu'on put trouver de bons médecins en Gwynedd. Avant la fin de l'année, il était complètement rétabli. « Seigneur, » dit-il alors à Math, fils de Mathonwy, « il est temps que j'aie satisfaction de l'homme dont j'ai eu souffrance. » — « Assurément, » répondit Math, « il ne peut se maintenir sans te ren-

(1) V. notes critiques.

dre satisfaction. » — « Le plus tôt que j'obtiendrai satisfaction sera le mieux pour moi. »

Ils levèrent les troupes de Gwynedd et marchèrent sur Ardudwy. Gwydyon, qui était à leur tête, se dirigea sur Mur y Castell. Blodeuwedd, à la nouvelle de leur approche, prit ses suivantes avec elle, et se dirigea, à travers la rivière de Kynvael, vers une cour située sur la montagne. Leur terreur était telle qu'elles ne pouvaient marcher qu'à reculons ; elles tombèrent ainsi dans l'eau sans le savoir, et se noyèrent toutes à l'exception de Blodeuwedd. Gwydyon l'atteignit alors, et lui dit : « Je ne te tuerai pas, je ferai pis. Je te laisserai aller sous la forme d'un oiseau. Pour te punir de la honte que tu as faite à Llew Llaw Gyffes, tu n'oseras jamais montrer ta face à la lumière du jour, par crainte de tous les autres oiseaux. Leur instinct les poussera à te frapper, à te traiter avec mépris partout où ils te trouveront. Tu ne perdras pas ton nom, on t'appellera toujours Blodeuwedd. » On appelle en effet le hibou Blodeuwedd, aujourd'hui encore (1). C'est ainsi que le hibou est devenu un objet de haine pour tous les oiseaux.

(1) Cette tradition fait le sujet d'un poème de Dafydd ab Gwilym, connu sous le titre de *Achau y Dylluan*, ou la généalogie du hibou. Le poète lui demande son nom ; l'oiseau lui répond qu'on l'a appelée Blodeuwedd, et qu'elle était fille d'un seigneur de Mon. « Qui t'a métamorphosée ? » reprend le poète. — « C'est Gwydyon, fils de Don, des abords de Conwy, qui, avec sa baguette magique, — il n'y en a plus eu de son espèce, — m'a

Gronw Pebyr, lui, retourna à Penllynn, d'où il envoya une ambassade à Llew Llaw Gyffes pour lui demander s'il voulait, pour prix de son outrage, terre, domaines, or ou argent. « Je n'accepte pas, » répondit-il, « j'en atteste Dieu. Le moins que je puisse accepter de lui, c'est qu'il se rende à l'endroit où je me trouvais quand il me donna le coup de lance, tandis que moi je serai à la même place que lui, et qu'il me laisse le frapper d'un coup de lance. C'est la moindre satisfaction que je puisse accepter. » On en informa Gronw Pebyr. « Eh bien, » dit-il, « je suis bien forcé de le faire. Nobles fidèles, gens de ma famille, mes frères de lait, y a-t-il quelqu'un de vous qui veuille recevoir le coup à ma place? » — « Non pas, » répondirent-ils. C'est à cause de cela, parce qu'ils ont refusé de souffrir un coup à la place de leur seigneur, qu'on n'a cessé de les appeler depuis, la troisième famille déloyale (1). « Eh bien, » dit-il, « c'est donc moi qui le supporterai. »

---

fait passer de ma beauté dans le triste état où tu me vois, m'accusant d'avoir aimé, soleil éclatant d'une race brillante, Goronwy, le jeune homme vigoureux (Pefr, peut-être le fils vigoureux de Gronw Hir, le texte n'est pas sûr à ce vers), le seigneur de Penllynn, le beau, le grand » (2ᵉ éd., p. 258.)

(1) Les trois principales familles ou tribus déloyales de l'île de Bretagne sont : la famille de Gronw Pebyr de Penllynn, dont les hommes refusèrent à leur seigneur de le remplacer en face de la lance empoisonnée de Llew Llawgyffes; la tribu de Gwrgi et de Peredur, qui abandonna ses seigneurs à Kaer Greu, lorsqu'ils avaient rendez-vous de combat le lendemain avec Edin Glingawr

Ils se rendirent tous les deux sur les bords de la rivière de Kynvael. Gronw se tint à l'endroit où était Llew Llaw Gyffes quand il le frappa, tandis que Llew occupait sa place. Gronw Pebyr dit alors à Llew : « Seigneur comme c'est par les artifices pervers d'une femme que j'ai été amené à ce que j'ai fait, je te prie, au nom de Dieu, de me laisser mettre entre moi et le coup, cette pierre plate que j'aperçois sur le bord de la rivière. » — « Je ne refuserai pas cela, assurément, » répondit Llew. — « Dieu te le rende. » Gronw prit la pierre et la tint entre lui et le coup. Llew darda sa lance, traversa la pierre de part en part, et Gronw lui-même, au point qu'il lui rompit le dos. Ainsi fut tué Gronw Pebyr. Il y a encore là, sur le bord de la rivière de Kynvael, une pierre percée d'un trou ; et, en souvenir de ce fait, on l'appelle encore aujourd'hui

(ou au genou de géant) : ils furent tués tous les deux ; la troisième, la tribu d'Alan Fergan, qui abandonna en secret son seigneur sur la route de Camlan ; le nombre des combattants de chaque famille était de cent vingt hommes (*Triades Mab.*, p. 305, l. 13). Les *Triades* de Skene (II, p. 461) mentionnent que Llew se trouvait à *Lechoronwy*, ou la pierre de Goronwy, à Blaenn Kynvael, ou au sommet, vers la source de la Cynvael. On y lit aussi Alan Fyrgan ; les *Triades* de Rhys-Evans ont Ar lan Fergan, faute évidente du scribe pour Alan Fergan. Dans le *mabinogi* de Kulhwch, il est fait mention d'un Isperyn, fils de Fergan, roi du Llydaw ou Bretagne armoricaine. Alain Fergant ou Fergent est Alain VI, qui régna en Bretagne de 1084 à 1119. Parmi les Alan de Bretagne, les plus célèbres sont Alain le Grand (877-907) et Alain Barbe-Torte, qui revint de Grande-Bretagne pour écraser définitivement les Normands (937-952).

Llech Gronw (1). Llew Llaw Gyffes reprit possession du pays, et le gouverna heureusement. D'après ce que dit le récit, il devint ensuite seigneur de Gwynedd. Ainsi se termine cette branche du *Mabinogi*.

(1) *Llech Gronw* ou « la pierre plate de Gronw. »

Le songe de Maxen

Voici le songe de Maxen Wledic.

Maxen Wledic (1) était empereur à Ruvein (Rome).

(1) Le *Maxen* de ce récit est un personnage imaginaire; mais sa physionomie est formée de traits empruntés à des personnages historiques. Ce nom est un souvenir littéraire mais non populaire de Maxentius, l'adversaire de Constantin le Grand, tué en 313. Il y a peut-être aussi un vague ressouvenir de Magnentius, qui aspira à l'empire et périt en 353 ; il était Breton par son père (Zonaras, XIII, 6, d'ap. Petrie, *Mon. hist. brit.*). Le mariage avec Hélène est un trait de la vie de Constance, père de Constantin. L'expédition des troupes bretonnes, leur établissement dans le Llydaw sont le fait du Maxime de Nennius (XXIII) et du Maximianus de Gaufrei de Monmouth (V, 5, 9, 10, 11, 12, 13, 15, 16 ; VI, 2, 4 ; IX, 16 ; XII, 5).

Les traits du Maxime de l'histoire ne sont pas du tout ceux du personnage de la légende. Il est d'origine espagnole, repoussé en Bretagne une attaque des Pictes et des Scots, est proclamé empereur par les légions, passe en Gaule, prend et tue Gratien à Lyon et est défait et tué par Valentinien et Théodose à Aquilée, 483-488 (v. Aurélius Victor, c. 47, 48 ; Zosime, III, 35 ; Paul Orose, VII, 34,

C'était le plus beau et le plus sage des hommes, le mieux fait pour la dignité d'empereur de tous

---

35; Sozomène, VII, 13 ; Prosper d'Aquitaine, aux années 383, 388 ; Prosper Tyron, à l'année 382). Paul Orose est le seul qui fasse son éloge. Gildas (X) le traite de tyran, et ajoute une remarque importante, c'est que la Bretagne, privée de soldats et de chefs par son expédition, devient par là, pour les Pictes et les Scots, une proie facile (XI). Nennius (XXII, XXIII) ajoute au récit de Gildas l'établissement des soldats bretons en Litaw (Armorique); ils tuent les hommes et conservent les femmes, après leur avoir coupé la langue, pour que leurs descendants n'aient pas d'autre langage que le leur ; d'où le nom de *Letewicion, semi-tacentes*, donné aux Armoricains, *parce qu'ils parlent confusément*. Nennius décompose le mot en *Let-tewicion*, « qui se taisent à demi, » étymologie des plus fantaisistes (v. J. Loth, *De vocis armoricæ forma atque significatione*, Picard, Paris, 1883). Gaufrei ajoute l'épisode de Conan Meriadec, reproduit depuis par tous les écrivains bretons armoricains (v. J. Loth, *L'émigration bretonne en Armorique du cinquième au septième siècle de notre ère*, Paris, Picard, 1883, Introduction, v-vii), et beaucoup de détails romanesques. Ainsi Helen, fille du roi Coel, duc de Colchester, se marie à Constance, père de Constantin. Après le départ de Constantin, Octavius, duc des Wissei (Essex), enlève le gouvernement aux princes à qui il l'avait confié. Sa fille, dont le nom n'est pas donné, est mariée à un sénateur romain, Maxen Wledic, qui était de race bretonne, étant fils de Llewelyn (Leoninus pour Leolinus), oncle d'Helen. Il est combattu par le neveu d'Octavius, Kynan Meiriadawc. La paix se fait entre eux. Kynan accompagne Maxen, et est récompensé par la royauté du Llydaw. Maxen tue Valentinien, détrône Gratien, mais est tué lui-même à Rome. Ses nombreuses troupes se dispersent, et une bonne partie se réfugient en Armorique avec Kynan Meiriadawc (Cf. Brut. Tysilio, *Myv. arch.*, p. 454 et suiv.). On voit que les traits principaux du songe, malgré de notables différences, se retrouvent dans Gaufrei. Les *Triades* sont d'accord avec le songe : la troisième grande expédition a été emmenée de cette île par Elen Lluyddawg et Kynan son frère, seigneur de Meiria-

ceux qui avaient régné avant lui. Un jour qu'il tenait une conférence de rois, il dit à ses intimes : « J'ai l'intention demain d'aller à la chasse. » Le lendemain matin, il partit avec sa suite et atteignit la vallée d'une rivière qui arrive à Rome. Il chassa dans la vallée jusqu'au milieu du jour accompagné de trente-deux rois, tous portant couronne et ses vassaux. Ce n'était pas par plaisir qu'il chassait aussi longtemps ; il voulait se conduire comme un homme qui est le seigneur de tant de rois. Le soleil était haut dans le ciel au-dessus de leurs têtes, la chaleur était grande ; il fut pris de sommeil. Ses serviteurs s'arrêtèrent et dressèrent en cercle autour de lui leurs écus en les plaçant sur la hampe de leurs lances pour le défendre du soleil. Ils lui mirent sous la tête un bouclier émaillé d'or. Ainsi dormit Maxen.

dawc jusqu'au Llydaw, où ils obtinrent des terres et des domaines de l'empereur Maxen Wledig, pour l'avoir aidé contre les Romains. Ces guerriers étaient originaires de la terre de Meiriadawc, de Seisyllwg, de Gwyr et de Gorwennydd. Pas un ne revint ; ils restèrent en Llydaw et à Ystre Gyfaelwg, où ils dominèrent. A la suite de cette grande levée, il manqua d'hommes d'armes en Cymry, de façon que les Gwyddyl Pictes opprimèrent le pays. Gwrtheyrn Gwrthenau fut obligé d'appeler les Saxons contre eux ; mais ceux-ci, voyant la faiblesse des Cymry, s'entendirent avec les Gwyddyl Pictes et les traîtres, et enlevèrent aux Cymry leur terre et leur suprématie (*Myv. arch.*, p. 401, 14 ; cf. *ibid.*, p. 395, 5). Le nom de Maxen n'est point populaire chez les poètes gallois ; son nom est une création de lettré, ainsi que les principaux traits de sa légende. Cependant Llewis Glyn Cothi compare Davydd ab Sion à Macsen, et sa femme Gwenllian à Elen, fille d'Eudav (p. 120, v. 50).

Pendant son sommeil, il eut une vision. Il lui sembla qu'il remontait la vallée du fleuve jusqu'à sa source, puis qu'il arrivait à la montagne la plus haute du monde : elle lui paraissait aussi haute que le ciel. La montagne franchie, il traversait, de l'autre côté, les contrées les plus belles et les plus unies qu'on eût jamais vues. Il apercevait de grands fleuves se dirigeant de la montagne vers la mer. Il marchait le long des rivières vers leur embouchure. Quelque temps qu'il eût mis à voyager ainsi, il arrivait à l'embouchure d'un grand fleuve, la plus grande que l'on pût voir. Il y avait à l'embouchure une grande ville et dans la ville une grande forteresse surmontée de grandes tours en grand nombre et de différentes couleurs. Une flotte se trouvait à l'embouchure de la rivière, c'était bien la plus grande qu'on eût jamais vue. Au milieu, il vit un navire beaucoup plus beau que tous les autres. Tout ce qu'il en apercevait au-dessus des flots était composé alternativement de panneaux dorés et argentés ; un pont d'os de cétacés était jeté du navire à terre. Il traversa le pont et entra dans le navire. Les voiles s'élevèrent et le navire partit à travers la mer et les flots.

Il arriva à une île, la plus belle du monde. Après avoir traversé l'île d'une mer à l'autre et être arrivé à l'extrémité la plus éloignée, il aperçut des vallons encaissés, des précipices, des rochers élevés et très abrupts, arrosés, tels qu'il n'en avait jamais vus de pareils. De là, il aperçut dans la mer, en face de cette terre sillonnée de ruisseaux, une île, et entre l'île et lui un pays dont la plaine était aussi longue que la mer qui le bordait, la montagne s'étendait autant que les bois. De la montagne il voyait une rivière traverser le pays et se diriger vers la mer. A son embouchure était une grande forteresse, la plus belle qu'on eût jamais vue. La porte était ouverte ; il entra. Il aperçut une belle salle. Le toit lui parut être en or, les murs, formant cercle, en pierres précieuses étincelantes, les portes tout entières en or massif. Il y aperçut des couches (1) dorées et des tables d'argent. Sur la couche, en face de lui, étaient deux jeunes gens bruns jouant aux échecs (2). L'échiquier était en argent et les cavaliers en or ; les jeunes gens étaient vêtus de *paile* tout noir ; leur chevelure était retenue par des bandeaux d'or rouge, rehaussés de pierres précieuses étincelantes ; les rubis et les gemmes y alternaient,

---

(1) *Couche*, dans le sens qu'on lui attribuait au moyen âge ; ce mot désigne quelque chose comme un divan ou canapé (Paulin Paris, *Les Romans de la Table ronde*, IV, app.).

(2) *Gwyddbwyll*. C'est un jeu celtique, ressemblant beaucoup à nos échecs avec lesquels on aurait cependant tort de le confondre. Ce jeu est mentionné parmi les vingt-quatre exercices des Cymry (*Myv. arch.*, p. 872). Chez les Irlandais, c'était aussi un jeu national (O'Curry, *On the manners*, II, 359 ; III, 165, 360, 366). Les échecs ont été connus en France aussi de bonne heure. On a un jeu d'échecs d'ivoire du temps de Charlemagne et qui passe même pour lui avoir appartenu (Viollet-le-Duc, *Dict. raisonné du mob. français*, II, p. 462). Le jeu d'échecs faisait partie de l'enseignement chez les anciens Irlandais (O'Curry, *On the manners*, II, p. 79).

sans parler des pierres impériales. Leurs pieds étaient chaussés de brodequins de *cordwal* neuf, fermés par des lames d'or rouge. Au pied d'une des colonnes, un homme aux cheveux blancs était assis dans une chaire (1) d'os d'éléphant ornée de deux aigles d'or rouge. Il portait aux bras des bracelets d'or, aux doigts de nombreuses bagues, au cou un collier d'or ; un bandeau d'or retenait ses cheveux : son air était imposant. Il avait devant lui un échiquier d'or avec ses cavaliers ; il tenait à la main une verge d'or et des haches d'acier avec lesquelles il taillait les cavaliers du jeu d'échecs. En face de lui était assise une jeune fille dans une chaire d'or rouge. Elle était si belle qu'il n'était pas plus facile de la regarder que le soleil dans tout son éclat. Elle portait des chemises de soie blanche fermées sur la poitrine par des agrafes d'or rouge, un *surcot* (2) de *paile* dorée, autour de la

---

(1) Pris dans le sens qu'il avait au moyen âge de chaise avec bras.

(2) Avant le treizième siècle, la chemise ou *chainse* est une tunique de dessous; celle de dessus s'appelait *bliaud*; mais, au treizième siècle, la *chainse* devient une véritable chemise. Elle a pour équivalent une première robe appelée *cotte*; la robe de dessus s'appelle *surcot* (Quicherat, *Le costume en France*, pages 138, 180). Le *surcot* était aussi un vêtement qu'on passait sur la robe quand on voulait sortir de chez soi. Le *surcot* ouvert remplaçait, pour le repas, nos *serviettes*; on le passait sur la tunique avant de s'asseoir à table et de se laver. Il était ordinairement fourni par le maître de la maison (Paulin Paris, *Les Romans de la Table ronde*, IV, page 214). *Surcot* a ici le premier sens.

tête un bandeau d'or rouge rehaussé de rubis, de gemmes alternant avec des perles, et de pierres impériales ; sa ceinture était d'or rouge. Il n'y avait pas une créature offrant un plus beau coup-d'œil. La jeune fille se leva de sa chaire à son approche. Il lui jeta les bras autour du cou (1), et ils s'assirent tous les deux dans la chaire d'or qui ne parut pas plus étroite pour eux que pour la pucelle toute seule ; il avait les bras autour du cou de la jeune fille et sa joue contre la sienne, quand il fut tiré de son sommeil : les chiens faisaient rage contre leurs laisses, les écus se heurtaient, les hampes des lances s'entrechoquaient, les chevaux hennissaient et piaffaient.

Une fois réveillé, l'empereur n'eut plus ni vie, ni repos au souvenir de la pucelle qu'il avait vue en songe. Il n'y avait pas en lui une jointure d'os, un point à l'intérieur d'un ongle, et à plus forte raison endroit plus considérable, qui ne fût entièrement pénétré de l'amour de la jeune fille. Les gens de sa maison lui dirent : « Seigneur, il est plus que temps pour toi de manger. » L'empereur remonta alors sur son palefroi et se dirigea vers Rome, plus triste que jamais homme ne l'avait paru. Il resta ainsi toute la semaine ; si les gens de sa maison allaient boire vin et hydromel dans

---

(1) C'était, semble-t-il, la façon d'embrasser des Celtes. C'est ainsi que s'embrassent les deux héros irlandais Ferdiaidh et Cuchulain (O'Curry, *On the manners*, I, p. 305).

des vases d'or, il restait à l'écart ; allaient-ils écouter de la musique ou des récits amusants, il ne les accompagnait point. Il n'aimait qu'une seule chose, dormir. Aussi souvent qu'il s'endormait, il voyait en songe la femme qu'il aimait le plus. Quand il était éveillé, il n'y avait pas trace d'elle : il ne savait au monde où elle était.

Le valet attaché à la chambre lui dit un jour : « Seigneur, tous tes hommes se plaignent de toi. » — « Pourquoi donc, » répondit l'empereur. — « Parce qu'ils n'obtiennent de toi ni mission ni réponse, comme les vassaux ont l'habitude d'en avoir de leur seigneur. Voilà la cause des plaintes qui s'élèvent contre toi. » — « Eh bien ! valet, » dit l'empereur, « amène autour de moi les sages de Rome et je dirai pourquoi je suis triste. » On réunit les sages de Rome autour de l'empereur. Il leur dit : « Sages de Romes, j'ai eu un songe, et dans ce songe, j'ai vu une jeune fille. Je n'ai plus ni vie ni repos à cause d'elle. » — « Seigneur, » répondirent-ils, « puisque tu as jugé à propos de nous consulter, nous allons te donner un conseil. Nous sommes d'avis que tu envoies des messagers pendant trois ans dans les trois parties du monde pour chercher l'objet de ton songe. Comme tu ne sais ni quel jour ni quelle nuit tu recevras des nouvelles, tu seras toujours soutenu par cet espoir. »

Les messagers se mirent à errer à travers le monde et à chercher des nouvelles de la jeune fille pendant toute une année. Quand ils revinrent au bout de l'année, ils ne savaient rien de plus que le jour où ils étaient partis. L'empereur s'attrista en pensant que, vraisemblablement, il n'aurait jamais de nouvelles de la femme qu'il aimait le plus. Le roi de Romani dit alors à l'empereur : « Seigneur, va chasser dans la direction où il t'a semblé aller; vois si c'est à l'orient ou à l'occident. » L'empereur partit pour la chasse et arriva sur les bords de la rivière. « Voici, » dit-il, « où j'étais quand j'eus cette vision. Je marchais en remontant la rivière vers l'occident. » Aussitôt treize hommes se mirent en route comme messagers de l'empereur.

Devant eux, ils aperçurent une grande montagne qui leur semblait s'élever jusqu'au ciel. Voici dans quel attirail marchaient les messagers : chacun d'eux portait sur sa cape, par devant, une manche (1), comme insigne d'ambassadeurs, pour qu'on ne les inquiétât pas dans les pays en guerre qu'ils auraient à traverser. Après avoir franchi cette montagne, ils eurent devant les yeux de grandes contrées au terrain uni, traversées par de grands fleuves. « Voilà, » dirent-ils, « le pays qu'a traversé notre seigneur. » Ils se dirigèrent le long

---

(1) La manche, à cette époque, était cette longue bande de soie qui pendait en écharpe au bras des dames de haut rang. Lancelot, dans le roman qui porte son nom, attache la manche de la reine sur son heaume en forme d'aigrette (Paulin Paris, *Les Romans de la Table ronde*, V, p. 334).

des rivières, vers leur embouchure, jusqu'à ce qu'ils arrivèrent à un grand fleuve qu'ils voyaient couler vers la mer; une grande ville était à l'embouchure du fleuve, et dans la ville une grande forteresse surmontée de grandes tours de couleurs variées. A l'embouchure était une flotte, la plus grande du monde, et, au milieu, un navire plus grand que tous les autres. « Voilà bien, encore, » dirent-ils, « ce que notre seigneur a vu en songe. » Ils traversèrent la mer sur ce grand navire et arrivèrent dans l'île de Bretagne. Ils la traversèrent jusqu'à l'Eryri (1). « Voici bien encore, » dirent-ils, « la terre sillonnée d'eau qu'a vue notre seigneur en rêve. »

Ils s'avancèrent jusqu'à ce qu'ils aperçurent Mon (Anglesey) en face et qu'ils eurent aussi sous les yeux Arvon. « Voici bien, » dirent-ils, « la terre qu'a vue en songe notre seigneur. » Aber Sein (2) leur apparut ainsi que le fort à l'embouchure de la rivière. La porte du fort était ouverte; ils entrèrent, et, à l'intérieur, ils virent une salle. « Voilà bien, » dirent-ils, « la salle qu'il a vue en songe. »

(1) *Eryri*, nom que l'on donne aujourd'hui encore à la chaîne de montagnes dont le plus haut sommet est connu sous le nom anglais de Snowdon, en gallois, Y *Wyddva*, « tumulus funéraire ou endroit en vue. » Ce nom Eryri se trouve, pour la première fois, dans Nennius (*In montibus Heriri, id est, Snaudun anglice Hist.*, XLI).

(2) *Aber Sein*, l'embouchure de la Seint, rivière de Caernarvon. V. la note 3 à la page 80.

Ils entrèrent : les deux jeunes gens jouaient aux échecs assis sur une couche d'or ; l'homme aux cheveux blancs était assis au pied de la colonne, dans une chaire d'or, en train de tailler les cavaliers du jeu d'échecs ; la jeune fille était assise dans sa chaire d'or rouge. Les envoyés tombèrent à genoux devant elle. « Impératrice de Rome, » dirent-ils, « salut ! » — « Seigneurs, » répondit la jeune fille, « vous avez l'aspect de gens de marque et des insignes d'ambassadeurs : que signifie cette moquerie à mon adresse ? » — « Il n'y a pas là, princesse, la moindre moquerie. L'empereur de Rome t'a vue en songe. Il n'a depuis, à cause de toi, ni vie, ni repos. Nous te laissons donc le choix, princesse : ou tu viendras avec nous pour qu'on te fasse impératrice à Rome, ou l'empereur viendra ici lui-même te prendre pour femme. » — « Gentilshommes, je ne veux pas mettre en doute ce que vous me dites, ni y ajouter trop de foi non plus. Seulement, si l'empereur m'aime, qu'il vienne me chercher ici. »

Les messagers s'en retournèrent en marchant nuit et jour. Lorsque les chevaux faiblissaient, ils en achetaient d'autres. En arrivant à Rome, ils allèrent saluer l'empereur en demandant leur récompense. Ils eurent ce qu'ils demandèrent. « Nous te guiderons, seigneur, » dirent-ils, « par mer et par terre, jusqu'à l'endroit où se trouve la femme que tu aimes le plus. Nous savons son nom, ses attaches de famille et son extraction. » L'empereur partit immédiatement avec ses troupes, avec ces hommes pour guides. Ils se rendirent dans l'île de Bretagne à travers la mer et les flots. Il conquit l'île sur Beli, fils de Manogan, et sur ses fils. Il les envoya par mer et s'avança, lui, jusqu'en Arvon. L'empereur reconnut le pays en le voyant. En apercevant le fort d'Aber Sein : « Voilà, » dit-il, « le fort où j'ai vu la femme que j'aime le plus. » Il marcha droit au fort et à la salle (1). Il y vit Kynan (2), fils d'Eudav, et Adeon, fils d'Eudav, jouant aux échecs; Eudav, fils de Karadawc, assis dans une chaire d'ivoire, en train de tailler les cavaliers du jeu d'échecs. La pucelle qu'il avait vue en songe était assise dans une chaire d'or. « Impératrice de Rome, » dit-il, « salut! » L'empereur lui jeta les bras autour du cou, et, cette nuit-là même, il coucha avec elle.

Le lendemain, la jeune fille lui demanda son présent conjugal (*Agweddi*) (3) en retour de sa virginité. Il lui demanda ce qu'elle désirait. Elle demanda l'île

---

(1) Comme dans les romans français, dans les Mabinogion, la *salle* est destinée aux réunions, aux réceptions publiques; la chambre ou *ystavell* à la vie intime (V. Paulin Paris, Les Romans de la Table ronde, V, 61).

(2) *Kynan*, armor. *Cunan*, *Conan*, v. la note à Maxen, p. 155. Les chroniqueurs gallois n'ont pas manqué de faire d'*Eudav*, *Octavius*, ce qui est phonétiquement et de tous points impossible.

(3) *Agweddi* n'a pas ordinairement ce sens ; il a plutôt le sens de dot (*Ancient laws*, I, p. 223, 73 ; 254, 16 ; dans les *Leges wallicae* le mot est glosé par *dos*, *Ancient laws*, II, p. 791, 41). V. la note 2 à la page 73, et le *Mab.* de Kulhwch.

de Bretagne pour son père depuis la mer Rudd (la Manche) (1) jusqu'à la mer d'Iwerddon, et les trois principales îles adjacentes (2) pour les tenir sous l'empereur de Rome, et trois forteresses à bâtir, à son gré, dans l'endroit qu'elle choisirait. Elle choisit un emplacement pour sa première forteresse la plus élevée en Arvon (3). On y apporta de la terre de Rome pour qu'il fût plus sain pour l'empereur d'y dormir, de s'y asseoir et de s'y promener. Ensuite on lui bâtit deux autres forteresses, l'une à Kaer Llion (4), l'autre à Kaer Vyrd-

(1) *Mor Rudd*, habituellement *mor Udd*, la Manche : *O for ud hyd for Iwerdon*, depuis la mer Udd jusqu'à la mer d'Irlande (Cyndelw, XII* s.), *Myv arch.*, p. 153, col. 2); *O for Udd i for Iwerddon*, *Myv. arch.*, p. 318, col. 2; *mor Udd*, Llewis Glyn Cothi, p. 111, 22). Cette mer porte, en irlandais, le nom de *Muir n-icht*, qui n'est pas réductible au nom gallois. En revanche, *Icht* peut faire supposer que le *Portus Ittius* pourrait bien être *Ictius*, comme l'a conjecturé avec raison M. Rhys (*Celtic Britain*, 2° éd., p. 299).

(2) D'après Nennius., *Hist.*, II, ce sont Wight, Man et Orc (*Orcania insula*); cf. *Triades Mab.*, 309, 7). Une *Triade* nous fournit à ce sujet des explications ; Anglesey (Mon) se serait détachée plus tard du continent ; Orc se serait brisée en plusieurs îles et aurait créé ainsi l'archipel des Orcades (*Myv. arch.*, 407, col. 2).

(3) *Caernarvon* signifie *le fort* ou *la citadelle* en Arvon.

(4) *Caer Llion* vient de *Castra Legionum*; il s'agit de Caerlleon sur Wysc ou Usk, et non de Caerlleon du Nord ou Chester, appelée encore aujourd'hui par les Gallois Caer (Castra). Sur le séjour des légions sur ces deux points, v. Hübner, *Inscript. Brit. lat.*, XVII, XII, et son travail : *Das römische heer in Britannien*. Berlin, 1881, paru dans l'*Hermes*, t. XVI.

din (1). Un jour l'empereur s'en alla chasser à Kaervyrddin et s'avança jusqu'au sommet de Brevi Vawr (2). Là, l'empereur fit tendre son pavillon, et l'endroit porte encore aujourd'hui le nom de Kadeir Vaxen (chaire de Maxen) (3). Kaervyrddin est ainsi appelée parce qu'elle a été bâtie par une myriade d'hommes. Alors Elen eut l'idée de faire faire des grandes routes de chaque ville forte à l'autre à travers l'île de Bretagne. Les routes furent faites et on les appelle les chemins d'Elen Lluyddawc (la conductrice d'armées) (4), parce qu'elle

(1) *Myrddin* vient de Maridunum, ville des Demetæ (Ptolémée, II, 3). Le narrateur le fait dériver du gallois *myrdd*, myriade.

(2) *Brevi vawr*, ou le grand Brevi, aujourd'hui Llanddewi Brevi, dans le Cardiganshire. Llanddewi Vach, ou le petit Llanddewi, ou Dewstow, est, dans le Monmouthshire, à quatre milles et demi de Chepstow.

(3) *Kadeir Vaxen* ou la chaire de Maxen. Plusieurs autres lieux élevés portent ce nom de Cadeir; il y a aussi des collines en Armorique ainsi désignées (*Cador* ou vannelais *Cadoer*).

(4) *Lluyddawc*, dérivé de *llu*, « armée, troupe. » Les voies romaines portent en Galles, par endroits, le nom de *Sarn Elen* ou chaussée, *chemin ferré* d'Elen. V. la note à Maxen plus haut. Une *Triade* assez singulière, et probablement altérée, l'envoie à la tête d'une armée, avec Maxen, en Scandinavie, d'où ils ne reviennent pas (*Triades Mab.*, p. 298, 9). Dafydd ab Gwilym et Llewis Glyn Cothi font des allusions à Elen. *Lluyddawc* pourrait bien être une traduction galloise d'*impératrice*, de *chef d'armée*. Hélène, mère de Constantin, paraît avoir été originaire de Bretagne ; mais elle aurait été d'obscure naissance d'après Eutrope (*Brev. hist. Rom.*, X, 2). Bède, *Hist. eccl.*, I, 8, dit que Constance a eu son fils Constantin *ex concubina Helena*, en Bretagne. C'est Gaufrei de Monmouth qui, le premier, l'a faite fille de Coel, roi de Colchester, car Henri de Huntindon ne le dit sans doute que

était originaire de l'île de Bretagne et que les gens de l'île ne se seraient jamais assemblés en pareil nombre pour personne autre qu'elle.

Les gens de Rome avaient, à cette époque, cette coutume, que, tout empereur qui séjournait en pays étranger plus de sept années de suite, par ce séjour se détrônait lui-même, et ne pouvait retourner à Rome. Ils créèrent donc un nouvel empereur. Celui-ci écrivit une lettre de menaces à Maxen. Elle ne contenait que ces mots : « Si tu viens, oui, si tu viens jamais à Rome... » La lettre et les nouvelles furent portées à Maxen, à Kaer Llion. Il envoya alors, lui aussi, une lettre à celui qui se disait empereur de Rome. Il n'y avait non plus, dans cette lettre, que les mots : « Si je vais jamais à Rome, oui, si j'y vais... » Maxen se mit alors en marche avec ses troupes vers Rome. Il soumit la France, la Bourgogne, toutes les contrées sur son passage jusqu'à Rome, et vint assiéger la ville. Il l'assiégea pendant un an, sans

---

d'après lui (*Historia Anglorum*, I, p. 702, dans les *Mon. hist. brit.*). Le nom de *Custennin* ou Constantin a été très commun chez les Bretons. On le trouve même dans le *Cart.* de Redon, dans une charte de 869, sous la forme armoricaine *Custentin*. Elen et Macsen sont la souche d'une famille de saints, comme tous les personnages en vue de la légende galloise : Owain Vinddu, Ednyved, Peblic, Cystenin sont leurs enfants (*Iolo mss.*, p. 113). Trait assez curieux : une généalogie donne à Maxen, comme fils, *Gwythyr*, qui paraît bien être la forme galloise de *Victor* ; or, Maxime avait un fils du nom de *Victor* (*Iolo mss.*, p. 138).

être plus près de la prendre que le premier jour.

Les frères d'Elen Lluyddawc vinrent le rejoindre avec une armée peu nombreuse, mais composée de tels guerriers, qu'elle valait mieux qu'une armée double de soldats romains. On avertit l'empereur lorsqu'on vit cette troupe s'arrêter à côté de son armée, et tendre ses pavillons. On n'avait jamais vu une armée plus belle, mieux équipée, ni pourvue d'étendards plus brillants, pour son nombre. Elen vint voir l'armée, et reconnut les étendards de ses frères. Alors, Kynan et Adeon, fils d'Eudaf, allèrent faire visite à l'empereur, qui leur fit bon accueil et les embrassa. Ils allèrent voir les Romains livrer assaut aux remparts, et Kynan dit à son frère : « Nous allons essayer de lutter contre Rome d'une façon plus habile que cela. » Ils mesurèrent, pendant la nuit, la hauteur des remparts, et envoyèrent leurs charpentiers dans les bois. Ils leur firent faire des échelles, une par quatre hommes. Elles furent prêtes. Chaque jour, à midi, les deux empereurs prenaient leur repas, et le combat cessait des deux côtés, jusqu'à ce que chacun eût fini de manger. Or, les hommes de l'île de Bretagne prirent leur repas le matin, et burent jusqu'à être échauffés de boisson. Au moment où les deux empereurs étaient allés manger, les Bretons s'avancèrent contre les remparts, y appliquèrent leurs échelles, et, en un instant, pénétrèrent, par dessus, dans l'intérieur. Avant que le nouvel empereur eût eu le temps de s'armer, ils le surprirent et le tuèrent, ainsi que beaucoup d'autres. Ils passèrent trois jours et trois nuits à soumettre les hommes qui se trouvaient dans la forteresse, et à s'emparer du château. Une partie d'entre eux étaient occupés à défendre l'accès des remparts contre tout soldat de l'armée de Maxen, jusqu'à ce qu'ils eussent fini de soumettre tout le monde à leur gré.

Maxen dit alors à Elen Lhuyddawc : « Je suis fort étonné que ce ne soit pas pour moi que tes frères ont conquis cette ville. » — « Seigneur empereur, » répondit-elle, « mes frères sont les hommes les plus sages du monde. Va-t-en toi-même réclamer la ville. Si ce sont eux qui l'ont en leur pouvoir, ils te la donneront volontiers. » L'empereur et Elen allèrent demander la ville. Les deux frères dirent alors à l'empereur qu'il ne devait la conquête de la ville et sa reddition qu'aux hommes de l'île de Bretagne. Aussitôt s'ouvrirent les portes de la ville de Rome. L'empereur alla s'asseoir sur son trône, et tous les Romains lui prêtèrent hommage.

L'empereur dit alors à Kynan et à Adeon : « Seigneurs, j'ai recouvré entièrement mon empire. Cette armée-ci, je vous la donne pour soumettre avec elle la partie du monde que vous voudrez. » Ils se mirent en marche, et soumirent des pays, des châteaux-forts et des cités fortifiées. Ils tuaient les hommes, mais laissaient vivre les femmes. Ils continuèrent jusqu'à ce que les jeunes gens qui étaient venus avec eux fussent des hommes à cheveux gris, tant ils avaient passé de temps à ces conquêtes! Kynan dit alors à Adeon son frère : « Que préfères-tu? Rester dans ce pays, ou retourner dans ta patrie? » Il préféra retourner dans sa patrie, et beaucoup d'autres avec lui. Kynan resta dans le pays avec les autres et s'y fixa. Ils décidèrent de couper la langue à toutes les femmes pour éviter de corrompre leur langage. C'est parce que les femmes cessèrent de parler qu'on appela le pays de Brytaen (1), Llydaw. C'est alors que le langage de ce pays vint en grande partie de l'île de Bretagne, et qu'il en vient encore. Ce récit s'appelle le Songe de Maxen Wledic, empereur de Rome. C'est ici qu'il se termine.

---

(1) Le texte porte : *c'est parce que les femmes...* qu'on appelle les hommes du Llydaw *Brytaen*, ce qui est absurde. C'est un souvenir de Nennius; v. la note à la page 156, et la note critique.

LLUDD et LLEVELYS

―

Voici l'aventure de Lludd et Llevelys.

Beli le Grand, fils de Manogan, eut trois fils : Lludd, Kasswallawn et Nynnyaw (1) ; suivant *l'histoire* (2), il en eut même un quatrième, Llevelys.

(1) Voir la note sur Bran, p. 65, note 2 ; sur Llyr, p, 67, n. 2 ; sur Beli, p. 68, note 2 ; sur Caswallawn, p. 92, note 1. V. aussi la note à Lludd Llaw Ereint, dans le mab. de *Kulhwch et Olwen*, plus bas. Nynniaw est moins connu. D'après Gaufrei de Monmouth, il a eu une querelle avec son frère Lludd. Un poète du treizième siècle, Llywelyn, fait allusion aux relations amicales de Lludd et Llevelys (*Myv. arch.*, p. 247, col. 1). Taliesin mentionne aussi l'*Ymarwar* de Lludd et Llevelys (Skene II, p. 214, v. 9). La légende n'est pas d'accord avec Gaufrei sur le nombre des enfants de Beli ; Taliesin parle de sept fils (Skene, II, p. 202, v. 9 et 10).

(2) L'*historia* est ici le Brut Tysilio ou le Brut Gruffydd ab Arthur ; le Brut Tysilio lui donne nettement quatre fils ; le Brut Gr. ab Arthur est moins net ; après avoir nommé Llud, Caswallawn et Nynnyaw, il ajoute : *et, comme le disent certains historiens*, il

Après la mort de Beli, le royaume de Bretagne revint à Lludd, son fils aîné. Il le gouverna d'une façon prospère, renouvela les murailles de Llundein et les entoura de tours innombrables. Puis il ordonna à tous les citoyens d'y bâtir des maisons telles qu'il n'y en eût pas d'aussi hautes dans les autres royaumes. C'était aussi un bon guerrier ; il était généreux, distribuant largement nourriture et boisson à tous ceux qui en demandaient. Quoiqu'il possédât beaucoup de villes et de cités fortifiées, c'était celle-là qu'il préférait ; il y passait la plus grande partie de l'année. C'est pourquoi on l'a appelée Kaer Ludd (1) ; à la fin, elle s'est appelée Kaer Lundein ; c'est après qu'elle eut été envahie par une nation étrangère qu'elle prit ce nom de Llundein ou de Llwndrys. Celui de tous ses frères qu'il aimait le mieux c'était Llevelys, parce que c'était un homme prudent et sage.

Llevelys ayant appris que le roi de France était mort sans autre héritier qu'une fille et qu'il avait laissé tous ses domaines entre ses mains, vint trouver son frère Lludd pour lui demander conseil et appui ; il songeait moins à son propre intérêt qu'à l'accroissement d'honneur, d'élévation et de dignité qui en résulterait pour leur race s'il pou-

en eut un quatrième Llevelys. Gaufrei ne lui en donne que trois : Lud, Cassivellaunus et Nennius (*Hist.*, III, 20).

(1) *Caer Ludd* se trouve pour la première fois chez Gaufrei de Monmouth. Depuis, ce terme a été souvent employé par les écrivains gallois.

vait aller au royaume de France demander comme femme cette jeune héritière. Son frère tomba d'accord avec lui sur-le-champ et approuva son projet. Immédiatement des navires furent équipés et remplis de chevaliers armés, et Llevelys partit pour la France. Aussitôt débarqués, ils envoyèrent des messagers aux nobles de France pour leur exposer l'objet de leur expédition. Après délibération, d'un commun accord, les nobles et les chefs du pays donnèrent à Llevelys la jeune fille avec la couronne de France. Il ne cessa depuis de gouverner ses États avec prudence, sagesse et bonheur jusqu'à la fin de sa vie.

Un certain temps s'était déjà écoulé lorsque trois fléaux s'abattirent sur l'île de Bretagne, tels qu'on n'en avait jamais vu de pareils (1). Le premier

---

(1) Ces trois fléaux sont souvent mentionnés dans les *Triades*. Parmi les trois bonnes *cachettes* figurent les dragons cachés par Lludd, fils de Beli, à Dinas Emreis ou Dinas Pharaon dans les monts Eryri (*Triades Mab.*, 300, 9; Skene, II, app. 464; *Myv. arch.*, 406, 53. V. la note à Bran, plus haut, p. 65). Parmi les trois *gormedd* ou oppressions d'envahisseurs, figure celle des Corannieit; contrairement à notre récit, d'après deux triades, ils restent dans l'île (*Myv. arch.*, p. 391, 41). D'après la deuxième (*Myv. arch.*, p. 401, 7), ils viennent du pays de Pwyl (?) et s'établissent sur les bords de l'Humber et de la mer du Nord; ils se fondent avec les Saxons. La série de *Triades* à laquelle celle-ci appartient mentionne également trois usurpations ou fléaux étrangers, qui disparaissent, mais les Corranieit sont remplacés par March Malaen ou le fléau du premier de mai; le second est le dragon de Bretagne; le troisième, l'homme à la magie ou aux transformations magiques (*Myv. arch.*, p. 401, 11). Pour les dragons, leur

était une race particulière qu'on appelait les Corannieit : tel était leur savoir qu'il ne se tenait pas une conversation sur toute la surface de l'île, si bas que l'on parlât, qu'ils ne connussent, si le vent venait à la surprendre ; de sorte qu'on ne pouvait leur nuire. Le second fléau, c'était un grand cri qui se faisait entendre chaque nuit de premier mai au-dessus de chaque foyer dans l'île de Bretagne ; il traversait le cœur des humains et leur causait une telle frayeur que les hommes en perdaient leurs couleurs et leurs forces ; les femmes, les enfants dans leur sein ; les jeunes gens et les jeunes filles, leur raison. Animaux, arbres, terre, eaux, tout restait stérile. Voici en quoi consistait le troisième fléau : on avait beau réunir des provisions dans les cours du roi, y aurait-il eu pour un an de nourriture et de boisson, on n'en avait que ce qui se consommait la première nuit. Le premier fléau s'étalait au grand jour, mais il n'y avait personne à connaître la cause des deux autres, aussi y avait-il plus d'espoir de se débarrasser du premier que du second ou du troisième. Le roi Lludd en conçut beaucoup de souci et d'inquiétude, ne sachant comment il pourrait s'en débarrasser. Il fit venir tous les nobles de ses domaines

---

combat rappelle celui des dragons de Nennius, dont Gaufrei s'est visiblement inspiré (Nennius, *Hist.*, XL-XLV) ; voyez plus bas. Les Iolo mss. font chasser les Coranieid par Greïdiawl Gallovydd ; une partie s'en serait allée en Alban (Ecosse), l'autre en Irlande (p. 263, 13).

et leur demanda leur avis au sujet des mesures à prendre contre ces fléaux. Sur l'avis unanime de ses nobles, Lludd, fils de Beli, se décida à se rendre auprès de Llevelys, roi de France, qui était connu pour l'excellence de ses conseils et sa sagesse, afin de lui demander avis.

Ils préparèrent une flotte, et cela en secret, sans bruit, de peur que le motif de leur expédition ne fût connu des envahisseurs, ou de qui que ce fût, à l'exception du roi et des conseillers. Quand ils furent prêts, Lludd et ceux qu'il avait choisis s'embarquèrent et commencèrent à sillonner les flots dans la direction de la France. En apprenant l'approche de cette flotte, Llevelys, qui ne savait pas la cause de l'expédition de son frère, s'avança du rivage opposé à sa rencontre avec une flotte très considérable. Ce que voyant, Lludd laissa tous ses navires au large, excepté un sur lequel il monta pour venir à la rencontre de son frère. Celui-ci vint aussi au-devant de lui avec un seul navire. Aussitôt réunis, ils s'embrassèrent et se saluèrent avec une tendresse toute fraternelle. Lludd exposa à son frère le motif de son expédition; Llevelys lui répondit qu'il connaissait les raisons de son voyage dans ce pays. Ils se concertèrent pour trouver un autre mode de conversation au sujet de leurs affaires, de façon que le vent ne pût arriver à leurs paroles et que les Corannyeit ne pussent savoir ce qu'ils diraient. Llevelys fit faire, en conséquence, une grande corne de cuivre, et c'est à travers cette corne qu'ils s'entretinrent. Mais quoi que pût dire l'un d'eux à l'autre, elle ne lui rapportait que des propos désagréables et de sens tout opposé. Llevelys voyant que le diable se mettait en travers et causait du trouble à travers la corne, fit verser du vin à l'intérieur, la lava et en chassa le diable par la vertu du vin.

Lorsqu'ils purent causer sans obstacle, Llevelys dit à son frère qu'il lui donnerait certains insectes dont il garderait une partie en vie afin d'en perpétuer la race pour le cas où le même fléau surviendrait une seconde fois, et dont il broierait le reste dans de l'eau. Il lui assura que c'était un bon moyen pour détruire la race des Coranyeit, voici comment :

Aussitôt arrivé dans son royaume, il réunirait dans un même plaid tout son peuple à lui, et la nation des Coranyeit, sous prétexte de faire la paix entre eux. Quand ils seraient tous réunis, il prendrait cette eau merveilleuse et la jetterait sur tous indistinctement. Llewelys assurait que cette eau empoisonnerait la race des Corannyeit, mais qu'elle ne tuerait, ne ferait de mal à personne de sa nation à lui. « Quant au second fléau de tes Etats, » ajouta-t-il, « c'est un dragon. Un dragon de race étrangère se bat avec lui, et cherche à le vaincre. C'est pourquoi votre dragon (1) à vous pousse un

---

(1) Dans le récit de Nennius, le dragon rouge représente les Bretons et le dragon blanc les Saxons. Henri VII, prince d'ori-

cri effrayant. Voici comment tu pourras le savoir. De retour chez toi, fais mesurer cette île de long en large : à l'endroit où tu trouveras exactement le point central de l'île, fais creuser un trou, fais-y déposer une cuve pleine de l'hydromel le meilleur que l'on puisse faire, et recouvrir la cuve d'un manteau de *paile*. Cela fait, veille toi-même, en personne, et tu verras les dragons se battre sous la forme d'animaux effrayants. Ils finiront par apparaître dans l'air sous la forme de dragons, et, en dernier lieu, quand ils seront épuisés à la suite d'un combat effrayant et terrible, ils tomberont sur le manteau sous la forme de deux pourceaux ; ils s'enfonceront avec le manteau, et le tireront avec eux jusqu'au fond de la cuve. Alors, replie le manteau tout autour d'eux, fais-les enterrer enfermés dans un coffre de pierre, à l'endroit le plus fort de tes États, et cache-les bien dans la terre. Tant qu'ils seront en ce lieu fort, aucune invasion ne viendra d'ailleurs dans l'île de Bretagne. Voici la cause du troisième fléau. C'est un magicien puissant qui enlève ta nourriture, ta boisson et tes

---

gine galloise, portait l'étendard au dragon rouge à la bataille de Bosworth que les Gallois considèrent comme une victoire nationale pour eux et à laquelle ils ont en tout cas pris une part glorieuse. Par une singulière méprise, Brizeux a pris le dragon rouge pour l'étendard des Saxons. « Voici le dragon rouge annoncé par Merlin, » dit-il, en parlant des chemins de fer, personnifiant l'invasion de la Bretagne par la civilisation étrangère et moderne.

provisions ; par sa magie et ses charmes il fait dormir tout le monde. Aussi il te faudra veiller en personne sur les mets de tes banquets et de tes fêtes. Pour qu'il ne puisse réussir à t'endormir, aies une cuve pleine d'eau à côté de toi. Quand tu sentiras que le sommeil s'empare de toi, jette-toi dans la cuve. »

Lludd s'en retourna alors dans son pays. Aussitôt il invita à se réunir auprès de lui tout son peuple et celui des Corannieit. Suivant les instructions de Llevelys, il broya les insectes dans de l'eau, et jeta l'eau indistinctement sur tous. Immédiatement toute la tribu des Corannieit fut détruite, sans qu'aucun des Bretons éprouvât le moindre mal. Quelque temps après, Lludd fit mesurer l'île de Bretagne en long et en large. Il trouva le point central à Rytychen (Oxford). Il y fit creuser un trou, et déposer dans le trou une cuve pleine du meilleur hydromel qu'il fût possible de faire, avec un manteau de *paile* par dessus. Il veilla lui-même en personne cette nuit-là. Pendant qu'il était ainsi aux aguets, il vit les dragons se battre. Quand ils furent fatigués et qu'ils n'en purent plus, ils descendirent sur le manteau et l'entraînèrent avec eux jusqu'au fond de la cuve. Après avoir fini de boire l'hydromel, ils s'endormirent. Pendant leur sommeil, Lludd replia le manteau autour d'eux et les enterra, enfermés dans un coffre de pierre, à l'endroit le plus sûr qu'il trouva dans les montagnes d'Eryri. On appela depuis cet endroit Dinas

Emreis (1); auparavant, on l'appelait Dinas Ffaraon Dandde (2). Ainsi cessa ce cri violent qui troublait tout le royaume.

Cela fait, le roi Lludd fit préparer un énorme festin. Quand tout fut prêt, il fit placer à côté de lui une cuve pleine d'eau froide, et il veilla en

---

(1) Dinas Emreis est une petite colline isolée au milieu des vallées du Snowdon, entre Beddgelert et Capel Curig, dans le Carnarvonshire, d'après lady Guest. « Au bout des montagnes du Snowdon, non loin de la source de la Conway, qui coule à travers cette région vers le nord, se trouve Dinas Emrys, c'est-à-dire le promontoire d'Ambrosius, où Merlin, assis sur un roc, prophétisait à Vortigern » (Girald. Cambr, d'après lady Guest). Giraldus Cambr. s'inspire ici de Gaufrei de Monmouth. En effet, dans Nennius, l'enfant qui prophétise à Vortigern n'est nullement Ambrosius Merlinus ou Merlin, mais *Embreis Guletic*, c'est-dire Ambrosius le roi ou l'*imperator*. Cet Ambrosius est un personnage réel, né en Bretagne, d'une famille romaine ayant porté la pourpre; il s'appelait Ambrosius Aurelianus ou Aurelius, et lutta victorieusement contre les Saxons dans la seconde moitié du cinquième siècle (Gildas, *De Excidio Brit.*, XXV). Nennius, qui ajoute à l'histoire la légende de l'enfant prophète, le fait aussi descendre de parents romains. Le nom d'Aurelius ou d'Aurelianus a été souvent porté après par des Bretons. Un des rois des Bretons du temps de Gildas s'appelle Aurelius Conanus. Le premier évêque de notre pays de Léon porte le nom de Paulus Aurelianus. Une commune auprès de Vannes s'appelle Mangolerian et s'appelait autrefois Macoer Aurilian ou la muraille d'Aurélien. Une villa près de Redon, au neuvième siècle, portait le nom de Ran Macoer Aurilian.

(2) Dinas Emreis porte en effet ce nom dans certaines *Triades*. Voy. p. 175, note. Ici se place une phrase qui semble interpolée : *Et ce fut le troisième dont le cœur se brisa de douleur*. Si elle a un sens, elle se rapporte à Ffaraon Dandde. Pour les autres, dont le cœur se brise, voyez p. 93. Le Brut Tysilio et le Brut Gruffydd ab Arthur n'ont pas cette phrase.

personne à côté. Pendant qu'il était ainsi, armé de toutes pièces, vers la troisième veille de la nuit, il entendit beaucoup de récits charmants et extraordinaires, une musique variée, et il sentit qu'il ne pouvait résister au sommeil. Plutôt que de se laisser arrêter dans son projet et vaincre par le sommeil, il se jeta à plusieurs reprises à l'eau. A la fin, un homme de très grande taille, couvert d'armes lourdes et solides, entra, portant un panier, et se mit à y entasser, comme il en avait l'habitude, toutes les provisions de nourriture et de boisson. Puis il se mit en devoir de sortir avec le tout. Ce qui étonnait Lludd le plus, c'est que tant de choses pussent tenir dans le panier. Lludd se lança à sa poursuite, et lui dit : « Attends, attends. Si tu m'as fait bien des affronts et causé beaucoup de pertes, désormais tu ne le feras plus, à moins que les armes ne décident que tu es plus fort et plus vaillant que moi. » L'homme déposa immédiatement le panier à terre et l'attendit. Un furieux combat s'engagea entre eux : les étincelles jaillissaient de leurs armes. A la fin, Lludd le saisit ; le sort voulut que la victoire lui restât ; il renversa sous lui l'oppresseur sur le sol. Vaincu par la force et la vaillance de Lludd, celui-ci lui demanda merci. « Comment, » dit le roi, « pourrais-je te donner merci, après toutes les pertes et les affronts que j'ai éprouvés de ta part. » — « Tout ce que je t'ai fait perdre, » répondit-il, « je saurai t'en dédommager complètement. Je ne ferai plus rien de pareil, et je serai désormais pour toi un fidèle vassal. » Le roi accepta. C'est ainsi que Lludd débarrassa l'île de Bretagne de ces trois fléaux. A partir de là jusqu'à la fin de sa vie, Lludd, fils de Beli, gouverna l'île de Bretagne en paix et d'une façon prospère. Ce récit est connu sous le nom de l'Aventure de Lludd et Llevelys. C'est ainsi qu'elle se termine.

KULHWCH et OLWEN

I

Kilydd, fils du prince Kelyddon, voulut une femme pour partager sa vie, et son choix tomba sur Goleuddydd (1), fille du prince Anllawdd (2).

---

(1) *Goleuddydd*, « jour brillant ; » cf. breton *gouloudeiz*. Elle a été mise, par les hagiographes gallois, au nombre des saintes, et il y avait une église sous son nom à Llanysgin, en Gwent (*Iolo mss.*, p. 120).

(2) Dans les *Achau saint ynys Prydain* (*Myv.*, p. 431, col. 2) ou *Généalogies des saints de l'île de Bretagne*, Amlawdd Wledic est donné comme le père de Tywanwedd ou Dwywanwedd, qui fut mère de plusieurs saints, notamment de *Tyvrydoc*, honoré à Llandyvrydoc en Mon (Anglesey). *Tyvrydoc* a donné son nom, en Armorique, à Saint-Evarzec, arrondissement de Quimper, au douzième siècle *Sent-Defridec*, au quatorzième *Saint-Teffredeuc* et *Saint-Effredeuc*. Le Brut Tysilio a fait de Eigr, l'Igerna de Gaufrei de Montmouth, et, d'après lui, la mère d'Arthur, une fille d'*Amlawd Wledic* (*Myv. arch.*, 2ᵉ éd., p. 461, col. 1). Ce détail ne se trouve point dans Gaufrei ; il est reproduit par un ma-

Quand ils furent sous le même toit, le pays se mit à prier pour qu'ils eussent un héritier, et, grâce à ses prières, un fils leur naquit. Mais du moment où elle conçut, elle devint folle et fuit toute habitation. Quand arriva le temps de la délivrance, son bon sens lui revint. Comme elle arrivait à l'endroit où le porcher gardait un troupeau de porcs, par peur de ces animaux, elle accoucha. Le porcher prit l'enfant et le porta à la cour. On le baptisa et on lui donna le nom de Kulhwch (1) parce qu'on l'avait trouvé dans la bauge d'une truie. L'enfant cependant était de noble souche et cousin d'Arthur (2). On l'envoya à la nourrice. A la suite de

nuscrit que la *Myv.* déclare vieux de cinq cents ans, p. 587, et qui est une version galloise de Gaufrei (Eigyr verch Amlawd wledic; ce manuscrit donne aussi *Gorloes*, forme plus correcte et plus cornique que Gwrlais).

(1) *Kulhwch*. C'est une de ces étymologies fantaisistes, comme on en rencontre de temps en temps dans les *Mabinogion*, et, en général, au moyen âge. L'auteur, décomposant le mot en *kul* et en *hwch*, a vu dans *kul* le mot *cil*, « cachette, retraite, coin, où *cul* étroit, » et dans *hwch* le mot *hwch*, aujourd'hui *truie*, mais autrefois *porc* en général (cf. arm., *houch*, « porc »).

(2) *Arthur*. Le nom d'Arthur n'est prononcé ni par Gildas, ni par Bède. Il figure pour la première fois chez Nennius. Suivant l'auteur de l'*Historia Britonum*, Arthur était *chef des guerres* contre les Saxons à la fin du cinquième siècle; il aurait remporté sur eux douze victoires. Dans un autre passage qui n'appartient peut-être pas à l'œuvre primitive, il est fait mention d'une chasse au monstre appelé *porcum Troit*, par lui et son chien Cavall. L'*Historia*, dans ses parties originales, date du neuvième siècle (Voir Arthur de la Borderie, l'*Historia Britonum*, attribuée à Nennius. Paris, 1883; Heeger *Die Trojanersage der Britten*. Munich, 1887). Les

l'événement, la mère de l'enfant, Goleuddydd, fille du prince Anllawd, tomba malade. Elle fit ve-

Annales Cambriae, dans la partie la plus ancienne, dont la rédaction paraît être du neuvième siècle, disent qu'Arthur porta la croix trois jours et trois nuits sur ses épaules, à la bataille du mont Badon, dont il est aussi question dans Gildas, et qui paraît avoir été une défaite très grave pour les Saxons. D'après ces mêmes annales, Arthur aurait péri avec son neveu et adversaire Medraut, en 537, à la bataille de Camlann. Dans l'*Historia regum Britanniae* de Gaufrei de Monmouth, l'histoire d'Arthur paraît singulièrement grossie : il est fils d'Uther, roi des Bretons, et d'Igerna, femme du duc de Cornouailles Gorlois ; il bat non seulement les Saxons, mais les Irlandais et les Romains ; il conquiert une bonne partie de l'Europe. Son neveu Modred s'empare, en son absence, de son trône et de sa femme. Arthur réussit à le battre malgré son alliance avec les Saxons ; mais il est mortellement blessé et se fait porter à l'île d'Avallon pour soigner ses blessures. C'est de là que les Bretons d'Angleterre et de France ont longtemps attendu sa venue. L'histoire de la naissance d'Arthur, des amours d'Igerna et d'Uter, renouvelées d'Ovide, comme l'a très justement fait remarquer M. Paulin Paris (Les Romans de la *Table Ronde*, I, p. 48), sont dues à l'imagination de Gaufrei ; sa querelle avec Medraut, sa blessure et sa retraite à Avallon appartiennent aux traditions bretonnes. Gaufrei, pour le faire fils d'Uther, a glosé peut-être le passage de Nennius, où il est dit que les Bretons l'avaient, à cause de sa passion pour la guerre, appelé *Mab Uter id est filius horribilis*. Dans les Traditions galloises, les poésies, c'est un personnage souvent surnaturel ; les propriétés de son épée, de son manteau, rappellent celles de certains héros de l'épopée irlandaise. Il faudrait un volume pour réunir tout ce qu'on trouve dans la littérature galloise seule sur ce héros de la race bretonne. S'il a réellement existé (ce doute eût coûté la vie, au moyen âge, en pays breton), la légende lui a, à coup sûr, attribué les traits de héros ou de demi-dieux plus anciens. (Pour plus de renseignements sur la légende d'Arthur, cf. Gaston, Paris, *Hist. litt.*, XXX, p. 3 et suiv. ; San-Marte, *Die Arthursage*. Quedlinburg, 1842 ; sur les nombreuses localités qui ont porté le

nir son mari et lui dit : « Je mourrai de cette maladie, et tu voudras une autre femme. Or, les femmes sont maintenant les arbitres des largesses. Ce serait cependant mal à toi que de ruiner ton fils ; aussi je te demande de ne pas te remarier que tu n'aies vu une ronce à deux têtes sur ma tombe. » Il le lui promit. Elle appela alors son précepteur (1) et lui demanda d'arranger sa tombe tous les ans de façon que rien ne pût croître dessus.

La reine mourut. Le roi envoya chaque jour un serviteur pour voir s'il poussait quelque chose sur la tombe. Au bout de sept ans, le précepteur négligea ce qu'il avait promis de faire. Un jour de chasse, le roi se rendit au cimetière ; il voulait voir la tombe lui-même parce qu'il songeait à se remarier : la ronce avait poussé dessus! Aussitôt, il tint conseil pour savoir où il trouverait une femme. Un

---

nom d'Arthur, v. Stuart Glennie, *Arthurian Localities*, Edinburgh, 1869). On dit encore dans la Bretagne française : *fort comme un Artu*.

(1) *Athraw* ou *Athro*. La coutume chez les anciens Gallois était d'avoir un *athraw* pour la famille : « Il y a trois choses qu'un Gallois, possesseur de terres, doit garder et entretenir : une femme légitime, un homme armé, s'il ne peut lui-même porter les armes, et un professeur domestique (*Athraw teuluaidd*), *Ancient laws*, II, p. 514, 81). Le *bardd* remplissait souvent ce rôle, c'était lui, en particulier, qui tenait les généalogies. *Athro* désigne peut-être ici le *confesseur*, ou plutôt un de ces clercs familiers qui, en France, au treizième siècle, cumulaient, sous le nom de *latiniers*, les fonctions d'interprète, de rédacteur et de chapelain. (V. Lecoy de la Marche, *La Société au XIII* siècle, p. 191.)

de ses conseillers lui dit : « Je sais une femme qui te conviendrait bien : c'est celle du roi Doged (1). » Ils décidèrent d'aller la prendre. Ils tuèrent le roi, enlevèrent sa femme et sa fille unique et s'emparèrent de ses Etats.

Un jour, la reine alla se promener. Elle se rendit à la ville chez une vieille sorcière (2) à qui il ne restait plus une dent dans la bouche : « Vieille, » lui dit-elle, « veux-tu me dire, au nom de Dieu, ce que je vais te demander? Où sont les enfants de celui qui m'a enlevée par violence? » — « Il n'en a pas, » dit la vieille. — « Que je suis malheureuse, » s'écria la reine, « d'être tombée entre les mains d'un homme sans enfants! » — « Inutile de gémir, » repartit la vieille : « il est prédit qu'il aura un héritier de toi, quand même il n'en aurait pas d'une autre. D'ailleurs, console-toi : il a un fils. » La princesse retourna joyeuse à la maison, et dit à son mari : « Pourquoi caches-tu tes enfants de moi? » — « Je ne le ferai pas plus longtemps, » dit le roi. On envoya chercha le fils et on l'amena à la cour. Sa belle-mère lui dit : « Tu ferais bien

---

(1) D'après Rees *Welsh Saints*, p. 209 (voy. Lady Guest, Mab., II, p. 320), il y aurait eu un roi Doged, fils de Cedig ab Ceredig ab Cunedda Wledig, frère de l'évêque Avan, fondateur de Llan-Avan en Breconshire. Il a été mis au nombre des saints, et a donné son nom à Llan-Ddoged, dans le Denbigshire. Il aurait vécu de 500 à 542.

(2) *Vieille sorcière* dans le sens figuré du mot (cf. *vieille fée*). Le mot breton *groac'h* a tous les sens du gallois *gwrach*.

de prendre une femme. J'ai justement une fille qui conviendrait à n'importe quel noble au monde. » — « Je n'ai pas encore l'âge de me marier (1), » répondit-il. Alors elle s'écria : « Je jure que tu auras cette destinée que ton flanc ne se choquera jamais à celui d'une femme que tu n'aies eu Olwen, la fille d'Yspaddaden Penkawr. » Le jeune homme rougit (2) et l'amour de la jeune fille le pénétra dans tous ses membres, quoiqu'il ne l'eût jamais vue. « Mon fils, » lui dit son père, « pourquoi changes-tu de couleur? Qu'est-ce qui t'afflige? » — « Ma belle-mère m'a juré que je n'aurais de femme que si j'obtenais Olwen (3), la fille d'Yspaddaden Penkawr. » — « C'est pour toi chose facile. Arthur est ton cousin. Va le trouver pour qu'il arrange ta chevelure (4) : demande-le lui comme présent. »

(1) D'après la plus ancienne rédaction des lois galloises, celle de Gwynedd ou Nord-Galles, à douze ans on pouvait marier les filles (les donner à un mari : *rody y wr*). L'âge, pour le garçon, devait être quatorze ans révolus, car, à partir de cet âge, il est maître de ses actes, il possède en propre, son père n'a plus sur lui droit de correction (*Ancient laws*, I, p. 202, 8; 204, 3). Il va sans dire que, dans la réponse de Kulhwch, il ne s'agit pas de l'âge fixé par la loi.

(2) Voir la note à *honneur*, à la page 73.

(3) Dafydd ab Gwilym, chantant, une femme l'appelle *fain Olwen*, « mince, svelte Olwen » (p. 162); on trouve une comparaison semblable, *Iolo mss.*, p. 239.

(4) D'après la *Cyclopaedia* de Rees, citée par lady Guest, au huitième siècle, c'était la coutume, dans les familles de marque, de faire couper, la première fois, les cheveux de leurs enfants par des personnes qu'elles avaient en estime particulière : ces personnes devenaient comme les pères spirituels ou parrains des

Le jeune homme partit sur un coursier à la tête gris-pommelée, vieux de quatre hivers, aux cuisses puissamment articulées, au sabot brillant comme un coquillage, une bride aux chaînons d'or articulés à la bouche, avec une selle d'or d'un grand prix. Il portait deux javelots d'argent bien aiguisés, un glaive recourbé (1), d'une bonne coudée jusqu'à la pointe, en prenant pour mesure le coude d'un homme de forte corpulence, capable d'atteindre le vent et de lui tirer du sang : il était plus prompt que la chute de la première goutte de rosée de la pointe du roseau sur le sol au moment où elle est le plus abondante, au mois de juin. A sa hanche pendait une épée à poignée d'or, à lame d'or, à la

---

enfants. Constantin envoie au pape les cheveux de son fils Héraclius, comme un gage qu'il désire faire de lui, pour Héraclius, un père adoptif. Il y en a un exemple beaucoup plus frappant qu'elle aurait pu citer. Guortigern ayant eu un fils de sa fille, la poussa à aller porter l'enfant à Germain, l'évêque, en disant qu'il était son père. Germain dit à l'enfant : « *Pater tibi ero, nec te permittam nisi mihi novacula cum forcipe et pectine detur, et ad patrem tuum carnalem tibi dare liceat.* » L'enfant va droit à Guortigern, et lui dit : « *Pater meus es tu, caput meum tonde, et comam capitis mei pecle.* » (*Hist.*, XXXIX.) Le mot *diwyn* (v. notes critiques) indique ici donc l'action de mettre en ordre, *couper et peigner* la chevelure. Il semble aussi, d'après ce passage, que cette opération ne soit pas destinée à faire d'un enfant un fils spirituel, mais qu'elle soit réservée au père ou aux parents.

(1) V. notes critiques. Le *gleif* gallois indique une arme recourbée. Il a aussi le sens de serpe. Serait-ce quelque chose comme le *fiar-lann* irlandais? (O'Curry, *On the manners*, II, p. 240; voy. I, p. 437 des spécimens de ces armes). Le *glaive*, au moyen âge, dans nos romans français, est une lance.

croix émaillée d'or et de la couleur de l'éclair du ciel ; son cor de guerre était d'ivoire (1). Devant lui s'ébattaient deux lévriers au poitrail blanc, à la peau tachetée, portant chacun au cou un collier de rubis allant de la jointure de l'épaule à l'oreille. Celui de gauche passait à droite, celui de droite à gauche, jouant ainsi autour de lui comme deux hirondelles de mer. Les quatre sabots de son coursier faisaient voler quatre mottes de gazon, comme quatre hirondelles en l'air, par dessus sa tête, tantôt plus haut, tantôt plus bas. Il avait autour de lui un manteau de pourpre à quatre angles, une pomme d'or à chaque extrémité de la valeur de cent vaches chacune (2). Sur ses chausses et ses

---

(1) Le texte gallois porte *lugorn olifant yndi* (et une *lugorn* d'ivoire en elle). Traduisant *lugorn* par *cor de guerre*, je considère *yndi*, en elle, comme une faute du scribe ; l'expression se retrouve, en effet, une ligne plus haut. Ce sens, pour *lugorn*, est, il faut l'avouer, très rare ; habituellement ce mot a le sens de lanterne ; il ne serait pas impossible qu'il l'eût ici, et qu'il s'agît d'une *lanterne* dans la croix ou le pommeau de l'épée. *Lanterne* désignait quelquefois, au moyen âge, un joyau renfermant des boules de senteur ; d'après Littré, on donne encore ce nom à la partie de la croix d'un évêque, ou du bâton d'un chantre, qui est à jour. Les pommeaux d'épée, au moyen âge, étaient souvent à jour ; souvent ils renfermaient, sous un chaton, des reliques sur lesquelles on jurait (Voy. Viollet-le-Duc, *Dictionnaire du mobilier français*, V, p. 378).

(2) Chez les anciens Bretons, comme chez les Irlandais, la valeur commerciale était appréciée en têtes de bétail. C'est encore la façon de compter, dans les lois d'Howell Da, rédigées au dixième siècle, mais dont le plus ancien manuscrit remonte au douzième siècle. C'est un souvenir de l'époque où la richesse consistait surtout en troupeaux.

étriers, depuis le haut de la cuisse jusqu'au bout de son orteil, il y avait de l'or pour une valeur de trois cents vaches. Pas un brin d'herbe ne pliait sous lui, si léger était le trot du coursier qui le portait à la cour d'Arthur.

Le jeune homme dit : « Y a-t-il un portier? » — « Oui. » — « Et toi? Que ta langue ne reste pas silencieuse : ton salut est bien bref. » — « Moi, je fais le portier pour Arthur tous les premiers de l'an; tout le reste de l'année, ce sont mes lieutenants : Huandaw (1), Gogigwc, Llaeskenym, et Pennpingyon qui marche sur la tête pour épargner ses pieds, non pas dans la direction du ciel ni de la terre, mais comme une pierre roulante sur le sol de la cour. » — « Ouvre la porte? » — « Je ne l'ouvrirai pas. » — « Pourquoi? » — « Le couteau est dans la viande, la boisson dans la corne (2). On s'ébat dans la salle d'Arthur. On ne laisse entrer que les fils de roi d'un royaume

(1) *Huandaw*, « qui entend bien; » *Gogigwc* est probablement une faute du copiste pour *Gogihwc*, épithète qu'on trouve dans le Gododin d'Aneurin (Skene, *Four ancient books of Wales*, p. 90, vers 13), mais dont le sens n'est pas certain; *Llaesgenym* est peut-être altéré aussi; le premier terme, *llaes*, vient du latin *laxus*; Owen Pughe donne à *Pennpingion* le sens de *tête branchue*, en rapprochant *pingion* de *pingc*.

(2) Le mot *gallois* indique que la corne à boire était faite primitivement et ordinairement aussi, sans doute, de corne de buffle ou bœuf sauvage. D'après les lois galloises, la corne à boire du roi, la corne qu'il portait dans ses expéditions, et la corne du chef des chasseurs, devaient être de bœuf sauvage (*Ancient laws*, I, p. 294).

reconnu ou l'artiste qui apporte son art (1). On donnera à manger à tes chiens et à tes chevaux; à toi on offrira des tranches de viandes cuites et poivrées (2), du vin à pleins bords et une musique agréable. On t'apportera la nourriture de trente hommes au logis des hôtes, là où mangent les gens de pays lointains et ceux qui n'auront pas réussi à entrer dans la cour d'Arthur; ils ne seront pas plus mal là qu'avec Arthur lui-même. On t'offrira une femme pour coucher avec elle, et les plaisirs de la musique. Demain, dans la matinée, lorsque le portail s'ouvrira devant la compagnie qui est venue ici aujourd'hui, c'est toi qui passeras le premier et tu pourras choisir ta place où tu voudras dans la cour d'Arthur du haut en bas. » — « Je n'en ferai rien, » dit le jeune homme; « si tu ouvres la porte, c'est bien; si tu ne l'ouvres pas, je répandrai honte à ton maître, à toi déconsidération, et je pousserai trois cris (3) tels à cette porte

---

(1) Le même trait de mœurs se retrouve chez les anciens Irlandais. Quand *Lug*, fils d'Eithlenn, sorte de Mercure irlandais, se présente au palais royal de Tara, le portier refuse de le laisser entrer à moins qu'il ne soit maître en quelque art ou profession (O'Curry, *On the manners*, III, p. 42).

(2) Le *dystein* ou intendant du roi devait fournir au cuisinier certaines herbes; la seule qui soit spécifiée, c'est le poivre (*Ancient laws*, I, p. 48). Les viandes poivrées sont en honneur aussi dans nos romans de chevalerie : « *poons rostis et bons cisnes (cygnes) pevreis*, » vers 1560, dans *Raoul de Cambrai*, édition de la Société des anciens textes français.

(3) Le *cri perçant* (*diaspad*) était un moyen légal de protestation d'après les lois. Il était encore en usage, d'après le code de

qu'il n'y en aura jamais eu de plus mortels depuis Pengwaed (1), en Kernyw (2) (Cornouailles anglaise), jusqu'au fond de Din Sol, dans le Nord (3),

Gwynedd, dans le cas où un descendant au neuvième degré venait réclamer une terre comme lui appartenant : on l'appelait *diaspat uwch annwvyn* ou cri plus haut que l'abîme (*Ancient laws*, I, 173, 174, 2). D'après le code de Gwent, le *diaspat egwan* ou cri de détresse, était légal au Gallois à qui on refusait l'aide de la loi dans la cour du roi ou devant le juge, au sujet de son patrimoine, ou aux descendants au neuvième degré, pour protester contre une déchéance de propriété (*Ancient laws*, I, p. 774, 7). Sur la clameur chez les Français comme protestation contre un décret du souverain, v. Paulin Paris, *Romans de la Table Ronde*, IV, notes.

(1) Dans les *Lois*, I, p. 184, on a Penryn Penwaed y Kernyw. Ce serait, d'après l'éditeur, aujourd'hui Penwith en Cornwall. Au lieu de Pen Blathaon yn y Gogled, les lois portent Penryn Blathaon ym Prydeyn, c'est-à-dire en Ecosse; on suppose que c'est Caithness. D'après les *Lois*, Dyvynwal Moelmut aurait fait mesurer l'île de Bretagne et aurait trouvé, de Penryn Blathaon à Penryn Penwaed, 900 milles, et de Crygyll en Anglesey jusqu'à la Manche, 500 milles. Din Sol et Esgeir Oervel sont inconnus.

(2) *Kernyw* est le nom gallois de la Cornouailles anglaise, le même que celui de la Cornouailles armoricaine : *Kernèo* et *Kerné*. Le Kernyw a compris le Devon breton et la Cornouailles ou plutôt on a donné ce nom à tout le territoire des anciens Domnonii, la deuxième grande tribu émigrée en Armorique à la suite des invasions saxonnes. Ce n'est pas sans surprise que j'ai trouvé, dans un poète gallois du douzième siècle, Llywarch ab Llywelyn à propos de Penwaed, *Dyvneint*, nom gallois du Devon à la place de Kernyw : *O Pennwaed Dyvneint hyd pentir Gafran* (*Myv. arch.*, p. 200, col. 1); de même dans un poème anonyme fort curieux, la table d'Arthur est mise en Dyvneint (*Myv. arch.*, p. 130, col. 1).

(3) Dans les *Mabinogion*, le Nord est le pays des Bretons du nord de l'Angleterre, depuis le Cumberland jusqu'à la Clyde; voir la note à Kymry, p. 79.

et à Esgeir Oervel, en Iwerddon (Irlande) : tout ce qu'il y a de femmes enceintes dans cette île avortera ; les autres seront accablées d'un tel malaise que leur sein se retournera et qu'elles ne concevront jamais plus. » Glewlwyt Gavaelvawr (1) lui répondit : « Tu auras beau crier contre les lois de la cour d'Arthur, on ne te laissera pas entrer que je n'aie tout d'abord été en parler à Arthur. »

Glewlwyt se rendit à la salle : « Y a-t-il du nouveau à la porte? » dit Arthur. — « Les deux tiers de ma vie sont passés ainsi que les deux tiers de la tienne. J'ai été à Kaer Se et Asse, à Sach et Salach, à Lotor et Fotor ; j'ai été à la grande Inde et à la petite ; j'étais à la bataille des deux Ynyr (2) quand les douze otages furent amenés de Llychlyn (de Scandinavie) ; j'ai été en Europe (Egrop), en Afrique, dans les îles de la Corse (Corsica), à Kaer Brythwch, Brythach et Nerthach ; j'étais là lorsque tu tuas la famille de Cleis, fils de Merin ; lorsque tu tuas Mil Du, fils de Ducum ; j'étais avec toi

---

(1) *Glewlwyt à la forte étreinte*. On le trouve déjà dans le *Livre noir*, remplissant ses fonctions de portier, mais non, à ce qu'il semble, celles de portier d'Arthur (Skene, II, p. 50, v. 24).

(2) La légende galloise distingue deux Ynyr : Ynyr Gwent et Ynyr Llydaw ou Ynyr d'Armorique. Ynyr Gwent serait, d'après le *Liber Landavensis*, p. 111, le père d'un prince Idon, contemporain de saint Teliaw. L'Ynyr armoricain serait fils du roi Alan, et neveu de Cadwaladr (Gaufrei de Monmouth, éd. San-Marte, XII, 19, écrit Iny ; *Brut Tysilio*, p. 475, col. 2). Taliesin célèbre les exploits d'un Ynyr (Skene, II, p. 167, v. 25 ; p. 168, v. 8 et suivants ; au vers 25 le poète parle des *gwystlon* ou otages d'Ynyr).

quand tu conquis la Grèce en Orient ; j'ai été à Kaer Oeth et Anoeth (1) ; j'ai été à Kaer Nevenhyr : nous avons vu là neuf rois puissants, de beaux hommes ; eh bien ! je n'ai jamais vu personne d'aussi noble que celui qui est à la porte d'entrée en ce moment ! » — « Si tu es venu au pas, dit Arthur, retourne en courant. Que tous ceux qui voient la lumière, qui ouvrent les yeux et les ferment, soient ses esclaves ; que les uns le servent avec des cornes montées en or, que les autres lui présentent des tranches de viandes cuites et poivrées, en attendant que sa nourriture et sa

---

(1) Au lieu de Kaer Oeth ac Anoeth, on trouve généralement Carchar (prison) Oeth ac Anoeth. D'après les *Iolo mss.*, p. 187, après la destruction complète des envahisseurs romains par les Bretons gouvernés par Caradawc ab Bran, Manawyddan, fils du roi Llyr, fit rassembler de toutes parts leurs ossements, et en mêlant la chaux aux os, il fit une immense prison destinée à enfermer les étrangers qui envahiraient l'île, et les traîtres à la cause de la patrie. La prison était ronde ; les os les plus gros étaient en dehors ; avec les plus petits, qui étaient en dedans, il ménagea différents cachots ; il y en eut aussi sous terre spécialement destinés aux traîtres. *Oeth* et *anoeth* peuvent être traduits avec vraisemblance par *visible* et *invisible*. La terre *oeth* est une terre cultivée et boisée, la terre *anoeth* une terre inculte (*Iolo mss.*, p. 185) ; cf. Silvan Evans, *Welsh Dict.* Le *Livre noir* fait mention de la famille d'Oeth et Anoeth (Skene, 31, 8). D'après les *Triades du Livre rouge* (*Mab.*, p. 300, 1 ; 306, 9), Arthur aurait été trois nuits dans cette prison avec Llyr Lledyeith, Mabon, fils de Modron, et Geir, fils de Geiryoed ; il aurait été délivré par Goreu, fils de Kustennin, son cousin. Nous retrouvons plusieurs de ces personnages dans notre *mabinogi*. Les noms des prisonniers diffèrent, p. 306 (v. plus bas à propos de Modron).

boisson soient prêtes. C'est pitié de laisser sous la pluie et le vent un homme comme celui dont tu parles. » — « Par la main de mon ami, » s'écria Kei (1), « si on suivait mon conseil, on ne viole-

(1) *Kei* est un des personnages les plus connus des légendes galloises. Dans les *mabinogion* qui ont subi l'influence française, et dans les romans français il est brave, mais bavard, *gabeur*, et il n'est pas toujours heureux dans ses luttes. Dans ce *mabinogi* il a ses véritables traits ; il commence déjà cependant à gaber. Le *Livre noir* le présente comme un compagnon d'Arthur, et un terrible guerrier « quand il buvait, il buvait contre quatre, quand il allait au combat, il se battait contre cent » (Skene, p. 50, XXXII ; 52, v. 5, v. 17 et suiv.). D'après les *Triades* (*Mab.*, 303, 3), c'est un des trois *taleithawc* ou chefs portant sur le casque une large couronne d'or, avec Gweir, fils de Gwystyl, et Drystan, fils de Tallwch. Les poètes gallois du moyen âge (*Gogynveirdd*), du douzième au quinzième siècle, font de fréquentes allusions à Kei : *Myv. arch.*, 278, col. 2 : *Mae yn gyveill grymus val Kei gwynn* (il est un ami fort comme Kei béni); *ibid.*, p. 328, col. 2 : *Wryd Cai* (la vaillance de Kei); *ibid.*, p. 329, col. 1 : *Cai boneddigaidd* (noble comme Kei); *ibid.*, p. 332, col. 1 : *Pwyll Cai* (la raison, le sens de Kei); *Davydd ab Gwilym*, p. 323 (éd. de 1873), contre Rhys Meigen : *Nid gwrol Gai hir*, ce n'est pas un brave comme Cai le long; *Llewis Glyn Cothi*, p. 309, 15, cite aussi *Kai hir* (Kai le long). Il est fils de Kynyr, mais il semble bien, d'après une phrase de notre *mabinogi* et un poème des plus singuliers de la *Myv. arch.*, qu'il y ait eu des divergences d'opinion ou des doutes sur ce point. Dans ce poème, qui est un dialogue entre Gwenhwyvar et Arthur qu'elle n'a pas reconnu, il est appelé fils de Sevyn. Gwenhwyvar le vante comme un guerrier incomparable ; elle déclare à Arthur qu'à en juger par son apparence, il ne tiendrait pas Cai, lui centième ; à quoi Arthur répond que, *quoiqu'il soit petit*, il en tiendrait bien cent tout seul (*Myv. arch.*, p. 130, col. 2). Pour les qualités merveilleuses de Kei, voir plus bas. Gaufrei de Monmouth le donne comme *dapifer* d'Arthur (IX, 11, 12, 13 ; X, 3, 6, 9, 13); il a, en effet, les fonctions propres au *dys-*

rait pas les lois de la cour pour lui. » — « Tu es dans le faux, cher Kei, dit Arthur; nous sommes des hommes de marque à proportion qu'on a recours à nous ; plus grande sera notre générosité, plus grandes seront notre noblesse, notre gloire et notre considération. »

Glewlwyt se rendit à l'entrée et ouvrit la porte au jeune homme. Quoique tout le monde descendît à l'entrée sur le montoir de pierre, Kulhwch, lui, ne mit pas pied à terre et entra à cheval. « Salut! s'écria-t-il, chef suprême de cette île ; salut aussi bien en haut qu'en bas de cette maison, à tes hôtes, à ta suite, à tes capitaines ; que chacun reçoive ce salut aussi complet que je l'ai adressé à toi-même (1). Puissent ta prospérité, ta gloire et ta considération être au comble par toute cette île. » — « Salut aussi à toi, dit Arthur; assieds-toi entre deux de mes guerriers; on t'offrira les distractions de la musique et tu seras traité comme un prince, futur héritier d'un trône, tant que tu seras ici. Quand je partagerai mes dons entre mes hôtes et les gens de loin, c'est dans ta main que je commencerai, dans cette cour, à les

---

tein dans le *mabinogi* d'Owen et Lunet. La forme de son nom, dans les romans français, *Keu*, est bien galloise (prononcez *Kei*). D'après notre *mabinogi*, il aurait été tué par Gwyddawc ab Menestyr (149).

(1) Une formule de salut aussi développée et analogue se retrouve dans un poème de la *Myv. arch.*, p. 248, col. 2, attribué à Elidyr Sais (XII-XIII, s.).

déposer. » — « Je ne suis pas venu ici, dit le jeune homme, pour gaspiller nourriture et boisson. Si j'obtiens le présent que je désire, je saurai le reconnaître et le célébrer; sinon, je porterai ton déshonneur aussi loin qu'est allée ta renommée, aux quatre coins du monde. » — « Puisque tu ne veux pas séjourner ici, dit alors Arthur, tu auras le présent qu'indiqueront ta tête et ta langue, aussi loin que sèche le vent, que mouille la pluie, que tourne le soleil, qu'étreint la mer, que s'étend la terre, à l'exception de Kaledvwlch (1), mon épée, de Rongomyant, ma lance; de Gwyneb Gwrthucher, mon bouclier (2); de Karnwenhan (3), mon couteau, et de Gwenhwyvar (4), ma femme; j'en prends

---

(1) *Caledvwlch*, de *calet* « dur. » et de *bwlch* « entaille, brèche » : « dur à entailler? » ou « qui entaille durement. » Une épée célèbre dans l'épopée irlandaise, l'épée de Leité, qui lui venait d'une demeure de fées, porte un nom analogue, quoique le sens du second terme paraisse tout différent : *Calad-bolg*, qu'O'Curry traduit par « *hard-bulging* » (O'Curry, *On the manners*, II, p. 320).

(2) *Gwyneb Gwrthucher*; *gwyneb*, « visage, » *gwrthucher* « soir »(Cf. cornique *gwrthuher*. Vocab. cornique, Zeuss, *Gr. Celt.* app.).

(3) *Karnwenhan*; le premier terme, *carn*, signifie « manche; » *gwenan* a, dans les dictionnaires, le sens de *ampoule* ou *pustule* sous la peau; il est plus probable qu'on a affaire ici à un diminutif de *gwen* « blanche » : *kyllell*, « couteau, » est féminin : *Karnwenhan* « à *manche blanc* ou à *peu près blanc.* »

(4) *Gwenhwyvar*, la Gvanhumara de Gaufrei de Monmouth, et le Genièvre des romans français. Suivant Gauffrei, IX, 9, elle serait de race romaine, et élevée par Cador, duc de Cornouailles. Les traditions galloises lui donnent toutes, comme père, Gogrvan ou Gogvran Gawr, même le Brut Tysilio, *Myv.*, p. 464, col. 1;

Dieu à témoin, je te le donnerai avec plaisir. Indique ce que tu voudras. » — « Je veux que tu mettes en ordre ma chevelure. » — « Je le ferai. » Arthur prit un peigne d'or, des ciseaux aux anneaux d'argent, et lui peigna la tête. Il lui demanda ensuite qui il était : « Je sens que mon cœur s'épanouit vis-à-vis de toi; je sais que tu es de mon sang : dis-moi qui tu es. » — « Je suis Kulhwch, répondit le jeune homme, le fils de Kilydd, fils du prince Kelyddon, par Goleuddydd, ma mère, fille du prince Anllawdd. » — « C'est donc vrai, tu es mon cousin. Indique tout ce que

---

Triades du Livre rouge, Mabin., p. 302, 10 (cf. *Myv. arch.*, p. 396, 16) : Trois principales dames d'Arthur : Gwenhwyvar, la fille de Gwryt Gwent, Gwenhwyvar, la fille de [Gwythyr], fils de Greidiawl, et Gwenhwyvar, la fille de Ocurvan Gawr (*Myv.* : *Ocurvran Gawr*). Il y a un *Caer Ogrvan* à un mille au nord d'Oswestry, d'après les éditeurs de *Llewis Glyn Cothi*, p. 307, vers 28 : le poète (XV° s.) mentionne Kaer Ogyrvan. D'après les *Triades*, le soufflet que lui donne Gwenhwyvach est la cause de la bataille de Camlan, où périt Arthur; elle aurait été également arrachée de sa chaise royale à Kelli Wic, en Kernyw, par Medrawt, neveu d'Arthur, et souffletée par lui (*Triades Mab.*, 301, 18, 24, 25; *Myv. arch.*, p. 398, col. 2); une triade ajoute qu'il aurait eu des rapports criminels avec elle (*Myv.*, p. 406, col. 1). On sait que Gaufrei la fait enlever par Medrawt; à l'arrivée d'Arthur elle entre dans un monastère. Les romans français en font l'amante de Lancelot du Lac. Un proverbe gallois a conservé le souvenir de Gwenhwyvar :

Gwenhwyvar merch Ogyrvan Gawr
Drwg yn vechan, waeth yn vawr.

« Gwenhwyvar, la fille de Gogyrvan Gawr, mauvaise petite, pire devenue grande (*Myv. arch.*, p. 863, col. 1). »

tu voudras et tu l'auras ; tout ce qu'indiqueront ta
tête et ta langue, sur la vérité de Dieu et les droits
de ton royaume, je te le donnerai volontiers. »

« Je demande que tu me fasses avoir Olwen, la
fille d'Yspaddaden Penkawr, et je la réclamerai
aussi à tes guerriers. » Voici ceux à qui il réclama
son present : Kei ; Bedwyr (1) ; Greidawl Gallto-
vydd (2) ; Gwythyr, fils de Greidawl (3) ; Greit,
fils d'Eri (4) ; Kynddelic Kyvarwydd (5) ; Tathal
Tywyll Goleu (6) ; Maelwys, fils de Baeddan (7) ;
Knychwr, fils de Nes ; Kubert, fils de Daere (8) ;

---

(1) Voir p. 226.

(2) Un des trois *Gallovydd* ou maître ès machines, de l'île de
Bretagne, avec Drystan, fils de Tallwch et Gwgon, fils de Gwron
(*Triades Mab.*, p. 304, 24). D'après d'autres triades, il est fils
d'Envael Adran (Skene, II, app., p. 458 : au lieu de Gwgon Gwron,
Gweir Gwrhyt vawr). Suivant les *Iolo mss.*, p. 6, n° 29, il battit
une population étrangère, les Corraniaid, dont une partie passa
en Alban (Ecosse), et l'autre en Irlande. D'après une autre tradition, ce serait un possesseur de flottes, un roi de la mer (*Iolo mss.*,
p. 263, 13).

(3) V. plus bas.

(4) V. plus bas.

(5) Dans le poème sur les tombes, *Livre noir*, éd. Skene, p. 32,
la tombe d'un Kindilic, fils de Corknud, est mentionnée comme
une tombe d'*alltud* ou étranger. C'est aussi le nom d'un fils de
Llywarch Hen (*Livre noir*, p. 48, 34 ; 61, 25).

(6) *Tywyll Goleu*, « sombre-clair. » V. notes critiques.

(7) L'auteur a vu un rapport entre le second terme *wys*, dans
Maelwys, et *Baeddan* : *Gwys*, cf. breton *gwes*, « truie ; » *Baeddan*, diminutif de *baedd*, porc ou sanglier mâle.

(8) Kubert est, sans doute, une faute du copiste ou de plusieurs
copistes successifs. Il y a un fils de Daere bien connu, c'est
Conroi ou *Curoi*. Curoi, roi de West Munster, fut tué traîtreuse-

Percos, fils de Poch; Lluber Beuthach; Korvil Bervach; Gwynn, fils d'Esni; Gwynn, fils de Nwyvre; Gwynn, fils de Nudd (1); Edern, fils de Nudd (2); Garwy (3), fils de Gereint; le·prince-

ment par le plus grand héros de l'épopée irlandaise, Cuchulain, qui emmena Blanait, la femme de Curoi, avec lui en Ulster. Le fidèle barde et harpiste de Curoi, Ferceirtné, se rendit à la cour de Cuchulain; un jour où les chefs étaient assemblés à Rinn Chin Bearraidho, sur une colline à pic, il se rapprocha de Blanait, en causant l'amena sur le bord du précipice, et, lui jetant les bras autour du corps, il se précipita avec elle du haut de la colline. On trouve, parmi les poëmes attribués à Taliesin, une élégie sur la mort de Corroi mab Dayry; le nom de Cuchulain s'y trouve mentionné (Cocholyn). Le poème n'a pas été compris par Stephens, comme le fait remarquer Skene, qui ne l'a pas d'ailleurs bien traduit non plus. Sur Conroi, v. O'Curry, *On the manners*, II, p. 9, 10, 97, 199, 358; III, 15, 75, etc.

(1) V. plus bas.

(2) Edern, qui joue un rôle important dans le *mabinogi* de Geraint ab Erbin, est devenu, comme beaucoup d'autres héros, un saint. Il a donné son nom à Bod-Edern, en Anglesey, et à Lann-Edern, arrond. de Châteaulin, Finistère (v. *Myv. arch.*, p. 424, col. 1). Il est fait mention de lui chez les poètes : *Edern llit*, « la colère d'Edern, » *Myv. arch.*, p. 282, col. 1; *Ochain Edern* « soupir comme celui d'Edern » (*Myv. arch.*, p. 302, col XIII-XIV° s.).

(3) Le ms. porte *Adwy* : c'est une faute pour *Arwy*, qui est lui-même pour *Garwy*. Garwy, fils de Geraint, est un des personnages les plus souvent cités : *Myv. arch.*, p. 411, col. 1, c'est un des trois chevaliers amoureux et généreux de la cour d'Arthur, avec Gwalchmei et Cadeir, fils de Seithin Saidi; un poète cite sa vaillance (*Myv.*, p. 293, col. 2; 323, col. 1), un autre sa générosité (*Myv.*, p. 328, col. 2), cf. *Llew.-Glyn Cothi*, p. 161, v. 21 : *Gwryd Garwy*, « la vaillance de Garwy; » *Daf. ab Gwil.*, p. 191; c'est l'amant de Creirwy : le poète Hywel ab Einiawn Llygliw (1330-1370) compare une femme à Creirwy la belle, qui l'a ensorcelé comme Garwy (*Myv. arch.*, p. 339, col. 1).

Flewddur Flam (1); Ruawn Pebyr, fils de Dorath (2); Bratwen, fils du prince Moren Mynawc; Moren Mynawc lui-même; Dalldav, fils de Kimin Cov (3); [Run ou Dyvyr], fils d'Alun Dyved (4); [Kas], fils de Saidi; [Kadwri], fils de Gwryon; Uchtrut Arddwyat Kat (5); Kynwas Kurvagyl; Gwrhyr Gwarthegvras; Isperyr Ewingath (6);

(1) Un des trois *unbenn* (prince, chef) de la cour d'Arthur, avec Goronwy, fils d'Echel, et Kadyrieith (*Triades Mab.*, 303, 13; cf. *Triades*, Skene, II, p. 456).

(2) Un des trois *Gwyndeyrn* (beaux rois ou rois bénis) de l'île de Bretagne, avec Owein, fils d'Uryen, et Run, fils de Maelgwn. Le nom de son père est tantôt Dorarth, tantôt Deorath ; il faut prob. lire Dewrarth? (*Triades Mab.*, 303, 8; cf. *Triades*, Skene, II, p. 456). Il y a un autre Ruvawn, fils de Gwyddno, plus connu. La forme préférable de ce nom paraît être *Ruvawn* = *Rômânus*.

(3) Avec Ryhawt, fils de Morgant, et Drystan, fils de March, c'est un des trois *pairs* de la cour d'Arthur (*Myv. arch.*, p. 393, 89). Son cheval, *Fer-las* (cheville bleue), est un des trois *Gordderch varch* (cheval d'amoureux) de l'île (*Triades Mab.*, 307, 3). Au lieu de Kimin, on trouve aussi Kunin.

(4) Le texte ne porte que : fils d'Alun Dyvet. *Livre noir*, 30, 26, 27 : *Bet Run mab Alun Diwed*, « la tombe de Run, fils d'Alun Dyved ; la tombe d'Alun est également mentionnée comme celle d'un vaillant guerrier. Il y a un Dyvyr, donné aussi comme fils d'Alun Dyved (*Mab.*, 159, 30; 265, 17).

(5) Il est fait mention d'un Ychtryt vab Etwin dans le *Brut y Tywysogyon*, *Myv. arch.*, p. 612, col. 2; un canton du Carmarthenshire portait le nom de Uchtryd; le texte porte *ardywat*; il faut probablement lire *arddwyat cat*, « directeur, régulateur du combat. »

(6) Il est mentionné dans les *Chwedlau y Doethion*. (Propos des sages) : « As-tu entendu ce que chante Ysperir s'entretenant avec Menw le Long : l'ami véritable se reconnaît dans le danger. » (*Iolo mss.*, p. 254, 49.)

Gallcoyt Govynyat ; Duach, Grathach et Nerthach, fils de Gwawrddur Kyrvach : ils étaient originaires des abords de l'enfer; Kilydd Kanhastyr; Kanhastyr Kanllaw (1); Kors Kantewin (2); Esgeir Culhwch Govynkawn ; Drustwrn Hayarn ; Glewlwyd Gavaelvawr ; Loch Lawwynnyawc (3); Annwas Adeinawc (4); Sinnoch, fils de Seithvet (5); Gwennwynwyn, fils de Nav (6); Bedyw, fils de

(1) *Kanllaw*, « aide, support; » *Kanhastyr* ou *Kanastr* est traduit par Owen Pughe, par « cent liaisons, cent recours; » le mot indique, en tout cas, quelque chose de fort embarrassé ; il forme opposition avec Kanllaw (cf. Tywyll Goleu et Rwydd Dyrys). Ce terme apparaît dans les Lois : *Cyhyryn canhastyr* se dit de « la viande volée qui arriverait à la centième main; » y aurait-il eu cent hommes participant au vol, celui sur lequel on en saisit un morceau est passible d'une amende (Richards, *Welsh Dict.*, d'après Wotton).

(2) On trouve aussi *Kwrs*; Kors est préférable; on trouve un Kors, fils d'Erbig, et un autre, fils de Gafran, dans le *Liber Land.*, p. 466, 487. *Kant ewin* « aux cent ongles. »

(3) Il est fait mention de Lloch Llawwynnawc « à la main blanche, » dans le *Livre noir*, 51, 14, parmi les compagnons d'Arthur (Lluch Llawynnauc). *Lloch* paraît être le Loth ou Lot des *Romans de la Table Ronde*.

(4) Mentionné à côté de Llwch Llawwynnyawc dans le *Livre noir* (51, 15); *adeinawc* « l'ailé. » C'est probablement le même personnage donné sous le nom d'Edenawc, comme un des trois vaillants qui ne revenaient jamais du combat que sur une civière : Grudnei, Henpen et Edenawc, fils de Gleissiar du Nord (*Triades*, Skene, II, p. 458; *Triades Mab.*, 304, 15, Aedenawc).

(5) On trouve aussi Seitwet (*Triades Mab.*, 302, 16), mais c'est peut-être un personnage différent.

(6) Texte, *Naw* : Gwennwynwyn est un des trois chefs de flotte de Bretagne, avec Geraint ab Erbin et March ab Meirchion ; chacun possédait cent vingt navires, montés chacun par cent vingt

Seithvet; Gobrwy, fils de Echel Vorddwyt twll (1); Echel Vorddwyt twll lui-même; Mael, fils de Roycol; Dallweir Dallpenn (2); Garwyli, fils de Gwythawc Gwyr; Gwythawc Gwyr lui-même; Gormant, fils de Ricca; Menw, fils de Teirgwaedd (3); Digon, fils de Alar; Selyf, fils de Sinoit; Gusc, fils d'Atheu; Nerth, fils de Kadarn (4); Drutwas, fils de Tryffin (5); Twrch, fils de Perif; Twrch,

---

hommes (*Myv. arch.*, p. 407, 68). Un des trois chefs-d'œuvres de l'île est le navire de Nefydd Naf Neifion, qui porta un mâle et une femelle de chaque espèce d'animaux quand se rompit l'étang de Llion (*Myv. arch.*, p. 409, col. 97). Neifion serait venu, en nageant, de Troie à l'île d'Anglesey, d'après un passage de *Daf. ab Gwil*, p. 73 : « *Nofiad a wnaeth hen Neifion o Droia vawr draws i Fon.* » — Il est fait allusion à un *Naf Eidin* par un poète du treizième-quatorzième siècle, *Myv. arch.*, p. 290, col. 2.

(1) *Echel* est identifié par les poètes gallois avec le nom d'Achille. *Morddwyt Twll* (à la cuisse trouée).

(2) Le texte porte *Dalweir*, mais la forme Dallweir se trouve plus loin et dans d'autres textes. Ce Dallweir Dallbenn avait pour porcher un des trois grands porchers de l'île, Coll, fils de Collfrewi. Voir la note sur Coll et les porcs de Dallweir à *Twrch Trwyth*, plus bas.

(3) Voir plus bas.

(4) *Nerth*, « force »; *Kadarn*, « fort ». Texte : Kedarn.

(5) *Drutwas ab Tryffin* aurait reçu de sa femme trois oiseaux merveilleux connus sous le nom d'Adar Llwch Gwin ou oiseaux de Lwch Gwin; ils faisaient tout ce que leur maître voulait. Il défia un jour Arthur. Il envoya avant lui ses oiseaux sur le lieu du rendez-vous avec ordre de tuer le premier qui se présenterait. Il ne se rendit au lieu du combat qu'assez tard après l'heure fixée, espérant bien trouver Arthur mort. Mais celui-ci avait été retenu à dessein par la sœur de Drutwas, qui l'aimait. Drutwas, arrivé le premier, fut mis en pièces par ses oiseaux (*Iolo mss.*, p. 188). D'après une lettre écrite par Robert Vaughan à Meredith

fils d'Annwas; Iona, roi de France; Sel, fils de Selgi; Teregut, fils de Iaen; Sulyen, fils de Iaen; Bratwen, fils de Iaen; Moren, fils de Iaen; Siawn, fils de Iaen; Cradawc, fils de Iaen : c'étaient des hommes de Kaer Dathal (1), de la famille d'Arthur lui-même, du côté de son père; Dirmyc, fils de Kaw (2); Iustic, fils de Kaw; Etmyc, fils de Kaw; Angawd, fils de Kaw; Ovan, fils de Kaw; Kelin, fils de Kaw; Konnyn, fils de Kaw; Mabsant, fils de Kaw; Gwyngat, fils de Kaw; Llwybyr, fils de Kaw; Koch, fils de Kaw; Meilic, fils de Kaw; Kynwas, fils de Kaw; Ardwyat, fils de Kaw; Ergyryat, fils de Kaw; Neb, fils de Kaw; Gilda, fils de Kaw; Kalcas,

---

Llwyd, le 24 juillet 1655, publiée par le *Cambrian Register*, III, p. 311, et reproduite par lady Guest, on jouait encore, de son temps, un air connu sous le nom de Caniad Adar Llwch Gwin, le chant des oiseaux de Llwch Gwin. Une Triade donne Drudwas ab Tryphin comme un des trois *aurdafodogion* ou hommes à la langue d'or, de la cour d'Arthur, avec Gwalchmai et Madawc ab Uthur (*Myv.*, p. 410, 121).

(1) *Kaer Dathl*, voir p. 119, n. 3.

(2) *Kaw* de Prydyn (Ecosse), seigneur de Cwm Cawlwyd, aurait été chassé de son pays par les Pictes et se serait réfugié en Galles, où Arthur et Maelgwn lui auraient donné des terres. Certaines généalogies lui donnent dix-sept enfants tous saints (*Iolo mss.*, p. 109), d'autres vingt et un également saints (*Iolo mss.*, p. 117). Il y a une intention satirique évidente dans *Neb*, fils de Kaw, mot à mot, *quelqu'un, n'importe qui*, fils de Kaw! Le plus connu des fils est Gildas, auquel une généalogie attribue aussi quatre enfants, quatre saints. Les noms diffèrent beaucoup dans les différentes généalogies. Au lieu de *Dirmyc* on trouve généralement *Dirinic*; au lieu de *Iustic* on a *Ustic*; Meilic est cité à côté de Nonn par Llewis Glyn Cothi, p. 108, vers. 24.

fils de Kaw; Hueil (1), fils de Kaw, qui ne prêta jamais hommage à aucun seigneur; Samson Vinsych; Teleessin Pennbeirdd (2); Manawyddan, fils de Llyr (3); Llary, fils de Kasnar Wledic; Ysperin, fils de Flergant (4), roi du Llydaw; Saranhon, fils de Glythwyr; Llawr, fils d'Erw (5); Annyannawc, fils de Menw fils de Teirgwaedd; Gwynn, fils de Nwyvre; Flam, fils de Nwyvre; Gereint, fils d'Erbin (6); Ermit, fils d'Erbin; Dyvel, fils d'Erbin; Gwynn, fils d'Ermit; Kyndrwyn, fils d'Ermit; Hyveidd Unllenn (7); Eiddon Vawrvrydic (8); Reidwn Arwy; Gormant, fils de Ricca, frère

(1) D'après une tradition mentionnée par Tegid (*Llew. Glyn Cothi*, p. 199, v. 24), Hueil aurait été décapité à Rhuthyn, dans le Denbigshire, sur l'ordre d'Arthur. Lady Guest la rapporte tout au long d'après Jones, *Welsh Bards*, p. 22. Hueil aurait eu l'imprudence de courtiser la même femme qu'Arthur, d'où un duel dans lequel Arthur fut grièvement blessé à la cuisse. Il guérit, mais resta très légèrement boiteux. Arthur avait fait promettre à Hueil de ne jamais en souffler mot sous peine de mort. Quelque temps après, Arthur devint amoureux d'une dame de Rhuthyn. Il se déguisa en femme pour l'aller voir. Un jour qu'il dansait avec elle et des amis, Hueil le surprit, le reconnut et s'écria : « La danse irait très bien, n'était la cuisse. » Arthur lui fit trancher la tête sur une pierre qui porte le nom de *Maen Hueil*. Son nom revient assez souvent chez les poètes (*Myv. arch.*, p. 284, col. 2).

(2) *Taliessin pennbeird*, ou chef des bardes. Voy. p. 189, n. 3.
(3) Voir le *mabinogi* qui porte son nom.
(4) Voir p. 152, notes.
(5) *Llawr*, « sol; » *Erw*, « sillon. »
(6) Voir le *mabinogi* qui porte son nom.
(7) Hyveidd Unllen, « à un seul manteau. » Voir trad., p. 43.
(8) *Mawrvrydic*, « magnanime. »

d'Arthur du côté de sa mère : Pennhynev Kernyw (1) était son père; Llawnroddet Varvawc (2); Noddawl Varyv Twrch (3); Berth, fils de Kado (4); Reidwn, fils de Beli; Iscovan Hael; Iscawin, fils de Panon; Morvran (5), fils de Tegit (personne ne

(1) *Pennhynev*, « le chef des vieillards. » Il manque un nom propre. Il s'agit, sans doute, de Kadwr, comte de Cornouailles. D'après des Triades (Skene, II, p. 456), il y a un *pennhyneif* dans chacune des cours d'Arthur : à Mynyw, c'est Maelgwn Gwynedd; à Kelliwic, en Kernyw, c'est Karadawc Vreichvras; à Pen Rionydd, dans le Nord, c'est Gwrthmwl Wledic.

(2) Ce personnage se confond souvent avec un autre : Llawfrodedd, également surnommé *Varvawc*, « le barbu » (*Myv. arch.*, 166, col. 2; 148, col. 1; 303, col. 1). D'après une Triade, c'est un des trois bergers de Brétagne; il garde les bœufs de Nudd Hael (*Myv. arch.*, p. 408, 85); il y avait, dans ce troupeau, 20,001 vaches à lait. Dans la liste des treize merveilles de Bretagne donnée par lady Guest, d'après un vieux manuscrit, dit-elle, son couteau est au sixième rang; il servait à manger à vingt-quatre hommes à la même table (*Mab.*, III, p. 354). (Allusions à Llawnroddet, *Myv. arch.*, p. 297, col. 2; 299, col. 2, Llawrodded.) Dans le Songe de Rhonabwy, p. 159, on trouve un Llawvroded Varyvawc.

(3) *Baryv Twrch*, « barbe de sanglier. »

(4) Plus bas, il est donné comme un puissant chef d'Ecosse. D'après les *Triades*, Kado est un des trois qui eurent la sagesse d'Adam; les autres sont Beda et Sibli doeth, « sage » (*Mab.*, 297, 6). Il n'est pas difficile de reconnaître dans celui-ci *Cato*, « le vieux Caton. » On l'appelle même *Cado hen*, « le vieux. » Le saint Kado d'Armorique est différent même comme nom. On prononce, en vannetais, *Kadaw* ou *Kadew* (= *Catavos).

(5) *Morvran*, « corbeau de mer. » D'après la vie de Taliesin, il serait fils de Tegid Voel, « le Chauve, » et de Ceridwen. C'est un des trois *ysgymydd aereu* ou *esgemydd aereu* (*esgemydd*, d'après E. Lhwyd, avait le sens de *banc* Cf. *istomid* dans le cart. de Redon, à corriger en *iscomid* = *ysgymydd*); les autres étaient Gilbert, fils de Catgyffro et Gwynn Cleddyfrudd (Skene, II, p. 458;

le frappa de son arme à la bataille de Kamlan (1), à cause de sa laideur : tous voyaient en lui un démon auxiliaire ; il était couvert de poils semblables à ceux d'un cerf) ; Sandde Bryd-angel : (personne ne le frappa de son arme à la bataille de Kamlan, à cause de sa beauté : tous voyaient en lui un ange auxiliaire) ; Kynnwyl Sant : ce fut lui qui se sépara le dernier d'Arthur sur son cheval Hengroen (2) ;

Triades Mab., 304, 25) ; ils ne revenaient du combat que sur leurs civières, lorsqu'ils ne pouvaient remuer ni doigt ni langue (*Myv. arch.*, p. 404, 33). Le troisième, échappé de Kamlan, est Glewlwyd Gav. (*Myv.*, p. 392, 85).

(1) Les *Annales Cambriae* portent, à l'année 537, la mention : « Gueith Camlann, la bataille de Camlann, où Arthur et Medraut tombèrent ; il y eut grande mortalité en Bretagne et en Irlande. » D'après les *Triades*, ce serait un des trois *overgad* ou combats superflus, frivoles ; il aurait été causé par le soufflet que donna Gwenhwyach ou Gwenhwyvach à Gwenhwyvar, la femme d'Arthur (*Triades Mab.*, p. 301, 18 ; *Myv. arch.*, 391, col. 2). D'après Gaufrei de Monmouth, la bataille aurait été livrée par Arthur à Medrawt, son neveu, qui avait enlevé Gwenhwyvar et usurpé la couronne de Bretagne. Arthur aurait été vainqueur, mais grièvement blessé. Il fut transporté à l'île d'Avallach, d'où les Bretons attendent son retour. D'après une Triade du *Livre Rouge*, il y aurait été enterré (*Mab.*, 299, 30). Llewis Gl. Coth. appelle cette bataille la bataille d'Avallach, p. 348, v. 3. Gaufrei appelle cette île Avallon. Voir, sur cette bataille, le Songe de Rhonabwy. Le nom de cette bataille revient souvent chez les poètes (*Myv. arch.*, p. 269, col. 1 ; *Daf. ab Gwil*, p. 295). D'après les lois de Gwent (*Ancient laws*, I, p. 678), quand la reine désirait un chant, le barde devait choisir le chant sur la bataille de Kamlan. Medrawt y aurait eu pour alliés les Saxons et les Irlandais. Les *Triades* donnent à Morvran et à Sandde le même rôle que le *mabinogi* de Kulhwch (*Myv. arch.*, p. 393, col. 2).

(2) *Hen-groen*, « vieille peau ».

Uchtryt fils d'Erim ; Eus fils d'Erim ; Henwas (1) Adeinawc fils d'Erim, Henbedestyr (2) fils d'Erim, Sgilti Ysgawndroet (3) fils d'Erim (ces trois hommes avaient chacun une qualité caractéristique : Henbedestyr ne rencontra jamais personne qui pût le suivre ni à cheval ni à pied ; Henwas Adeinawc, jamais quadrupède ne put l'accompagner la longueur d'un sillon et à plus forte raison plus loin ; Sgilti Ysgawndroet, quand il était bien en train de marcher pour une mission de son seigneur, ne s'inquiétait jamais de savoir par où aller : s'il était dans un bois, il marchait sur l'extrémité des branches des arbres ; jamais, une fois dans sa vie, un brin d'herbe, je ne dis pas ne cassa, mais même ne plia sous son pied, tellement il était léger) ; Teithi Hen, le fils de Gwynhan dont les domaines furent submergés par la mer et qui, ayant échappé lui-même à grand peine, se rendit auprès d'Arthur : son couteau avait cette particularité qu'il ne supporta jamais aucun manche pendant tout son séjour à la cour, ce qui fit naître chez Teithi Hen un malaise et une langueur qui ne le quittèrent plus et dont il mourut ; Karnedyr fils de Govynyon Hen ; Gwenwenwyn fils de Nav Gyssevin (4), cham-

---

(1) Cf. plus haut *Anwas adeinawc.*
(2) *Hen-bedestyr,* « vieux piéton. »
(3) *Ysgavndroet,* « au pied léger. »
(4) *Nav Gyssevin,* « Naf, le premier. » Voir la note p. 205, à Gwenwynwyn. C'est le Noé gallois.

pion d'Arthur ; Llygatrudd Emys (1) et Gwrbothu Hen, oncles d'Arthur, frères de sa mère, Kulvanawyd (2) fils de Gwryon ; Llenlleawc (3) le Gwyddel (le Gaël) du promontoire de Ganion (4); Dyvynwal Moel (5); Dunart (6) roi du Nord ; Teirnon

(1) *Llygad-rudd*, « œil rouge ; » *emys*, « étalon. »

(2) Ce Kulvanawyd ou Kulvynawyd (*mynawyd*, arm. *menaoued*, « alène ; » *cul*, « étroit ») est le père des trois femmes impudiques de Bretagne : Essyllt Fynwen, l'amante de Trystan ; Penarwen, femme d'Owen ab Urien; Bun, femme de Flamddwyn (Ida, porte-brandon). Il est de Prydoin (*Myv. arch.*, p. 392, col. 1).

(3) Ce nom est aussi écrit *Llenvleawc*; il paraît altéré dans les deux cas.

(4) Le texte porte *Gamon* ; *Ganion* semble préférable. D'après le Dictionnaire de Richards, il y aurait eu un promontoire de ce nom en Irlande. M. Rhys (*Celtic Britain*, p. 298) prétend que Ptolémée donne un promontoire des Gangani qu'il faudrait placer dans le Carnarvonshire : *Ganion* égalerait *Gangnones*. Or, la lecture adoptée par Müller dans la nouvelle édition de Ptolémée donnée par Didot est *le promontoire des Ceangani* (Ptol., III, § 2). Les variantes sont diverses sur ce nom dans les mss., mais la leçon *Ceangani* est certaine. On a trouvé à Chester et aux bouches de la Mersey des plombs portant, l'un *Ceangi(s)*, le second *Cea*, le troisième *Ceang* (Hübner, *Inscr. Brit. lat.*, 1204, 1205, 1206). La supposition de M. Rhys n'est donc pas fondée. Tacite, *Ann.*, 12, 31, mentionne des *Cangos*; l'anonyme de Ravenne des *Ceganges*.

(5) Plus connue sous le nom de Dyvynwal Moelmut. D'après les *Triades*, c'est un des trois *post-cenedl*, « piliers de race », de l'île de Bretagne, et le grand législateur (*Myv. arch.*, p. 400, col. 2). Les lois donnent sur ce personnage plus ou moins légendaire et son œuvre de curieux détails (*Ancient laws*, I, p. 183-184). Gaufrei de Monmouth l'appelle Dunvallo Molmutius et le fait fils de Cloten, roi de Cornouailles (II, p. 17). Dyvynwal ou Dyvnwal (arm. Dumnwal, et, plus tard, Donwal) est souvent cité comme législateur (*Iolo mss.*, p. 263, 9).

(6) Peut-être *Dyvnarth*.

Twryv Bliant ; Tecvan Gloff (1) ; Tegyr Talgellawc ; Gwrdival fils d'Ebrei ; Morgant Hael (2) ; Gwystyl (3) fils de Run fils de Nwython ; Llwyddeu fils de Nwython ; Gwydre fils de Llwyddeu par Gwenabwy fille de Kaw, sa mère : Hueil, son oncle, le frappa, et c'est à cause de cette blessure qu'il y eut inimitié entre Hueil et Arthur ; Drem (4) fils de Dremidyt, qui voyait de Kelliwic en Kernyw jusqu'à Pen Blathaon en Prydyn (5) (Ecosse) le mouche-

---

(1) *Cloff*, « le boiteux. »

(2) Paraît le même que Morgan Mwynvawr. C'est un des trois *Ruddvoawc* (peut être *ruddvaawc*), *qui font le sol rouge*, avec Run, fils de Beli et Llew Llawgyffes ; rien ne poussait, ni herbe ni plante, là où ils passaient, pendant une année ; Arthur était plus *ruddvaawc* qu'eux : rien ne poussait après lui pendant sept ans (*Tr. Mab.*, p. 303, 5 ; cf. *Myv. arch.*, p. 405, col. 1).

(3) Son fils Gweir est plus connu. C'est un des trois Taleithawc (porte-bandeaux) de la cour d'Arthur (*Tr. Mab.*, 303, 4) ; les poètes en parlent : « Estimé comme Gweir, fils de Gwestyl » (*Myv. arch.*, p. 233, col. 1 ; cf. ibid., 300, col. 2 ; 294, col. 1).

(4) *Drem*, « vue, aspect » ; *dremidydd*, « celui qui voit. » Il en est question dans les *Englynion y Clyweid* et chez un poète du quinzième siècle, *Iolo Goch* (Lady Guest, II, p. 341).

(5) *Prydyn*. C'est le nom donné à l'Ecosse par les Bretons. Il répond à Cruithni, nom qui désignait les Pictes (le *p* breton répond à un ancien *q* vieux-celtique). D'après un auteur irlandais, cité par Todd dans une note sur la version irlandaise de Nennius, le mot viendrait de *cruth* (gallois, *pryd*), « forme » ; *Cruithni* indiquerait un peuple qui peint sur sa figure et sur son corps des formes de bêtes, d'oiseaux et de poissons (*Rhys Celt. Brit.*, p. 240). On trouve fréquemment aussi Prydein au lieu de Prydyn ; Prydein est même usité pour Brydain, la Bretagne insulaire. D'ailleurs, au lieu de Britannia, on a, chez les géographes anciens, Prettannia. Au témoignage de Stéphane de Byzance, c'était l'or-

ron se lever avec le soleil; Eidyol (1), fils de Ner ; Glwyddyn Saer (2) qui fit Ehangwen (3) la salle d'Arthur ; Kynyr Keinvarvawc (4) (Kei passait pour son fils ; il avait dit à sa femme : « si ton fils, jeune femme, tient de moi, jamais son cœur ne sera chaud ; jamais il n'y aura de chaleur dans ses mains ; il aura une autre particularité : si c'est mon fils, il sera têtu (5); autre trait particulier : lors-

thographe de Marcianus d'Héraclée et de Ptolémée. Dindorf, dans une note aux *Geographici minores* de Didot, p. 517, a constaté que, d'après les meilleurs manuscrits, c'était la forme correcte et pour Ptolémée et pour Strabon. Les noms ethniques des Bretons sont, pour leur pays, *Brittia*, d'où *Breiz*, vannetais, *Breh* ; pour le peuple *Brittones*, d'où le gallois *Brython*, et l'armoricain *Brezonec*, *Brehonec* ou la langue bretonne.

(1) *Eidyol*. Ce nom existe (V. *Iolo mss.*, p. 161, le conte d'Eidiol et d'Eidwyl), mais il faut probablement lire ici Eidoel, voir plus bas. Eidiol le fort tua, lors de la trahison de Caersallawg, six cent soixante Saxons avec une quenouille de cormier (*Myv. arch.*, p. 407, 60).

(2) *Saer*, ouvrier, travaillant la pierre ou le bois, ici charpentier. Sur le *saer*, voir Trioedd Doethineb beirdd, *Les Triades de la sagesse des bardes*, *Myv. arch.*, p. 927, col. 1; *Brut Tysilio*, *ibid.*, p. 459, col. 2; *Iolo mss.*, p. 95, le poète Daf. ab Gwilym est appelé *saer cerddi*. En irlandais, le *saer* est aussi charpentier, maçon, architecte (O'Curry, *On the manners*, III, p. 40-42 ; vocabulaire cornique, *sair*).

(3) *Ehangwen*, « large et blanche. »

(4) Voir la note à Kei. Un poète du quatorzième siècle, Madawc Dwygraig, chantant Gruffudd ab Madawc, dit que les hommes de la terre de Kynyr le pleurent. Or, Madawc est de Ystrad Llechwedd, c'est-à-dire du pays entre Bangor et Conwy (*Myv. arch.*, p. 21, col. 1). Certaines Triades donnent Kynyr Kynvarvawc (Skene, II, p. 458).

(5) Ce n'était pas cependant le plus têtu des Bretons. Les trois

qu'il portera un fardeau, grand ou petit, on ne l'apercevra jamais ni par devant lui ni par derrière ; autre trait caractéristique : personne ne supportera l'eau et le feu aussi longtemps que lui ; autre chose encore : il n'y aura pas un serviteur ni un officier comme lui; » Henwas, Henwyneb et Hen Gedymdeith (1) [serviteurs] d'Arthur; Gwallgoyc autre serviteur : (dans la ville où il allait, aurait-elle eu cent maisons, s'il venait à lui manquer quelque chose, il ne laissait pas, tant qu'il y était, le sommeil clore les paupières d'une seule personne); Berwyn fils de Cerenhir (2); Paris, roi de France, d'où le nom de Kaer Baris (la ville de Paris); Osla Gyllellvawr (3) qui portait un poignard court et large (quand Arthur et ses troupes arrivaient de-

---

têtus dans les *Triades* sont : Eiddilic Gorr, Trystan ab Tallwch et Gweirwerydd Vawr. On ne pouvait jamais leur faire changer de résolution (*Myv. arch.*, p. 408, 78).

(1) *Henwas*, « vieux serviteur; » cf. *Anwas*; *Hen wyneb*, « vieux visage; » *Hen gedymdeith*, « vieux compagnon. »

(2) Le texte porte Gerenhir. D'après les *Iolo mss.*, Berwyn serait le père de Ceraint Veddw, « l'ivrogne. » Ceraint est le premier qui ait fait la bière convenablement. Il venait de faire bouillir le malt avec des fleurs des champs et du miel quand survint un sanglier qui en but et y laissa tomber son écume, ce qui fit fermenter la bière. Ceraint s'adonna à la boisson et en mourut.

(3) Osla, « *au grand couteau* ». Dans le Songe de Rhonabwy, Arthur doit se battre avec lui à Kaer Vaddon (Bath). Son nom est aussi écrit une fois Ossa, ce qui mènerait sans difficulté à Offa, nom bien connu des Gallois. Dans le récit irlandais connu sous le nom de Bruighean Daderga, on voit figurer, à la cour de Daderg, trois princes saxons dont l'un porte le nom d'Osalt (O'Curry, *On the manners*, III, p. 146).

vant un torrent, on cherchait un endroit resserré ; on jetait par dessus le couteau dans sa gaîne, et on avait ainsi un pont suffisant pour l'armée des trois îles de Bretagne, des trois îles adjacentes et leur butin) ; Gwyddawc, fils de Menestyr, qui tua Kei et qu'Arthur tua ainsi que ses frères pour venger Kei ; Garanwyn, fils de Kei ; Amren, fils de Bedwyr ; Ely ; Myr (1) ; Reu Rwydd Dyrys (2) ; Run Ruddwern ; Ely et Trachmyr chefs chasseurs d'Arthur ; Llwyddeu, fils de Kelcoet (3) ; Hunabwy, fils de Gwryon ; Gwynn Gotyvron (4) ; Gweir Dathar Wennidawc ; Gweir, fils de Kadellin Talaryant ; Gweir Gwrhyt Ennwir, et Gweir (5) Baladyr Hir, oncles d'Arthur, frères de sa mère, fils de Llwch Llawwynnyawc de l'autre côté de la mer Terwyn ; Llenlleawc le Gwyddel, prince de Prydein ; Cas, fils de

(1) Peut-être une faute du copiste pour Ely et Trachmyr dont il est question une ligne plus bas.

(2) Reu est probablement pour Rew, « gelée ; » rwydd, « facile, libre ; » dyrys, « embarrassé. »

(3) Ce fils de Kelcoet est appelé Llwyd par Dafydd ab Gwilym, p. 144.

(4) Gwynn Gotyvron apparaît dans le *Livre Noir*, dans le dialogue entre Arthur et Glewlwyd Gavaelvawr. Il est donné comme serviteur d'Arthur, p. 51, vers 4 : Guin Godybrion ; il faut probablement lire Godybron.

(5) Gweir, fils de Gwestyl, est plus célèbre que ces Gweir. Voir la note sur ce personnage plus haut, p. 213. Il y a un autre Gweir, fils de Ruvawn, qui aurait composé un livre de lois (*Ancient laws*, I, p. 218). *Talaryant*, « front d'argent ; » *paladyr hir*, « à la longue lance. » Pour Llwch, voir plus haut, à Lloch.

Saidi (1); Gwrvan Gwallt Avwyn (2); Gwillennhin, roi de France ; Gwittard, fils d'Oedd, roi d'Iwerddon ; Garselit le Gwyddel ; Panawr Penbagat ; Flendor fils de Nav; Gwynnhyvar maire (3) de Kernyw et de Dyvneint, un des neuf qui tramèrent la bataille de Kamlan ; Keli et Kueli; Gilla Goeshydd (4) : il sautait trois sillons d'un bond : c'était le chef des sauteurs d'Iwerddon ; Sol, Gwadyn Ossol et Gwadyn Odyeith (5) (Sol pouvait se tenir tout un jour sur le même pied ; la montagne la plus haute du globe serait devenue sous les pieds de Gwadyn Ossol une vallée unie ; Gwadyn Odyeith faisait jaillir de la plante de ses pieds autant d'étin-

(1) *Cas*, « objet de haine, haïssable ; » c'est probablement Seithynin, fils de Seithyn Saidi, roi de Dyvet, un des trois ivrognes endurcis de l'île de Bretagne, qui, dans un jour d'ivresse, lâcha la mer sur le pays appelé Cantrev y Gwaelod (*Myv. arch.*, p. 404, col. 2; cf. *Livre Noir*, p. 59). Llewei, fille de Seithwedd Saidi, est une des trois amazones (*gwrvorwyn*, « homme-femme ») de Bretagne.

(2) *Gwallt*, « cheveux; » *avwyn*, « rênes, » du latin *abéna* (habena).

(3) Le *maer* était un personnage important ; c'était lui qui avait la haute surveillance des tenures serviles et qui procédait au partage des terres qui en dépendaient. *Maer* vient du latin *major*. Il y avait aussi à la cour un *maer* (Voir *Ancient laws*, I, *passim*. Pour Kamlan, voir p. 210).

(4) *Coes hydd*, « à la jambe de cerf. »

(5) *Gwadyn* ou *gwadn*, signifie « la plante du pied. » *Odiaeth* a le sens de « rare, extraordinaire. » Pour *sol*, on attendrait plutôt *sawdl*, « talon » (breton-moyen, *seuzl*, auj. *seul*). Il est possible que le scribe ait eu *sodl* sous les yeux ou une forme gaélique, *sál*.

celles que le métal chauffé à blanc quand on le retire de la forge, lorsqu'il se heurtait à des corps durs; c'est lui qui débarrassait la route de tout obstacle devant Arthur); Hir Erwm et Hir Atrwm (1) (le jour où ils allaient loger quelque part, on faisait main-basse à leur intention sur trois cantrevs : ils mangeaient jusqu'à nones et buvaient jusqu'à la nuit, jusqu'au moment où ils allaient se coucher; alors la faim les poussait à dévorer la tête de la vermine, comme s'ils n'avaient jamais rien mangé; ils ne laissaient chez leurs hôtes rien après eux, ni épais ni mince, ni froid ni chaud, ni aigre ni doux, ni frais ni salé, ni bouilli ni cru); Huarwar fils d'Avlawn (2) qui demanda à Arthur comme présent de lui donner son content (quand on le lui fournit, ce fut le troisième des fléaux intolérables de Kernyw : jamais on ne pouvait obtenir de lui un sourire de satisfaction que quand il était plein); Gware Gwallt Euryn (3); les deux petits de Gast Rymi (4); Gwyddawc et Gwydneu As-

---

(1) Ces deux singuliers personnages sont mentionnés ensemble dans un poème de la *Myv. arch.*, p. 129, col. 1 (Englynion y Klyweit). Le nom du premier est maltraité : Llucrum; mais l'assonnance montre qu'il faut corriger *crum* en *crwm*. Hircrwm, « le long courbé, » paraît préférable, d'après le mètre, à *Hir Erwm*.

(2) *Avlawn*, « non plein; » *Huarwar*, « facile à apaiser. »

(3) Probablement Gwri Wallt Euryn, « Gwri aux cheveux d'or », plus connu sous le nom de Pryderi. Voyez le *mabinogi* de Pwyll, p. 56, 61, et celui de Math, fils de Mathonwy. Dafydd ab Gwilym fait mention de Gwri Gwallt Euryn.

(4) *Gast*, « chienne ». Rymi : il y a un fleuve Rymni en Gla-

trus (1); Sugyn, fils de Sucnedydd (2), qui pompait un estuaire à contenir trois cents navires au point de n'y laisser que du sable sec : il avait un estomac de pierre rouge; Kacymwri, serviteur d'Arthur : on pouvait lui montrer la grange qu'on voulait : aurait-on pu y manœuvrer trente charrues, il vous la battait si bien avec un fléau de fer que les poutres, les chevrons et les lattes n'étaient pas en meilleur état que les menus grains d'avoine au fond du tas de blé sur le sol ; Dygyvlwng ; Anoeth Veiddawc (3); Hir Eiddyl et Hir Amren (4), tous deux serviteurs d'Arthur; Gwevyl (5) fils de Gwestat : quand il était triste, il laissait tomber une de ses lèvres jusqu'à son nombril et l'autre lui faisait comme un capuchon sur la tête; Ychdryt Varyvdraws (6) qui projetait sa barbe rouge hérissée par dessus les quarante-huit poutres de la salle d'Ar-

---

morgan, *Iolo mss.*, p. 18. Rymi, écrit aussi *Rymhi*, est peut-être pour *Rymni*.

(1) *Astrus*, « enchevêtré. »

(2) *Sugyn*, « action de sucer; » *sugnedydd*, « qui suce, qui pompe » (Cf. *sugno*, « sucer, teter; armor., *suno*, *seuno* ou *cheuno*).

(3) *Beiddiawc*, « hardi. »

(4) *Hir*, « long, » *eiddil*, « mince. »

(5) *Gwevyl* ou *Gweul*, « lèvres. »

(6) *Baryvdraws*, « barbe *de travers* ou peut-être *par-dessus;* » *traws* a aussi le sens de *dur, violent*. La maison royale, qui était en bois, n'avait, d'après les Lois, que six colonnes. Il en était de même de celles des nobles et même de celles des vilains (*Ancient laws*, I, p. 292).

thur ; Elidyr Gyvarwydd (1) ; Yskyrdav et Yscudydd (2), serviteurs de Gwenhwyvar, aux pieds aussi rapides que leurs pensées dans l'accomplissement de leurs missions ; Brys, fils de Bryssethach, de Tal y Redynawc Du (3) en Prydein ; Gruddlwyn Gorr (4) ; Bwlch, Divwlch, Sevwlch, petit-fils de Cleddyv Kyvwlch (5) (d'une blancheur éclatante était le blanc de leurs boucliers ; c'étaient trois perceurs que les pointes de leurs trois lances ; trois trancheurs que les tranchants de leurs trois épées ; Glas, Gleissic et Gleissat..... (6) : Kall, Kuall et

---

(1) *Kyvarwydd*, « guide, celui qui renseigne et, aussi, habile. » *Kyvarwyddon* a quelquefois le sens d'enchantements, sortilèges (V. *Campeu Charlymaen* dans les *Selections from Hengwrt mss.*, XVII ; cf. *darguid*, Gloses d'Orléans, gallois moyen *derwyddon*, « devins, prophètes »).

(2) *Yscudydd* de *ysgud*, « qui tourne ; » *ysgudo*, « courir précipitamment. »

(3) *Tal*, « le bout, le front ; *redynawc*, de *redyn*, « fougère, » = armor., *radenec*, « fougeraie ; » *du*, « noir ».

(4) *Corr*, « nain. »

(5) *Kyvwlch*. Ce nom apparaît dans l'extrait du *Codex Lichf.*, donné en appendice dans le *Liber Landav*, p. 273 : Arthan filius Cimulch. Or, dans le *Livre Noir*, à propos de la tombe d'Eiddiwlch, il semble bien qu'il y ait un jeu de mots sur ce nom : *mab Arthan gywlavan gyvwlch* (Skene, 31, v. 22). *Bwlch* signifie « entaille. » Le texte porte Kyvwlch au lieu de Divwlch après Bwlch ; mais il est certain, d'après un autre passage, qu'il y a transposition de noms. *Cleddyv*, « épée ».

(6) Il semble bien qu'il manque ici quelque chose. Lorsque le dieu Lug se présente au palais royal de Tara, entre autres talents qu'il énumère afin d'y pénétrer, il indique celui de *porte-coupe* ; on lui répond qu'il y en a et on cite *Glei, Glan, Gleisi*, noms différents de ceux-ci, mais inventés d'après les mêmes procédés

Kavall (1) étaient leurs trois chiens ; Hwyrdyddwc, Drwcdyddwc (2) et Llwyrdyddwc leurs trois chevaux ; Och, Garym et Diaspat (3) leurs trois femmes ; Lluchet, Nevet et Eissiwet (4), leurs trois petits-fils ; Drwc, Gwaeth et Gwaethav Oll (5), leurs trois filles ; Eheubryd, fille de Kyvwlch, Gorascwrn, fille de Nerth, et Gwaeddan, fille de Kynvelyn Keudawt (6) Pwyll Hanner Dyn (7)) ; Dwnn

(O'Curry, *On the manners*, III, p. 43). *Glas* signifie *verdâtre* ou *blanchâtre*; *gleissic*, *gleissal* en sont des dérivés.

(1) *Kall*, « fin ; » *Kuall*, « cruel, sauvage ; » *Kavall* est le nom du chien d'Arthur, d'après Nennius et les *Mab*. (Nennius, éd. Petrie, *Mon. hist. brit.*, 79); pour *Kavall* v. plus bas.

(2) *Dyddwc*, « qui porte ; » *hwyr*, « tard, » du latin *serus*; *drwc*, « mauvais ; » *llwyr*, « complet. »

(3) *Och*, « exclamation de douleur, gémissement ; *garym* ou *garam*, avec une voyelle euphonique ou irrationnelle pour *garm*, « cri »; *diaspat*, « cri perçant. »

(4) *Lluchet*, « éclair; » *Eisiwed*, « indigence. »

(5) *Drwc*, « mauvais, » *gwaeth*, « pire; » *gwaethav oll*, « le pire de tous. »

(6) Il est fort possible qu'il faille séparer *Keudawt* de *Kynvelin*.

(7) *Hanner dyn*, « moitié d'homme ; » suivant Lady Guest, il existerait une fable galloise, d'après laquelle Arthur aurait vu, un jour, venir à lui une sorte de lutin qui, de loin, avait une forme indistincte, et en approchant paraissait se développer peu à peu ; arrivé près de lui, c'était un demi-homme. Le demi-homme le provoque. Arthur remet la lutte par mépris, si bien que le demi-homme grandit et qu'Arthur, en fin de compte, a besoin de toutes ses forces pour venir à bout de lui. Ce serait, d'après lady Guest, une allégorie destinée à montrer le pouvoir de l'exercice et de l'habitude. Les *Iolo mss.*, p. 164, donnent cette fable ; mais il est aisé de voir qu'elle a été remaniée par un arrangeur maladroit.

Diessic Unbenn (1) ; Eiladyr, fils de Pen Llorcan (2) ; Kyvedyr Wyllt (3), fils de Hettwn Talaryant ; Sawyl Bennuchel (4) ; Gwalchmei, fils de Gwyar (5) ; Gwalhavet, fils de Gwyar ; Gwrhyr Gwalstawt Ieithoedd (6) : il savait toutes les langues ; Kethtrwm Offeirat (le Prêtre) ; Klust, fils de Klustveinat (7) : l'enterrait-on cent coudées sous terre, il entendait la fourmi le matin quand elle quittait son lit ; Medyr, fils de Methredydd, qui, de Kelliwic à Esgeir Oervel en Iwerddon, traversait, en un clin d'œil, les deux pattes du roitelet ; Gwiawn Llygat Cath (8), qui, d'un coup, enlevait une tache de dessus l'œil du moucheron sans lui faire de mal ; Ol,

---

(1) *Unbenn*, prince et même simplement seigneur, primitivement monarque.

(2) Le texte porte *llarcan* ; un autre passage donne un *Pennlloran* ; il faut prob. lire *llorcan : pennllorcan*, « à la tête de pivert. » *Llorcan* est aussi le nom d'un roi de Munster (O'Curry, *On the manners*, II, p. 98).

(3) *Kyvedyr*, ailleurs *Kyledyr* et même *Kynedyr* ; *gwyllt*, « sauvage, fou ».

(4) Samuel à la tête haute, un des trois orgueilleux de Bretagne (*Triad. Mab.*, 304, 17 ; *Triad.*, Skene, II, p. 458). Gaufrei de Monmouth parle d'un roi Samuil *Pennissel*, ou Samuel à la tête basse (*Hist.*, III, 19).

(5) Voir p. 227.
(6) Voir p. 227.
(7) *Clust*, « oreille » ; *Clustveinad*, « à l'oreille fine » ; d'après Owen Pughe, « qui dresse l'oreille, qui écoute attentivement. »

(8) *Llygat cath*, « à l'œil de chat. » Il y a un Gwiawn qui ne porte pas ce surnom et qui est plus connu ; il est qualifié de *dewin*, « devin, » par Gwilym Ddu, poète du treizième-quatorzième siècle (*Myv. arch.*, p. 277, col. 1 ; cf. Taliesin chez Skene, II, p. 130, 9 ; 153, 23).

fils d'Olwydd (1) (sept années avant sa naissance, on avait enlevé les cochons de son père ; devenu homme, il retrouva leur piste et les ramena en sept troupeaux) ; Bedwini (2), l'évêque qui bénissait la nourriture et la boisson d'Arthur.

Kulhwch fit en outre sa demande pour l'amour de femmes de cette île portant des colliers d'or : à Gwenhwyvar, la reine des dames de Bretagne ; Gwenhwyvach, sa sœur ; Rathtyeu, fille unique de Clememhill ; Rhelemon, fille de Kei ; Tannwen, fille de Gweir Dathar Wennidawc ; Gwennalarch (3), fille de Kynnwyl Kanhwch ; Eurneid, fille de Clydno Eiddin (4) ; Enevawc, fille de Bedwyr (5) ;

---

(1) *Ol*, « trace, action de suivre (armor., *heul*) ; *Olwydd*, « qui suit les traces ».

(2) Dafydd ab Gwilym fait allusion au manteau de Bedwini, p. 122. Les *Triades* le font chef des évêques à la cour d'Arthur à Kelli Wic, en Kernyw (*Triades*, Skene, II, p. 456). Il est aussi question de lui dans le Songe de Rhonabwy.

(3) *Gwenn*, « blanche ; » *alarch*, « cygne. »

(4) Chef du Nord, probablement, d'après son surnom, du pays d'Edimbourg. D'après les lois, il serait venu dans le pays de Galles avec Nudd Hael et d'autres pour venger la mort d'Elidyr le généreux, tué en Arvon ; les Gallois avaient pour chef Run, fils de Maelgwn (*Ancient laws*, I, p. 104). La vaillance déployée par les hommes d'Arvon contre lui aurait été l'origine de leurs privilèges, que les lois énumèrent à cet endroit. D'après les *Triades* sur la noblesse des Bretons du Nord, il serait fils de Kynnwyd Kynnwydyon et de la grande tribu de Coel (*Triades*, Skene, II, p. 454). Les poètes gallois parlent souvent de la gloire de Clydno, *clot Clydno*, épithète amenée par l'allitération et la ressemblance des formes (*Myv. arch.*, p. 246, col. 2 ; 290, col. 1 ; 293, col. 2).

(5) Voir p. 226.

Enrydrec, fille de Tutuathar; Gwennwledyr, fille de Gwaleddur Kyrvach; Erdutvul, fille de Tryffin; Eurolwen, fille de Gwiddolwyn Gorr; Teleri, fille de Peul; Morvudd (1), fille d'Uryen Reget; Gwenllian Dec (2), la majestueuse jeune fille; Kreiddylat (3), fille de Lludd Llaw Ereint, la jeune fille la plus brillante qu'il y ait eu dans l'île des Forts, et les trois îles adjacentes : c'est à cause d'elle que Gwythyr, fils de Greidiawl et Gwynn, fils de Nudd, se battent et se battront, chaque premier jour de mai, jusqu'au jour du jugement; Ellylw, fille de Neol Kynn Kroc, qui vécut trois âges d'homme; Essyllt Vinwen et Essyllt Vingul (4) : à elles toutes, Kulhwch réclama son présent.

(1) C'était une des trois femmes aimées par Arthur (*Triades Mab.*, p. 302, 14). Son nom est synonyme de beauté chez les poètes (*Daf. ab Gwil.*, p. 27; *Iolo mss.*, p. 247).

(2) *Tec*, « belle. »

(3) On l'a identifiée avec la Cordelia de Gaufrei de Monmouth, II, 11; mais Cordelia est la fille du roi Llyr. Les *Triades* confondent Lludd et Llyr; voir sur Lludd Llaw Ereint la note plus bas. Dans le *Livre Noir*, 54, 18, Gwyn ab Nudd se dit l'amant de Kreurdilad, fille de Lludd.

(4) Essyllt est le nom qui est devenu Iseult dans les romans français. *Min* a le sens de *lèvres*. Essyllt *Vinwen*, fille de Kulvanawyt, est une des trois femmes impudiques de l'île; c'est l'amante de Trystan (*Myv. arch.*, p. 392, col. 1; là son nom est *Fyngwen*, « crinière blanche »). Il est aussi curieux que Essyllt *Vinwen* soit devenue Iseult aux blanches mains. Y aurait-il eu une fausse interprétation de *min* ? *Minwen*, « lèvres blanches; » *mingul*, « lèvres minces. » Caradawc *Vreichvras*, ou Caradawc « aux grands bras », est devenu de même, dans nos romans français, *Brie-bras*.

Arthur lui dit alors : « Je n'ai jamais rien entendu au sujet de la jeune fille que tu dis, ni au sujet de ses parents. J'enverrai volontiers des messagers à sa recherche : donne-moi seulement du temps. » — « Volontiers : tu as un an à partir de ce soir, jour pour jour. » Arthur envoya des messagers dans toutes les directions, dans les limites de son empire, à la recherche de la jeune fille. Au bout de l'année, les messagers revinrent sans plus de nouvelles, ni d'indications au sujet d'Olwen que le premier jour. « Chacun, » dit alors Kulhwch, « a obtenu son présent, et moi, j'attends le mien encore. Je m'en irai donc et j'emporterai ton honneur (1) avec moi. » — « Prince, » s'écria Kei, « tu adresses à Arthur des reproches injustes ! Viens avec nous et, avant que tu ne reconnaisses toi-même que la jeune fille ne se trouve nulle part au monde, ou que nous ne l'ayons trouvée, nous ne nous séparerons pas de toi. » En disant ces mots, Kei se leva. Kei avait ce privilège qu'il pouvait respirer neuf nuits et neuf jours sous l'eau ; il restait neuf nuits et neuf jours sans dormir ; un coup de l'épée de Kei, aucun médecin ne pouvait le guérir ; c'était un homme précieux que Kei : quand il plaisait à Kei, il devenait aussi grand que l'arbre le plus élevé de la forêt. Autre privilège : quand la pluie tombait le plus dru, tout ce qu'il tenait à la main était sec au-dessus et au-dessous, à la dis-

---

(1) Mot à mot, *ton visage* (*dy wyneb*). Voir p. 73, note 2.

tance d'une palme, si grande était sa chaleur naturelle. Elle tenait même lieu de combustible à ses compagnons, quand le froid était le plus vif. Arthur appela Bedwyr (1), qui n'hésita jamais à prendre part à une mission pour laquelle partait Kei. Personne ne l'égalait à la course dans cette île, à l'exception de Drych, fils de Kibddar (2); quoiqu'il n'eût qu'une main, trois combattants ne faisaient pas jaillir le sang plus vite que lui sur le champ de bataille ; autre vertu : sa lance produisait une blessure [en entrant], mais neuf en se retirant (3).

---

(1) Une triade le met au-dessus des trois *taleithiawc* ou *porte-diadèmes* de l'île, c'est-à-dire de Drystan, Hueil, fils de Kaw et Kei (*Myv. arch.*, p. 389, col. 2; *Triades Mab.*, p. 307, 16). Le *Livre noir* met sa tombe à Allt Tryvan, dans le Carnarvonshire (p. 51, 54); Arthur, dans le même livre, célèbre sa valeur (p. 51, v. 37 ; 52, 11). Llewis Glyn Cothi compare deux vaillants Gallois aux *deux pouces* de Bedwyr (*Dwy vawd Vedwyr oeddynt*, p. 396, v. 25; cf. *ibid.*, p. 345, v. 22).

(2) *Drych*, « vue, regard ; » Cibddar est, dans les *Triades*, avec Coll, fils de Collvrewi, et Menw, un des trois *prif Lledrithiawc* ou *premiers magiciens*, habiles à se transformer ou à se métamorphoser (*Myv. arch.*, p. 390, 33); une autre tradition lui donne pour fils Elmur, qui est des trois *tarw unbenn* ou *princes taureaux de combat* (*Myv. arch.*, 408, col. 1). Il est aussi question de Cibddar dans les *Iolo mss.*, p. 253 (*a glyweist ti chwedl Cibddar...*).

(3) Nous avons dû ici expliquer plutôt que traduire le texte ; le texte dit que la lance de Bedwyr avait un coup, une blessure, et neuf *contre-coups* (*gwrth-wan* ; *gwan*, « action de percer »). Il semble qu'on soit ici en présence d'une arme dans le genre du *gae bulga* du héros irlandais Cuchulain. Le *gae bulga* ou *javelot du ventre* faisait la blessure d'un seul trait en entrant, et trente en se retirant; il portait, échelonnées, une série de pointes disposées comme des hameçons. Pour le retirer, on était souvent

Arthur appela Kynddelic le guide : « Va, » dit-il, « à cette entreprise avec le prince. » Kynddelic n'était pas plus mauvais guide dans un pays qu'il n'avait jamais vu que dans le sien propre. Arthur appela Gwrhyr Gwalstawt Ieithoedd (1), parce qu'il savait toutes les langues. Il appela Gwalchmei, fils de Gwyar (2) ; il ne revenait jamais d'une mission

obligé d'ouvrir le corps. Cuchulain visait avec lui ses ennemis au ventre (O'Curry, *On the manners*, II, p. 309).

(1) Gwrhyr, le maître ou plutôt l'interprète des langues. Il est mention de lui dans le *Songe de Rhonabwy* et le *mabinogi* de Gereint ab Erbin. C'est de lui probablement qu'il s'agit dans les Chwedlau des *Iolo mss.* : « As-tu entendu le propos de Gwrhyr, le serviteur de Teilaw, le barde au langage véridique ? » (p. 255). Pour le sens de *gwalstawd* ou *gwalystawd*, mot emprunté à l'anglais, v. *Iolo mss.*, p. 257, strophe 119.

(2) *Gwalchmei* : le premier terme, *gwalch*, signifie *faucon mâle*; *gwyar* signifie *sang*. Il n'est pas inutile de remarquer que ce nom se retrouve très probablement dans le cartulaire de Redon; le même personnage y est appelé Waltmoe et Walcmoel ; la forme qui explique le mieux l'erreur est *Walc-Moei*. C'est un des personnages les plus importants des *Mabinogion*, avec cette réserve qu'il n'apparaît pas dans les *Mabinogion* où il n'est pas question d'Arthur. Il a le même caractère dans les *Triades* que dans les *Mabin.* : c'est un des trois *eurdavodogion* ou « gens à la langue dorée »; c'est un des chevaliers de la cour d'Arthur les meilleurs pour les hôtes et les étrangers (*Myv. arch.*, p. 393, col. 1, col. 2; *ibid.*, p. 407, col. 2). Il y a un intéressant dialogue en vers, dans la *Myv. arch.*, entre lui et Trystan; il réussit, par sa courtoisie, à le ramener à la cour d'Arthur. Il remplit une mission analogue auprès de Peredur, dans le *mabinogi* de ce nom. Dans ce poème, il se dit neveu d'Arthur (*Myv. arch.*, p. 132, col. 1). Il n'y a pas de nom qui revienne plus souvent chez les poètes (*Myv. arch.*, p. 278, col. 2; 286, col. 2, etc.; *Livre noir*, Skene, p. 29; 10; 10, 12 : son cheval s'appelle Keincaled). C'est le Gau-

sans l'avoir remplie ; c'était le meilleur des piétons et le meilleur des cavaliers ; il était neveu d'Arthur, fils de sa sœur et son cousin. Arthur appela encore Menw, fils de Teirgwaedd (1) : au cas où ils seraient allés dans un pays payen, il pouvait jeter sur eux charme et enchantement de façon à ce qu'ils ne fussent vus par personne, tout en voyant tout le monde.

Ils marchèrent jusqu'à une vaste plaine dans laquelle ils aperçurent un grand château fort, le plus beau du monde. Ils marchèrent jusqu'au soir et, lorsqu'ils s'en croyaient tout près, ils n'en étaient pas plus rapprochés que le matin. Ils marchèrent deux jours, ils marchèrent trois jours, et c'est à peine s'ils purent l'atteindre. Quand ils furent devant, ils aperçurent un troupeau de moutons auquel ils ne voyaient ni commencement ni fin. Du sommet d'un tertre, un berger vêtu d'une casaque de peau les gardait ; à côté de lui était un dogue aux poils hérissés, plus grand qu'un étalon vieux de neuf hivers. Il avait cette qualité qu'il ne laissait jamais se perdre un agneau et, à plus forte raison, une bête plus grosse. On ne passa jamais à côté de lui sans blessure ou fâcheux accident ; tout ce qu'il y avait de bois sec et de buissons dans la plaine, son haleine le brûlait jusqu'au sol même. « Gwrhyr

---

vain de nos *Romans de la Table Ronde*. Il est fils de Lloch Llawwynnyawc (le Loth ou Lot des romans français), et cousin d'Arthur. V. sur Gauvain, Gaston Paris, *Hist. litt.*, XXX, 29-45.

Gwalstawt leithoedd, » dit Kei, « va parler à cet homme là-bas! » — « Kei, » répondit-il, « je n'ai promis d'aller que jusqu'où tu iras toi-même. » — « Allons-y ensemble, » dit Kei. — « N'ayez aucune appréhension, » dit Menw (1), fils de Teirgwaedd; « j'enverrai un charme sur le chien, de telle sorte qu'il ne fasse de mal à personne. » Ils se rendirent auprès du berger et lui dirent : « Es-tu riche, berger (2)? » — « A Dieu ne plaise, que vous soyez

(1) *Menw*, « esprit, intelligence. » La magie de Menw, qu'il avait apprise d'Uthur Penndragon, la magie de Math, fils de Mathonwy, qui l'enseigna à Gwydion, fils de Don, et celle de Rudlwm Gorr qui l'enseigna à Koll, fils de Kollvrewi, sont les trois principales magies de Bretagne (*Triades Mab.*, p. 302, 23; cf. *Myv. arch.*, p. 390, col. 1). D'après un passage de *Daf. ab Gwilym*, les trois magiciens seraient Menw, Eiddilic Cor et Maeth (*sic*), p. 143 (Eiddilic Corr, *Wyddel call*, « le Gaël subtil »). Ce Menw joue un grand rôle dans les rêveries de certains écrivains gallois contemporains. Un certain Einigan Gawr aurait aperçu, un jour, trois rayons de lumière sur lesquels était écrite toute science. Il prit trois baguettes de frêne sauvage, et y inscrivit ce qu'il avait vu. Les hommes ayant déifié ces baguettes, Einigan, irrité, les brisa et mourut. Menw vit trois baguettes poussant sur sa tombe; elles sortaient de sa bouche. Il apprit ainsi toutes les sciences, et les enseigna, à l'exception du nom de Dieu (Lady Guest, d'après un travail publié par Tal. Williams, à Abergavenny, 1840, sur l'alphabet bardique). Sur ce personnage de Menw, cf. *Iolo mss.*, p. 262.

(2) Tout ce dialogue est obscur. Il y a probablement un jeu de mots sur *berth*, et un autre sur *priawt*. *Berth* signifie *beau, brillant*. Il serait possible que ce fût une formule de salut comme en français : *Es-tu gaillard?* Le berger prend le mot dans le sens de *richesses*, comme semble le prouver l'exclamation de son interlocuteur. *Priawt* signifie *bien propre*, et s'applique aussi à la

jamais plus riches que moi ! » — « Par Dieu, puisque tu es le maître... » — « Je n'ai d'autre défaut à me nuire que mon propre bien. » — « A qui sont les brebis que tu gardes, et ce château là-bas ? » — « Vous êtes vraiment sans intelligence : on sait dans tout l'univers que c'est le château d'Yspaddaden Penkawr (1). » — « Et toi, qui es-tu ? » — « Kustennin, fils de Dyvnedic, et c'est à cause de mes biens que m'a ainsi réduit mon frère Yspaddaden Penkawr. Et vous-mêmes, qui êtes-vous ? » — « Des messagers d'Arthur, venus ici pour demander Olwen, la fille d'Yspaddaden Penkawr. » — « Oh ! hommes, Dieu vous protége ! Pour tout au monde, n'en faites rien : personne n'est venu faire cette demande qui s'en soit retourné en vie. » Comme le berger se levait pour partir, Kulhwch lui donna une bague d'or. Il essaya de la mettre, mais, comme elle ne lui allait pas, il la plaça sur un doigt de son gant et s'en alla à la maison. Il donna le gant à sa femme à garder. Elle retira la bague et lorsqu'elle l'eut mise de côté, elle lui dit : « D'où vient cette bague ? Il ne t'arrive pas souvent d'avoir bonne aubaine. » — « J'étais allé, » répon-

---

femme légitime. Son beau-frère Yspaddaden, comme la suite du récit le montre, a tué tous ses enfants moins un, qui est caché, pour s'emparer de ses biens. Le don d'un anneau d'or semble bien montrer que les voyageurs ont l'intention d'acheter la complaisance du berger, et justifie le sens que nous avons donné à *berth*. Le texte semble ici encore avoir été remanié.

(1) Yspaddaden à la tête de géant.

dit-il, « chercher nourriture de mer ; lorsque tout d'un coup je vis un cadavre venir avec les flots ; jamais je n'en avais vu de plus beau : c'est sur son doigt que j'ai pris cette bague. » — « Comme la mer ne laisse pas de mort avec ses bijoux, montre-moi le cadavre. » — « Femme, celui à qui appartient ce cadavre, tu le verras ici bientôt (1). » — « Qui est-ce ? » — « Kulhwch, fils de Kilydd, fils du prince Anllawdd ; il est venu pour demander Olwen comme femme. » Elle fut partagée entre deux sentiments : elle était joyeuse à l'idée de l'arrivée de son neveu, le fils de sa sœur ; triste, en pensant qu'elle n'avait jamais vu revenir en vie un seul de ceux qui étaient allés faire pareille demande.

Comme ils atteignaient la cour de Custennin le berger, elle les entendit venir et courut de joie à leur rencontre. Kei arracha une pièce de bois au tas et, au moment où elle allait au-devant d'eux pour les embrasser, il lui mit la bûche entre les mains. Elle la pressa si bien qu'elle ressemblait à un rouleau de corde tordu. « Ah ! femme, » s'écria Kei, « si tu m'avais serré ainsi, personne n'eût été tenté de placer sur moi son amour : dangereux

---

(1) Le récit a été ici délayé, sans doute, par un maladroit arrangeur. J'imagine que le dialogue primitif devait être à peu près ceci : « J'ai pris ce bijou sur un cadavre, le plus beau que j'aie vu. » — « Quel cadavre ? » — « Tu vas le voir : c'est Kulhwch ton neveu. » Le berger considère Kulhwch comme un homme mort. L'arrangeur ne l'aura pas compris, et aura essayé d'expliquer à sa façon les paroles de Kustennin.

amour que le tien ! » Ils entrèrent dans la maison et on les servit. Au bout de quelque temps comme tout le monde sortait pour jouer, la femme ouvrit un coffre de pierre qui était auprès de la pierre de garde du feu (1), et un jeune homme aux cheveux blonds frisés en sortit. « C'est pitié, » dit Gwrhyr Gwalstawt Ieithoedd, « de cacher un pareil garçon ; je suis bien sûr que ce ne sont pas ses propres méfaits qu'on venge ainsi sur lui. » — « Celui-ci n'est qu'un rebut, » dit la femme : « Yspaddaden Penkawr m'a tué vingt-trois fils, et je n'ai pas plus d'espoir de conserver celui-ci que les autres. » — « Qu'il me tienne compagnie, » dit Kei, « et on ne le tuera qu'en même temps que moi. » Ils se mirent à table. « Pour quelle affaire êtes-vous venus ? » dit la femme. — « Afin de demander Olwen pour ce jeune homme. » — « Pour Dieu, comme personne ne vous a encore aperçus du château, retournez sur vos pas. » — « Dieu sait que nous ne nous en retournerons pas avant d'avoir vu la jeune fille. » — « Vient-elle ici, » dit Kei, « de façon qu'on puisse la voir ? » — « Elle vient ici tous les

---

(1) La pierre du foyer avait une importance particulière dans les lois galloises. Les maisons étant en bois, la pierre du foyer était la partie la plus difficile à faire disparaître. Le feu se trouvait sans doute au milieu de la maison, à peu près au niveau du sol. Il est, en effet, question dans les lois du cas où des porcs entrant dans une maison, éparpillent le feu et causent la destruction de la maison (*Ancient laws* I, p. 260; pour le *pentan*, v. *ibid.*, p. 76, 452, 455; etc.; II, p. 774). *Pentan* a aussi le sens de *trépied* (*Ancient laws*, II, p. 865).

samedis pour se laver la tête. Elle laisse toutes ses bagues dans le vase où elle se lave, et elle ne vient jamais les reprendre pas plus qu'elle n'envoie à leur sujet. » — « Viendra-t-elle ici, si on la mande ? » — « Dieu sait que je ne veux pas ma propre mort, que je ne tromperai pas qui se fie à moi ; seulement, si vous me donnez votre foi que vous ne lui ferez aucun mal, je la ferai venir. » — « Nous la donnons, » répondirent-ils.

Elle la fit mander. La jeune fille vint. Elle était vêtue d'une chemise de soie rouge-flamme ; elle avait autour du cou un collier d'or rouge, rehaussé de pierres précieuses et de rubis. Plus blonds étaient ses cheveux que la fleur du genêt ; plus blanche sa peau que l'écume de la vague, plus éclatants ses mains et ses doigts que le rejeton du trèfle des eaux émergeant avec sa fleur trifoliée du milieu du petit bassin formé par une fontaine jaillissante (1); ni le regard du faucon après une mue, ni celui du tiercelet après trois mues (2) n'étaient

---

(1) La comparaison est aussi gracieuse que juste. La fleur du ményanthe trifolié, ou trèfle aquatique, est une des plus charmantes de nos pays. Elle est d'une grande blancheur avec une très légère teinte purpurine ; elle aime les eaux de source. Au moment où les pédoncules sortent de l'eau, la fleur qu'ils portent n'est pas encore étalée ; elle ressemble à un calice à trois angles.

(2) D'après les lois galloises, le faucon qui a mué (qui a été levé de la mue, suivant l'expression propre de la fauconnerie) a une plus grande valeur qu'avant, surtout s'il devient *blanc* (*Ancient laws*, I, p. 282). La comparaison avec l'œil du faucon est fréquente : *Myv. arch.*, p. 252, col. 2, un guerrier est appelé *trimud*

plus clairs que le sien. Son sein était plus blanc que celui du cygne, ses joues plus rouges que la plus rouge des roses. On ne pouvait la voir sans être entièrement pénétré de son amour. Quatre trèfles blancs naissaient sous ses pas partout où elle allait : c'est pourquoi on l'avait appelée *Olwen* (1) (trace blanche).

Elle entra et alla s'asseoir sur le principal banc à côté de Kulhwch. En la voyant, il devina que c'était elle : « Jeune fille, » s'écria-t-il, « c'est bien toi que j'aimais. Tu viendras avec moi pour nous épargner un péché à moi et à toi. Il y a longtemps

---

aer-*walch*; cf. *ibid*., 221, col. 1 ; 257, col. 2). Le sens primitif de *trimud* est *qui a trois mues;* mais à cause de sa ressemblance avec *mut*, « muet », son sens a évolué, et *trimut*, *termut*, a fini par signifier *absolument muet*, comme le prouve le passage suivant de Llywarch ab Llewelyn, poète du douzième-treizième siècle :

> rei tra llwfyr tra llafar eu son
> ao ereill taerlew termudion

« les uns très lâches, très loquaces, les autres vaillants et fermes, tout à fait silencieux » (*Myv. arch.*, p. 201, col. 2). *Gwalch* doit être traduit par *tiercelet* ou *faucon mâle*. Les lois (*Ancient laws*, II, p. 797) glosent (*hebawc*) *hwyedic* ou faucon mâle par *gwalch*. Il est d'un prix moins élevé que le *hebawc* ou faucon sans épithète, c'est-à-dire le faucon femelle. Aneurin Owen, au t. I, p. 738 des Lois, se trompe donc en traduisant *gwalch* par buse. La mue profitait au faucon; sa livrée n'était même complète qu'après trois mues. En parlant de la mue, François de Saint-Aulaire (Fauconnerie, Paris, 1619) dit que « le faucon en devient plus beau et plus agréable comme une personne estant vestue à neuf. »

(1) L'auteur décompose le mot en *ol*, « trace, » et *wen*, « blanche. »

que je t'aime. » — « Je ne le puis en aucune façon, » répondit-elle : « mon père m'a fait donner ma foi, que je ne m'en irais pas sans son aveu, car il ne doit vivre que jusqu'au moment où je m'en irai avec un mari. Ce qui est, est ; cependant je puis te donner un conseil, si tu veux t'y prêter. Va me demander à mon père ; tout ce qu'il te signifiera de lui procurer, promets qu'il l'aura, et tu m'auras moi-même. Si tu le contraries en quoi que ce soit, tu ne m'auras jamais et tu pourras t'estimer heureux, si tu t'échappes la vie sauve. » — « Je lui promettrai tout et j'aurai tout. »

Elle s'en alla vers sa demeure, et eux, ils se levèrent pour la suivre au château. Ils tuèrent les neuf portiers gardant les neuf portes sans qu'un seul fît entendre une plainte, les neuf dogues sans qu'aucun poussât un cri, et entrèrent tout droit dans la salle. « Salut, » dirent-ils, « Yspaddaden Penkawr (1), au nom de Dieu et des hommes. » —

---

(1) Yspaddaden à la tête de géant offre certains traits de ressemblance avec le Balór irlandais. Celui-ci sert même à expliquer certaines bizarreries du récit évidemment mutilé que nous avons sous les yeux. Balór, dieu des Fomore, population fabuleuse d'Irlande, a les paupières habituellement rabattues sur les yeux ; lorsqu'il les relève, d'un coup d'œil il tue son adversaire. Il est tué par son petit-fils Lug, dieu des Tuatha Dé Danann. Yspaddaden, lui aussi, a les paupières baissées ; on ne voit pas qu'il ait le *mauvais œil*, mais c'est sans doute une lacune du récit. Il est tué par son neveu Goreu. Lug tue Balór avec une pierre de fronde. Yspaddaden se sert aussi d'un javelot de pierre et en est frappé à son tour. Ce *llechwaew* ou *javelot de pierre* devient, une ligne après, une arme en fer ; mais ces contradictions ne montrent que

« Et vous, pourquoi êtes-vous venus? » — « Nous sommes venus pour te demander Olwen, ta fille, pour Kulhwch, fils de Kilydd fils du prince Kelyddon. » — « Où sont mes vauriens de serviteurs? Elevez les fourches sous mes deux sourcils qui sont tombés sur mes yeux, pour que je voie mon futur gendre. » Cela fait, il leur dit : « Venez ici demain, et vous aurez une réponse. »

Comme ils sortaient, Yspaddaden Penkawr saisit un des trois javelots (1) empoisonnés qui étaient à portée de sa main et le lança après eux. Bedwyr le saisit au passage, le lui renvoya et lui traversa la rotule du genou : « Maudit, barbare gendre! Je

mieux l'ancienneté de la légende : le mot *llechwaew* ne se comprenait plus.

(1) Le mot propre est *llechwaew*, qui est répété à trois reprises. Il est difficile de supposer une erreur du scribe pour *lluchwaew*, « lance de jet, javelot. » *Llech* signifie *pierre plate*. Or, tout justement, il existait en Irlande une arme de ce genre, et portant à peu près le même nom : *lia láimhé* ou *pierre plate de main*. Elle est décrite dans un poème irlandais avec la plus grande précision : c'était une pierre qui allait en se rétrécissant, plate et très aiguë; elle se cachait souvent dans le creux du bouclier (O'Curry, *On the manners*, II, p. 287, 263, 264; I, p. 338, § 456). Le souvenir de cette arme préhistorique est conservé dans des noms propres armoricains, en *Maen*, « pierre » : *Maen-uuethen*, « qui combat avec la pierre; » *Maen-finit*, « qui lance la pierre; » *Maen-uuoret*, « qui défend avec la pierre; » *Maen-uuolou*, « pierre brillante, » etc. (*Cart. de Redon*). Quant aux armes empoisonnées, il en est souvent fait mention dans les poèmes irlandais (O'Curry, *On the manners*, III, p. 131). Le mot *llechwaew* se retrouve une seule fois en dehors de Kulhwch et Olwen dans les *Mabinogion*, dans le mab. de Peredur ab Evrawc.

m'en ressentirai toute ma vie en marchant, sans espoir de guérison. Ce fer empoisonné m'a fait souffrir comme la morsure du taon. Maudit soit le forgeron qui l'a fabriqué et l'enclume sur laquelle il a été forgé. » Ils logèrent cette nuit-là chez Custennin le berger. Le jour suivant, en grand appareil, la chevelure soigneusement peignée (1), ils se rendirent au château, entrèrent dans la salle et parlèrent ainsi : — « Yspaddaden Penkawr, donne-nous ta fille. Nous te payerons ses *agweddi* et *amobyr* (2) à toi et à ses deux parentes. Si tu refuses, il t'en coûtera la vie. » — « Ses quatre bisaïeules, » répondit-il, « et ses quatre bisaïeuls

---

(1) Mot à mot : *après avoir fait passer un peigne de valeur dans leurs cheveux*. Le peigne, au moyen âge, était un objet noble, souvent une véritable œuvre d'art. Dans Les Romans de la Table Ronde, on voit une dame envoyer à son amant un riche peigne garni de ses cheveux (Paulin Paris, Les Romans de la Table Ronde, IV, notes); v. nos notes critiques.

(2) D'après les lois de Gwynedd ou Nord-Gallés, c'était à celui qui livrait la jeune fille au mari, qu'il fût père ou tuteur, à payer l'*amobyr* (Ancient laws, I, p. 88, 204). D'après d'autres textes, on payait l'*amobyr* au père de la jeune fille ou au seigneur. *Agweddi* indique la dot qu'apporte la jeune fille en se mariant, ou le don fait par le mari à sa femme après la consommation du mariage : v. pour *agweddi* dans ce dernier sens, Mab., p. 166, note 3. Il semble bien ici que le prétendant veuille faire acte de générosité; au lieu de demander *amobyr* et *agweddi*, il offre d'en donner la valeur à Yspaddaden (v. sur *agweddi*, Ancient laws, I, p. 82, 88 et suiv.; *amobyr*, ibid., p. 88, 204 et suiv.). La consultation que doit avoir Yspaddaden avec les ascendants de la jeune fille, s'il n'en est pas question dans les lois, est bien cependant dans l'esprit de la législation galloise.

sont encore en vie ; il faut que je tienne conseil avec eux. » — « Soit, allons manger. » Comme ils partaient, il saisit un des deux javelots qui étaient à portée de sa main et le lança après eux. Menw, fils de Teirgwaedd le saisit au passage, le lui renvoya et l'atteignit au milieu de la poitrine : « maudit, barbare gendre, » s'écria-t-il ! « ce fer dur est cuisant comme la morsure de la grosse sangsue. Maudite soit la fournaise où il a été fondu, et le forgeron qui l'a forgé ! Quand je voudrai gravir une colline, j'aurai désormais courte haleine, maux d'estomac et nausées. »

Ils allèrent manger. Le lendemain, troisième jour, ils revinrent à la cour. « Ne nous lance plus de trait, lui dirent-ils, si tu ne veux ta propre mort. » — « Où sont mes serviteurs, dit Yspaddaden Penkawr? Elevez les fourches sous mes sourcils qui sont tombés sur les prunelles de mes yeux, pour que je voie mon futur gendre. » Ils se levèrent. A ce moment Yspaddaden Penkawr saisit le troisième javelot empoisonné et le lança après eux. Kulhwch le saisit, le lança de toutes ses forces et lui traversa la prunelle de l'œil, si bien que le trait lui sortit par derrière la tête. « Maudit, barbare gendre, » s'écria-t-il ! « tant que je resterai en vie, ma vue s'en ressentira ; quand j'irai contre le vent, mes yeux pleureront, j'aurai des maux de tête et des étourdissements à chaque nouvelle lune. Maudite soit la fournaise où il a été en ébullition ! La blessure de ce fer empoisonné a été aussi poignante pour moi que la morsure d'un chien enragé. » Ils allèrent manger. Le lendemain ils revinrent à la cour et dirent : « Ne nous lance plus de traits désormais ; il n'en est résulté pour toi que blessures, fâcheuses affaires, tortures ; il t'arrivera pis encore, si tu y tiens. Donne-nous ta fille, sinon tu mourras à cause d'elle. » — « Où est-il celui qui demande ma fille ? Viens ici que je fasse ta connaissance. » On fit asseoir Kulhwch sur un siège face à face avec lui. « Est-ce toi, dit Yspaddaden Penkawr, qui demandes ma fille ? » — « C'est moi, répondit Kulhwch. » — « Donne-moi ta parole que tu ne feras rien qui ne soit légal. Quand j'aurai eu tout ce que je t'indiquerai, tu auras ma fille. » — « Volontiers : indique ce que tu désires. » — « C'est ce que je vais faire : vois-tu cette vaste colline là-bas ? » — « Je la vois. » — « Je veux que toutes les racines en soient arrachées et brûlées à la surface du sol de façon à servir d'engrais, qu'elle soit charruée et ensemencée en un jour, et qu'en un seul jour aussi le grain en soit mûr. Du froment, je veux avoir de la nourriture et une liqueur faite, pour le festin de tes noces avec ma fille. Que tout cela soit fait en un jour. » — « J'y arriverai facilement quoique tu le croies difficile. »

— « Si tu y arrives, il y a une chose à laquelle tu n'arriveras pas. Il n'y a d'autre laboureur à pouvoir labourer et mettre en état cette terre qu'Amaethon (1), fils de Don, tellement elle est embroussaillée. Il ne viendra jamais avec toi de bon gré ; l'y contraindre, tu ne le pourrais pas. »

— « Si toi, tu le crois difficile, pour moi, c'est chose facile. »

— « Si tu l'obtiens, il y a une chose que tu n'obtiendras pas : que Gevannon (2), fils de Don, vienne au bord des sillons pour débarrasser le

---

(1) Amaethon est le moins célèbre des enfants de Don. Ce qui l'a désigné pour être grand agriculteur, c'est son nom qu'on a dérivé d'*amaeth*, « laboureur » = *ambactos*. D'après les *Iolo mss.*, Don serait un roi de Scandinavie et de Dublin qui aurait amené les Gaëls dans le nord du pays de Galles en 267 après Jésus-Christ. Ils y auraient séjourné cent vingt-neuf ans. Ils auraient été chassés par des Bretons du nord, sous la conduite de Cunedda et de ses enfants (*Iolo mss.*, p. 77, 78, 81). Dans la légende irlandaise, Don est l'aîné des fils de Milet et amène les ancêtres des Irlandais en Irlande (O'Curry, *On the manners*, p. 189). Les *Iolo mss.*, dont l'autorité, quoi qu'on en ait dit, est mince en matière historique, ne concordent pas avec les *Mabinogion* qui ne présentent nullement Don et ses enfants comme des Gaëls. Amaethon est mentionné par Taliessin avec Math et Gwydyon (Skene, *Four ancient books*, II, p. 200, vers 2; Don, *ibid.*, p. 158, 14, 26). Amaethon figure aussi à la bataille de Goddeu, une des trois frivoles batailles de l'île de Bretagne; elle eut lieu à cause d'un chevreuil et d'un vanneau ; on y tua soixante et onze mille hommes (*Myv. arch.*; p. 405, 50). Une note à un fragment poétique de la *Myv.* ajoute qu'Amaethon s'y battit avec Arawn, roi d'Annwn, et qu'il fut vainqueur grâce à son frère Gwydyon : il y avait sur le champ de bataille un homme et une femme dont on ne pouvait triompher, si on ne savait leurs noms. Gwydyon les devina. La femme s'appelait Achren; aussi appelle-t-on la bataille *cat Achren* ou *cat Goddeu* (*Myv. arch.*, p. 127, col. 2).

(2) *Govannon*, v. p. 135, note 2.

fer. Il ne travaille jamais volontairement que pour un roi véritable ; le contraindre, tu ne le pourrais pas. » — « C'est pour moi chose facile. »

— « Si tu l'obtiens, il y a une chose que tu n'obtiendras pas : les deux bœufs de Gwlwlyd Wineu (1), comme compagnons (2), pour charruer ensemble vaillamment cette terre embroussaillée. Il ne les donnera pas de bon gré ; l'y contraindre, tu ne le pourrais pas. »

— « C'est pour moi chose facile. »

— « Si tu l'obtiens, il y a une chose que tu n'obtiendras pas : je veux avoir, formant paire, le bœuf Melyn Gwanwyn et le bœuf Brych (3). »

— « C'est pour moi chose facile. »

— « Si tu l'obtiens, il y a une chose que tu n'obtiendras pas : les deux bœufs cornus dont l'un est de l'autre côté de cette montagne pointue et l'au-

---

(1) Les trois principaux bœufs de l'île étaient : Melyn Gwanwyn (var. *Gwaynhwyn*), Gwyneu, le bœuf de Gwlwlyd, et le grand bœuf Brych « tacheté » (*Myv. arch.*, p. 394, 10). Le texte ici est altéré. *Gwineu*, « brun, » est dans le *Mab.* une épithète à Gwlwlyd, et, dans la *Triade*, le nom d'un des bœufs.

(2) *Compagnons* dans le sens étymologique, plus transparent dans le sg. *compain*. *Cyd-preiniawc* signifie proprement *qui mange avec* (*préiniawc* est dérivé de *prein*, du latin *prandium*, v. notes critiques).

(3) *Melyn*, « jaune, blond ; » *gwanwyn*, « printemps ; » *melyn y gwanwyn* est aussi le nom d'une plante. V. la note 1. Le bœuf Brych était sans doute bien connu dans la mythologie galloise ; d'après ce passage de Taliesin : « ils ne connaissent pas, eux, le bœuf Brych qui a cent vingt nœuds (?) dans son collier » (Skene, *Four anc. books*; 182, vers 13).

tre de ce côté-ci ; il faut les amener sous le même joug de la même charrue : ce sont Nynnyaw et Peibaw (1), que Dieu a transformés en bœufs pour leurs péchés. »

— « C'est pour moi chose facile. »

(1) Nynniaw et Pebiaw. Le *Liber Landav.*, p. 75 et suiv., fait d'un Pepiau, roi d'Erchyng (Archenfield, dans le Herefordshire, au sud-ouest de la Wye), le père de saint Dyvric (Dûbricius), saint du sixième siècle. Nynniaw, d'après certaines généalogies, serait un roi de Glamorgan et de Gwent, ancêtre de Manchell, mère de Brychan Brycheiniawc, qui a laissé son nom au Breconshire, tige de la troisième grande tribu de saints (*Iolo mss.*, p. 118). L'orgueil de Nynniaw et Pebiaw est le sujet d'un conte des *Iolo mss.* Les rois Nynniaw et Pebiaw se promenaient par une belle nuit étoilée : « Quelle belle campagne je possède, » dit Nynniaw. — « Laquelle ? » s'écria Pebiaw. — « Le ciel entier. » — « Regarde ce que j'ai de bétail et de brebis broutant tes champs ? » — « Où sont-ils ? » — « Les étoiles, avec la lune comme berger. » — « Elles ne resteront pas plus longtemps dans mes champs. » — « Elles resteront. » De là, guerre et carnage. Rhitta le géant, roi de Galles, irrité, vint mettre la paix entre eux, les vainquit et leur arracha la barbe. Les rois des pays voisins s'unirent contre lui. Il les fit prisonniers et leur enleva la barbe en disant : « Voilà les animaux qui ont brouté mes pâturages ; je les en ai chassés, ils n'y paîtront plus désormais. » Il se fit de leurs barbes une ample tunique qui lui descendait de la tête aux pieds (*Iolo mss.*, p. 193). Les deux bœufs cornus (*ychain bannawc*) les plus célèbres dans les *Triades* sont ceux de Hu Gadarn, qui auraient traîné l'*avanc* de l'étang de Llion à la terre; depuis ce temps, l'étang n'aurait plus rompu ses digues (L'*avanc* ou *addanc* est un monstre mystérieux). Ce serait une des trois grandes merveilles de l'île (*Myv. arch.*, p. 409, 97). Avant l'arrivée des Kymry, il n'y avait d'autres habitants en Bretagne que des ours, des loups, des *eveinc* (plur. d'*avanc*, peut-être des crocodiles) et des *ychain bannog* ou bœufs cornus (*Myv. arch.*, p. 400, 1). V. un très copieux article du *Welsh, Dict.* de Silvan Evans, au mot *afang*.

— « Si tu l'obtiens, il y a une chose que tu n'obtiendras pas. Vois-tu là-bas cette terre rouge cultivée? » — « Je la vois. » — « Lorsque je me rencontrai pour la première fois avec la mère de cette jeune fille, on y sema neuf setiers de graine de lin, et rien n'est encore sorti, ni blanc, ni noir. J'ai encore la mesure. Cette graine de lin, je veux l'avoir pour la semer dans cette terre neuve là-bas, de façon que le lin serve de guimpe blanche autour de la tête de ma fille pour tes noces. »

— « Si toi, tu le crois difficile, pour moi c'est chose facile. »

— « Si tu l'obtiens, il y a une chose que tu n'obtiendras pas : du miel qui soit neuf fois plus doux que le miel du premier essaim (1), sans scories, ni abeilles dedans, pour brasser (2) la boisson du banquet. »

(1) On attendrait plutôt le *miel vierge* ou *premier miel*; c'est le miel qui sort naturellement. Le premier essaim, qui est en effet le plus vigoureux, est tarifé à un plus haut prix dans les Lois (*Ancient laws*, I, p. 284). L'expression *sans abeilles* est très juste; si on tolère en effet la ponte et le séjour des abeilles dans les rayons, une fois le premier miel fait, le miel perd en qualité.

(2) *Bragodi* est pris ici dans un sens général. Il ne s'agit probablement pas spécialement de la boisson appelée *bragawd*, dont les Anglais ont fait *bragget*, boisson faite de malt, d'eau, de miel et de quelques épices. Les autres boissons des Bretons étaient le *cwrv* (*cwryv* et *cwrwv* avec une voyelle irrationnelle, auj. *cwrw* = *curmen*), c'est-à-dire de la *bière*, et le *medd*, « hydromel » (d'où l'armoricain *mezo*, « ivre »). Dans un passage des Lois qui traite de la quantité de liqueur due à certains officiers de la cour, il est dit qu'ils ont droit à une mesure pleine de *bière*,

— « Si toi, tu le crois difficile, pour moi c'est chose facile. »

— « Si tu l'obtiens, il y a une chose que tu n'obtiendras pas : le vase de Llwyr fils de Llwyryon qui contient un *penllad* (1); il n'y a pas au monde d'autre vase à pouvoir contenir cette forte liqueur. Il ne te le donnera pas de bon gré; l'y contraindre, tu ne le pourrais pas. »

— « Si toi, tu le crois difficile, pour moi c'est chose facile. »

— « Si tu l'obtiens, il y a une chose que tu n'obtiendras pas : la corbeille de Gwyddneu Garanhir (2); le monde entier se présenterait par

à une mesure remplie à moitié de *bragawd*, et à une mesure remplie au tiers de *medd* (Ancient laws, I, p. 44).

(1) Le *penllad*, qui a aussi le sens de *souverain bien*, *source de bénédictions*, paraît avoir ici un sens plus matériel; d'après Davies, c'est une mesure de deux *llad*, mesure équivalant à douze boisseaux d'avoine. Le *penllad* vaudrait donc vingt-quatre boisseaux (v. notes critiques).

(2) D'après un manuscrit déjà cité sur les treize joyaux de l'île de Bretagne, le panier de Gwyddno avait cette propriété que si on y mettait la nourriture d'un homme, lorsqu'on le rouvrait, il présentait la nourriture de cent (lady Guest, Mab., II, p. 354). Gwyddno est un personnage célèbre. Seithynin l'ivrogne, roi de Dyvet, dans un jour d'ivresse, lâcha la mer sur les Etats de Gwyddno Garanhir, c'est-à-dire sur Cantrev y Gwaelod (*gwaelod*, « le bas, le fond ») (*Myv. arch.*, p. 409, 37). Le *Livre Noir* donne un curieux dialogue entre lui et le dieu Gwynn ab Nudd (Skene, *Four anc. books*, II, p. 54, XXXIII ; cf. *Myv. arch.*, p. 299, col. 1, allusions à Gwyddneu; sur l'inondation de ses Etats, v. *Livre Noir*, p. 59, XXXVIII). On met les Etats de Gwyddno sur l'emplacement de la baie actuelle de Cardigan.

groupes de trois fois neuf hommes, que chacun y trouverait à manger suivant sa fantaisie; je veux en manger la nuit où tu coucheras avec ma fille. Il ne te la donnera pas de bon gré; l'y contraindre, tu ne le pourrais pas. »

— « Si toi, tu le crois difficile, pour moi c'est chose facile. »

— « Si tu l'obtiens, il y a une chose que tu n'obtiendras pas : la corne de Gwlgawt Gogodin (1) pour nous verser à boire cette nuit-là. Il ne te la donnera pas de bon gré; l'y contraindre, tu ne le pourrais pas. »

— « Si toi, tu le crois difficile, pour moi c'est chose facile. »

— « Si tu l'obtiens, il y a une chose que tu n'obtiendras pas : la harpe de Teirtu (2) pour nous charmer cette nuit-là. Désire-t-on qu'elle joue : elle joue toute seule; qu'elle cesse : elle se tait d'elle-même. Cette harpe, il ne te la donnera pas de bon gré; l'y contraindre, tu ne le pourrais pas. »

(1) D'après une autre tradition, la corne magique serait celle de Bran Galed : elle versait la liqueur que l'on désirait (Lady Guest, Mab., II, p. 354).

(2) Un poëte du milieu du quinzième siècle, Davydd ab Edmwnt, fait allusion à cette harpe qu'il appelle la harpe de Teirtud. Suivant lady Guest, à qui j'emprunte cette citation, il existerait sur cette harpe un conte de nourrice gallois : un nain, appelé Dewryn Vychan, aurait enlevé à un géant sa harpe, mais cette harpe s'étant mise à jouer, le géant se précipita à la poursuite du voleur. Il y a aussi dans l'épopée irlandaise une harpe magique, celle de Dagdé. Le *Liber Land.* mentionne un Castell Teirtud, en Buellt, dans le Breconshire (p. 374).

— « Si toi, tu le crois difficile, pour moi c'est chose facile. »

— « Si tu l'obtiens, il y a une chose que tu n'obtiendras pas : le bassin (1) de Diwrnach le Gwyddel (l'Irlandais), l'intendant d'Odgar, fils d'Aedd, roi d'Iwerddon, pour bouillir les mets de ton festin de noces. »

— « Si toi, tu le crois difficile, pour moi c'est chose facile. »

— « Si tu l'obtiens, il y a une chose que tu n'obtiendras pas : il faut que je me lave la tête et que je fasse ma barbe. C'est la défense d'Yskithyrwynn (2) Penbeidd qu'il me faut pour me raser, mais il ne me servira de rien de l'avoir, si on ne la lui arrache pendant qu'il est en vie. »

— « Si toi, tu le crois difficile, pour moi c'est chose facile. »

— « Si tu l'obtiens, il y a une chose que tu n'obtiendras pas : il n'y a personne à pouvoir la lui arracher qu'Odgar, fils d'Aedd, roi d'Iwerddon. »

---

(1) On ne parle pas de ses propriétés. Il devait sans doute ressembler au chaudron de Dagdé dont il est question dans le *Leabhar Gabala* ou *Livre des conquêtes*, qu'on ne quittait pas sans être rassasié. Le chaudron de Tyrnog était plus intelligent ; si on y mettait de la viande à bouillir pour un lâche, il ne bouillait pas ; pour un brave, c'était fait à l'instant (lady Guest, *Mab.*, II, p. 354). Voir, trad. p. 75, un autre chaudron merveilleux ; voir note à Pwyll, p. 27.

(2) *Ysgithyr* signifie « *défense, crocs* ; » *penbeidd*, « chef des sangliers. »

— « Si toi, tu le crois difficile, pour moi c'est chose facile. »

— « Si tu l'obtiens, il y a une chose que tu n'obtiendras pas : je ne me reposerai sur personne de la garde de la défense, si ce n'est sur Kado de Prydein (Ecosse), le maître de soixante *cantrevs* (1); il ne viendra pas de bon gré; l'y contraindre, tu ne le pourrais pas. »

— « Si toi, tu le crois difficile, pour moi c'est chose facile. »

— « Si tu l'obtiens, il y a une chose que tu n'obtiendras pas : il faut que les poils de ma barbe soient étirés pour qu'on les rase ; or, ils ne céderont jamais sans le secours du sang de la sorcière Gorddu (2), fille de la sorcière Gorwenn de Pennant Govut, aux abords de l'enfer. »

— « Si toi, tu le crois difficile, pour moi c'est chose facile. »

— « Si tu l'obtiens, il y a une chose que tu n'obtiendras pas : je ne veux pas de ce sang, si tu ne l'as chaud; or, il n'y a pas de vase au monde à pouvoir conserver la chaleur de la liqueur qu'on y versera, à l'exception des bouteilles de Gwiddolwyn Gorr (3) : qu'on y verse de la boisson à

---

(1) *Cantrev*, v. p. 28.

(2) *Gorddu*, « très noire; » *gorwen*, « très blanche. » *Pennant* signifie le bout du ravin ou du ruisseau (armor. *ant* pour *nant* par *an nant*, la rigole entre deux sillons), patois français, *un nant*. *Govud*, « affliction. »

(3) Gwidolwyn le nain a pour fille Eurolwen, mentionnée plus haut p. 224.

l'orient, elles la conserveront avec sa chaleur jusqu'à l'occident. Il ne te les donnera pas de bon gré ; l'y contraindre, tu ne le pourrais pas. »

— « Si toi, tu le crois difficile, pour moi c'est chose facile. »

— « Si tu l'obtiens, il y a une chose que tu n'obtiendras pas : il y en a qui désirent du lait frais ; or, je n'ai pas la prétention d'en avoir pour chacun, si je n'ai les bouteilles de Rinnon Rin (1) Barnawt dans lesquelles aucune liqueur ne tourne. Il ne les donnera à personne de bon gré ; l'y contraindre, tu ne le pourrais pas. »

— « Si toi, tu le crois difficile, pour moi c'est chose facile. »

— « Si tu l'obtiens, il y a une chose que tu n'obtiendras pas : il n'y a pas au monde de peigne ni de ciseaux avec lesquels on puisse mettre en état ma chevelure, tellement elle est touffue, à l'exception du peigne et des ciseaux qui se trouvent entre les deux oreilles de Twrch Trwyth (2), fils du

---

(1) *Rin*, « secret, » vertu mystérieuse.

(2) La première mention du Twrch Trwyth ou porc Trwyth se trouve dans Nennius LXXIX : en chassant le porc Troit (*porcum Terit*, var. Troit), le chien d'Arthur, Cabal aurait imprimé la marque de son pied sur une pierre ; Arthur aurait fait dresser à cet endroit un *carn* (amas de pierres) qui porte le nom de Carn-Cabal ; on peut enlever cette pierre et la transporter à une journée et une nuit de marche, elle retourne toujours au même lieu ; ce *carn* serait en Buellt, Breconshire. Il n'est pas inutile d'ajouter que ce passage n'appartient probablement pas à l'œuvre primitive de Nennius (Cf. A. de La Borderie, *Nennius*; Georges

prince Taredd. Il ne les donnera pas de bon gré ;
l'y contraindre, tu ne le pourrais pas. »

— « Si toi, tu le crois difficile, pour moi c'est
chose facile. »

— « Si tu l'obtiens, il y a une chose que tu n'obtiendras pas : Drutwyn, le petit chien de Greit, fils d'Eri : on ne peut chasser le Twrch Trwyth sans lui. »

— « Si toi, tu le crois difficile, pour moi c'est
chose facile. »

— « Si tu l'obtiens, il y a une chose que tu n'obtiendras pas : la laisse de Kwrs Kant Ewin ; il n'y a pas au monde d'autre laisse à pouvoir le retenir. »

— « Si toi, tu le crois difficile, pour moi c'est
chose facile. »

Heeger, *Die Trojanersage der Britten*, Munich, 1886, p. 21 et suiv.). D'après lady Guest, Carncavall est une montagne du district de Builh, au sud de Rhayader Gwy, Brecon. Il existerait encore sur le sommet de cette montagne une pierre portant une empreinte ressemblant à celle de la patte d'un chien. Elle en donne un dessin (*Mab.*, II, p. 359). Le livre d'Aneurin contient probablement une allusion au Twrch Trwyth (Skene, *Four anc. books*, II, p. 94). L'histoire du Twrch Trwyth ressemble singulièrement à celle de la truie de Dallweir Dallbenn, Henwen. Henwen était pleine ; or, il était prédit que l'île aurait à souffrir de sa portée. Arthur rassemble ses troupes pour la détruire. Le gardien de la truie, Coll, fils de Collvrewi, a toujours la main dans ses crins partout où elle va. La laie accouche ici d'un grain de froment, là d'un grain d'orge, ailleurs d'un louveteau, et enfin d'un chat que Coll lance dans le détroit de Menei. Les enfants de Paluc recueillirent et élevèrent ce chat qui devint une des trois plaies de Mon (Anglesey) (V. *Triades Mab.*, p. 307, 18 ; Skene, II, p. 458). *Twrch* est le nom de deux rivières du pays de Galles et d'une commune du Finistère, près Quimper. *Tourch*, en breton armoricain, a le sens de pourceau mâle.

— « Si tu l'obtiens, il y a une chose que tu n'obtiendras pas : le collier de Kanhastyr Kanllaw : il n'y a pas d'autre collier au monde à pouvoir retenir la laisse. »

— « Si toi tu le crois difficile, pour moi c'est chose facile. »

— « Si tu l'obtiens, il y a une chose que tu n'obtiendras pas : la chaîne de Kilydd Kanhastyr pour joindre le collier à la laisse. »

— « Si toi, tu le crois difficile, pour moi c'est chose facile. »

— « Si tu l'obtiens, il y a une chose que tu n'obtiendras pas : il n'y a d'autre chasseur à pouvoir chasser avec ce chien que Mabon, fils de Modron; il a été enlevé à sa mère la troisième nuit (1) de sa naissance, et on ne sait ni où il est, ni s'il est mort ou vivant. »

— « Si toi, tu le crois difficile, pour moi c'est chose facile. »

— « Si tu l'obtiens, il y a une chose que tu n'obtiendras pas : Gwynn Mygdwnn (2), le cheval de Gweddw, aussi rapide que la vague, pour chasser le Twrch Trwyth sous Mabon. Il ne te le donnera

---

(1) On remarquera que dans ce *Mabinogi* les Gallois comptent par nuits, ce qui était aussi l'habitude chez les Gaulois d'après César. La semaine s'appelle d'ailleurs, en gallois, *wythnos*, « huit nuits. » Le cornique et le breton ont emprunté le mot latin *septimana*.

(2) *Gwynn*, « blanc; » *mygdwnn* pour *myngdwnn*, « à la crinière sombre ».

pas de bon gré; l'y contraindre, tu ne le pourrais
pas. »

— « Si toi, tu le crois difficile, pour moi c'est
chose facile. »

— « Si tu l'obtiens, voici que tu n'obtiendras
pas : on ne trouvera jamais Mabon puisqu'on ne
sait de quel côté il peut être, si on ne trouve
Eidoel (1), fils d'Aer, qui est du même sang. Autrement, toute recherche serait inutile. C'est son cousin germain. »

— « Si toi, tu le crois difficile, pour moi c'est
chose facile. »

— « Si tu l'obtiens, voici que tu n'obtiendras
pas : Garselit le Gwyddel (2), chef des chasseurs
d'Iwerddon; on ne pourra jamais chasser le Twrch
Trwyth sans lui. »

— « Si toi, tu le crois difficile, pour moi c'est
chose facile. »

— « Si tu l'obtiens, voici que tu n'obtiendras
pas : une laisse faite de la barbe de Dillus Varvawc; il n'y en a pas d'autre à pouvoir tenir les
deux petits de [Gast Rymi], et on ne pourra en tirer parti que si on l'extrait poil par poil de sa barbe

---

(1) Le *Livre Noir* (Skene, II, 6, 6) fait mention de ce personnage.

(2) Cité dans les *Englynion y Klyweit*, recueil de proverbes ou conseils mis chacun dans la bouche d'un personnage plus ou moins connu; ce sont des épigrammes de trois vers et commençant toutes par a *glywaist ti*, « as-tu entendu?. » (*Myv. arch.*, p. 429, col. 2.

pendant qu'il est en vie. Il faut aussi l'arracher avec des pinces de bois. Jamais, tant qu'il vivra, il ne se laissera faire. Si on la lui arrache mort, la laisse ne sera d'aucune utilité : elle sera cassante.

— « Si toi, tu le crois difficile, pour moi c'est chose facile. »

— « Si tu l'obtiens, voici que tu n'obtiendras pas : il n'y a pas d'autre chasseur au monde à pouvoir tenir ces deux jeunes chiens que Kynedyr Wyllt, fils de Hettwn Glavyrawc (1). Il est plus sauvage neuf fois que la bête la plus sauvage de la montagne. Tu ne l'auras jamais, ni ma fille non plus. »

— « Si toi, tu le crois difficile, pour moi c'est chose facile. »

— « Si tu l'obtiens, voici que tu n'obtiendras pas : on ne peut chasser le Twrch Trwyth sans Gwynn (2), fils de Nudd, en qui Dieu a mis la force

---

(1) *Clavyrawc*, « le lépreux. »

(2) Rien ne montre mieux l'évolution des personnages mythologiques que l'histoire de Gwynn. Nudd est la forme galloise régulière, au nominatif, du nom de dieu qu'on trouve au datif dans les Inscript. latines de Bretagne : *Nodenti deo* (Inscript. Brit. lat. Hübner, p. 42, XIV). On a trouvé des traces d'un temple consacré à ce dieu à Lydney, Gloucestershire. La forme irlandaise de ce nom est, au nominatif, Nuada. Nuada à la main d'argent est un roi des Tuatha Dé Danann. Gwynn a été envoyé par les prêtres chrétiens en enfer. Son nom est synonyme de *diable*. Dafydd ab Gwilym, au lieu de dire : *Que le diable m'emporte!* dit : *que Gwynn, fils de Nudd, m'emporte!* (p. 170; cf. ibid., p. 260 : le hibou est appelé l'oiseau de Gwynn, fils de Nudd). La légende de saint Collen, qui a donné son nom à *Llan-gollen*, dans

des démons d'Annwvyn pour les empêcher de dé-

le Denbigshire et à *Lan-golen*, près Quimper, montre que ce n'est pas sans peine que les prêtres chrétiens ont réussi à noircir cet ancien dieu dans l'esprit des Gallois. Après une vie brillante et vaillante à l'étranger, Collen était devenu abbé de Glastonbury. Il voulut fuir les honneurs et se retira dans une cellule sur une montagne. Un jour, il entendit deux hommes célébrer le pouvoir et les richesses de Gwynn, fils de Nudd, roi d'Annwvn. Collen ne put se contenir, mit la tête hors de la cellule et leur dit : « Gwynn et ses sujets ne sont que des diables! » — « Tais-toi, » répondirent-ils, « crains sa colère. » En effet, le lendemain, il recevait de Gwynn une invitation à un rendez-vous sur une montagne. Collen n'y alla pas. Le jour suivant, même invitation, même résultat. La troisième fois, effrayé des menaces de Gwynn, et prudemment muni d'un flacon d'eau bénite, il obéit. Il fut introduit dans un château éblouissant ; Gwynn était assis sur un siège d'or, entouré de jeunes gens et de jeunes filles richement parés. Les habits des gens de Gwynn étaient rouges et bleus. Gwynn reçut parfaitement Collen et mit tout à sa disposition. Après une courte conversation, après avoir dit au roi qui lui demandait son impression sur la livrée de ses gens, que le rouge signifiait chaleur brûlante, et le bleu, froid, il l'aspergea d'eau bénite lui et ses gens, et tout disparut (lady Guest, d'après la collection du *Greal*, p. 337. Londres, 1805). Le dieu Gwynn, fils de Nudd, joue donc le même rôle en Galles que Nuada et les Tuatha Dé Danann en Irlande. Chez certains poètes, Gwynn n'a pas ce caractère diabolique ; c'est un héros comme beaucoup d'autres ; Gwynn est descendu au rang des hommes. Dans le *Livre Noir*, 55, XXXIII, il se donne comme l'amant de Kreurdilat, fille de Lludd ; il a assisté à beaucoup de batailles, à la mort de beaucoup de héros, et déclare enfin qu'il est mort lui-même. Notre *Mabinogi* concilie la légende chrétienne et païenne. Ne pouvant l'arracher de l'enfer, où saint Collen et ses amis l'ont irrévocablement installé, l'auteur explique que c'est pour mater les démons et les empêcher de nuire aux mortels. Le paradis des Celtes s'appelait chez les Gaëls Findmag et chez les Gallois *Gwynva*,

truire les gens de ce monde : il est trop indispensable pour qu'on le laisse partir. »

— « Si toi, tu le crois difficile, pour moi c'est chose facile. »

— « Si tu l'obtiens, voici que tu n'obtiendras pas : il n'y a d'autre cheval à pouvoir porter Gwynn à la chasse du Twrch Trwyth que Du, le cheval de Moro Oerveddawc (1). »

— « Si toi, tu le crois difficile, pour moi c'est chose facile. »

— « Si tu l'obtiens, voici que tu n'obtiendras pas : jusqu'à l'arrivée de Gilennin, roi de France, on ne pourra chasser le Twrch Trwyth. Or, il ne serait pas convenable à lui d'abandonner son pays pour l'amour de toi. Jamais il ne viendra. »

— « Si toi, tu le crois difficile, pour moi c'est chose facile. »

— « Si tu l'obtiens, voici que tu n'obtiendras pas : on ne pourra chasser le Twrch Trwyth sans Alun, fils de Dyvet : il est habile à lancer les chiens.

— « Si toi, tu le crois difficile, pour moi c'est chose facile. »

— « Si tu l'obtiens, voici que tu n'obtiendras

« le champ blanc ou heureux », ou peut-être le champ de Gwynn (Gwynva = *Vindo-magos).

(1) Il faut peut-être lire *aerveddawc*. Les trois *aer-veddawc* sont Selyv ab Cynan Garwyn; Avaon, fils de Taliesin, et Gwallawc ab Lleenawc. On les appelait ainsi parce qu'ils vengeaient les torts qu'on avait envers eux, *même de la tombe* (*Myv. arch.*, p. 408, 76).

pas : jamais on ne chassera le Twrch Trwyth sans Anet et Aethlem (1), aussi rapides que le vent : on ne les a jamais lancés sur une bête qu'ils ne l'aient tuée. »

— « Si toi, tu le crois difficile, pour moi c'est chose facile. »

— « Si tu l'obtiens, voici que tu n'obtiendras pas : Arthur et ses compagnons pour chasser le Twrch Trwyth. C'est un homme puissant. Jamais il ne viendra pour l'amour de toi ; l'y contraindre, tu ne le pourrais pas. »

— « Si toi, tu le crois difficile, pour moi c'est chose facile. »

— « Si tu l'obtiens, voici que tu n'obtiendras pas : on ne chassera jamais le Twrch Trwyth sans Bwlch, Kyvwlch et Syvwlch, petit-fils de Cleddyv Divwlch : rien n'est plus blanc que le blanc de leurs trois boucliers, plus poignant que la pointe de leurs trois lances, plus tranchant que le tranchant de leurs trois épées ; Glas, Gleissic, Gleissyat.... leurs trois chiens sont Kall, Kuall et Kavall ; leurs trois chevaux Hwyrdyddwc, Drycdyddwc et Llwyrdyddwc ; leurs trois femmes, Och, Garam et Diaspat ; leurs trois petits-fils Lluchet, Nyvet et Eissiwet ; leurs trois filles Drwc, Gwaeth et Gwaethav Oll ; leurs trois servantes...; quand ces trois hommes sonnent de leurs trompes,

---

(1) *Aethlem*, féminin d'*aethlym*, « aigu et poignant. »

tous les autres crient : on croirait que le ciel s'écroule sur la terre. »

— « Si toi, tu le crois difficile, pour moi c'est chose facile. »

— « Si tu l'obtiens, voici que tu n'obtiendras pas : l'épée de Gwrnach Gawr (1). Le Twrch Trwyth ne sera tué qu'avec cette épée. Il ne la donnera jamais de bon gré, ni à aucun prix, ni par générosité ; l'y contraindre, tu ne le pourrais pas. »

— « Si toi, tu le crois difficile, pour moi c'est chose facile. »

— « En admettant que tu y réussisses, tu passeras dans ces recherches tes nuits sans dormir : non, jamais tu n'auras tout cela, ni ma fille non plus. » — « J'aurai des chevaux, j'irai à cheval ; mon seigneur et parent Arthur me procurera tout cela, j'aurai ta fille, et toi tu perdras la vie. » — « Eh bien, pars maintenant. Tu ne seras tenu de fournir ni nourriture ni boisson à ma fille tant

---

(1) L'épée merveilleuse, parmi les treize joyaux de l'île, est celle de Rhydderch Hael. Si un autre que lui la tirait du fourreau, elle s'embrasait depuis la poignée jusqu'à la pointe. Il la donnait à tous ceux qui la lui demandaient, ce qui lui valut le nom de Rhydderch le généreux, mais tous la rejetaient à cause de cette particularité (Lady Guest, II, p. 354). Il y a un Urnach l'Irlandais qui aurait amené les Gaëls dans le nord du pays de Galles. Son fils Serygi aurait été tué à la bataille de Cerric y Gwyddel par Caswallon Llawhir « à la main longue. » Son petit-fils Daronwy, encore enfant, aurait été recueilli par les vainqueurs sur le champ de bataille. Elevé par les Gallois, il s'unit plus tard aux Irlandais, et devint la cause des plus grands maux pour ses bienfaiteurs (*Iolo mss.*; p. 81, 82).

que dureront tes recherches. Quand tu auras trouvé toutes ces merveilles, ma fille t'appartiendra. »

Ce jour-là, ils marchèrent jusqu'au soir et finirent par apercevoir un grand château-fort, le plus grand du monde. Ils virent en sortir un homme noir plus gros que trois hommes de ce monde-ci à la fois. « D'où viens-tu, homme? » lui dirent-ils. — « Du château que vous voyez là-bas. » — « Quel en est le maître? » — « Vous êtes vraiment sans intelligence : il n'y a personne au monde qui ne sache quel est le maître de ce château : c'est Gwrnach Gawr. » — « Quel accueil fait-on aux hôtes et aux étrangers qui descendent dans ce château? » — « Prince, Dieu vous protège! Jamais personne n'a logé dans ce château qui en soit sorti en vie. On n'y laisse entrer que l'artiste qui apporte avec lui son art. » Ils se dirigèrent vers le château. « Y a-t-il un portier? » dit Gwrhyr Gwalstawt Ieithoedd. — « Oui, et toi, que ta langue ne reste pas muette dans ta bouche; pourquoi m'adresses-tu la parole? » — « Ouvre la porte. » — « Je ne l'ouvrirai pas. » — « Pourquoi n'ouvres-tu pas? » — « Le couteau est dans la viande, la boisson dans la corne, on s'ébat dans la salle de Gwrnach Gawr ; ce n'est qu'à l'artiste qui apportera son art que l'on ouvrira la porte désormais cette nuit. » Alors Kei dit : « Portier, j'ai un art. » — « Lequel? » — « Je suis le meilleur polisseur d'épées qu'il y ait au monde. » — « Je vais le dire à Gwrnach Gawr et je te rapporterai sa réponse. » Le portier entra : « Il y a du nouveau à l'entrée? » dit Gwrnach Gawr. — « Oui, il y a à la porte une compagnie qui veut entrer. » — « Leur as-tu demandé s'ils apportent un art? » — « Je l'ai fait, et l'un d'eux prétend qu'il est bon polisseur d'épées. Avons-nous besoin de lui? » — « Il y a pas mal de temps que je cherche en vain quelqu'un qui me nettoie mon épée. Laisse entrer celui-là puisqu'il apporte un art. »

Le portier alla ouvrir la porte. Kei entra et salua Gwrnach Gawr. On l'assit en face de lui. « Est-ce vrai, homme, » dit Gwrnach Gawr, « ce que l'on dit de toi, que tu sais polir les épées? » — « Je le sais, et bien, » répondit Kei. On lui apporta l'épée de Gwrnach. Kei tira de dessous son aisselle une pierre à aiguiser bleuâtre, et lui demanda ce qu'il préférait : qu'il polît la garde en blanc ou en bleu (1). « Fais comme tu voudras, » dit Gwrnach, « comme si l'épée t'appartenait. » Kei nettoya la moitié de l'épée et la lui mit dans la main en disant : « Cela te plaît-il? » — « Plus que n'importe quoi dans mes états, si elle était ainsi tout entière. C'est pitié qu'un homme comme toi soit sans compagnon. » — « Seigneur, j'en ai un, quoiqu'il n'apporte pas cet art-ci? » — « Qui est-ce? » — « Que le portier sorte. Voici à quels signes il le reconnaîtra : la pointe de sa lance se détachera

---

(1) Voir notes critiques.

de la hampe, elle tirera du sang du vent et descendra de nouveau sur la hampe. » La porte fut ouverte et Bedwyr entra. « Bedwyr, » dit Kei, « est un homme précieux quoiqu'il ne sache pas cet art-ci. »

Il y avait grande discussion parmi ceux qui étaient restés dehors, à cause de l'entrée de Kei et de Bedwyr. Un d'entre eux, un jeune homme, le fils unique de Kustennin le berger, réussit à entrer et, ses compagnons s'attachant à lui, il traversa les trois cours (1) et arriva à l'intérieur du château. Ses compagnons lui dirent alors : « Puisque tu as fait cela, tu es le premier des hommes. » Depuis on l'appela Goreu (le meilleur), fils de Kustennin. Ils se dispersèrent pour aller dans les différents logis, afin de pouvoir tuer ceux qui les tenaient, sans que le géant le sût. Quand l'épée fut remise en état, Kei la mit dans la main de Gwrnach Gawr, pour voir si le travail lui plaisait. « Le travail est bon, » dit le géant, « il me plaît. » — « C'est ta gaîne, » dit Kei, » qui a gâté l'épée. Donne-la moi pour que je lui enlève ses garnitures de bois et que j'en remette de neuves. » Il prit la gaîne d'une main, l'épée de l'autre ; et, le bras au-

(1) Le *cadlys* répond, sans doute, à l'*air-lis* irlandais. Chaque *lis*, résidence d'un noble entourée d'une levée de terre, renfermait au moins une cour intérieure (*air-lis*) où les troupeaux se réfugiaient (O'Curry, *On the manners*, I, p. 304). *Cad* ne signifie probablement pas ici *combat*, mais appartient à la même racine que *cadw*, garder.

dessus de la tête du géant comme s'il voulait remettre l'épée dans le fourreau, il la dirigea contre lui et lui fit voler la tête de dessus les épaules. Ils dévastèrent le château, enlevèrent ce qui leur convint des richesses et des bijoux, et, au bout d'un an, jour pour jour, ils arrivaient à la cour d'Arthur avec l'épée de Gwrnach Gawr. Ils racontèrent à Arthur leur aventure. Arthur leur demanda alors ce qu'il valait mieux chercher de toutes les merveilles. « Il vaut mieux, » répondirent-ils, « chercher d'abord Mabon, fils de Modron, mais on ne le trouvera pas avant d'avoir trouvé Eidoel, fils d'Aer, son parent. »

Arthur partit avec les guerriers de l'île de Bretagne à la recherche d'Eidoel, et ils arrivèrent devant le château fort de Glini, où Eidoel était emprisonné. Glini, debout sur le haut de ses murs, s'écria : « Arthur, qui me réclames-tu, du moment que tu ne me laisses pas en paix sur ce pic rocailleux? Je suis assez privé de biens, de plaisir, de froment, d'avoine, sans que tu cherches encore à me nuire. » — « Ce n'est pas pour te faire du mal, » répondit Arthur, « que je suis venu ici, c'est pour chercher ton prisonnier. » — « Je te le donnerai, bien que je ne fusse disposé à le donner a personne, et, en outre, tu auras ma force et mon appui. » Les hommes d'Arthur lui dirent alors : « Seigneur, retourne chez toi; tu ne peux aller à la tête de ton armée, chercher des choses de si mince importance. » — « Gwrhyr Gwalstawt Ieithoedd, » dit Arthur, « c'est à toi que revient cette mission : tu sais toutes les langues, tu sais même converser avec certains oiseaux et certains animaux. Eidoel, c'est à toi d'aller chercher ton cousin avec mes hommes. Kei et Bedwyr, j'ai bon espoir qu'une entreprise à laquelle vous prendrez part réussira : allez-y pour moi. »

Ils marchèrent jusqu'à ce qu'ils rencontrèrent le merle de Cilgwri (1). Gwrhyr lui demanda : « Au nom de Dieu, sais-tu quelque chose de Mabon, fils de Modron, qu'on a enlevé la troisième nuit de sa naissance d'entre sa mère et le mur? » — « Lorsque je vins ici pour la première fois, » dit le merle, « il y avait une enclume de forgeron, et je n'étais alors qu'un jeune oiseau; il n'y a eu dessus d'autre travail que celui de mon bec chaque soir, et

---

(1) Le récit qui suit a été reproduit modifié dans les *Iolo mss.*, sous le titre de *Henaifion byd*, « les anciens du monde » (p. 188). Dans cette version, l'aigle de Gwernabwy veut se remarier, mais à une veuve de son âge; il songe à la chouette de Cwm Cawlwyd, mais il veut être fixé sur son âge. Il prend des renseignements auprès du cerf de Rhedynvre, en Gwent, du saumon de Llyn Llivon, du merle de Cilgwri, du crapaud de Cors Vochno, en Ceredigiawn (Cardiganshire), les créatures les plus vieilles du monde : la chouette était plus vieille qu'aucun d'eux. L'aigle put ainsi épouser la chouette sans se mésallier. Dafydd ab Gwilym fait allusion, dans un même passage, aux animaux de Gwernabwy, de Cilgwri et de Cwm Cawlwyd (p. 68; cf. *Myv. arch.*, p. 340, col. 2). Il y a un endroit du nom de Cilgwri, dans le Flintshire (*Lew. Glyn Cothi*, p. 415, vers 20, note). Une traduction française du conte des *Anciens du monde* a été publiée dans la *Revue de Bretagne et de Vendée*, année 1887, 1er semestre, p. 456-458, d'après la traduction anglaise.

aujourd'hui elle est usée au point qu'il n'en reste pas la grosseur d'une noix : que Dieu me punisse si j'ai jamais rien entendu, au sujet de l'homme que vous demandez. Cependant ce que la justice commande et ce que je dois aux messagers d'Arthur, je le ferai. Il y a une race d'animaux que Dieu a formés avant moi : je vous guiderai jusqu'à eux. »

Ils allèrent jusqu'à l'endroit où se trouvait le cerf de Redynvre (1). « Cerf de Redynvre, nous voici venus vers toi, nous messagers d'Arthur, parce que nous ne connaissons pas d'animal plus vieux que toi. Dis, sais-tu quelque chose au sujet de Mabon, fils de Modron, qui a été enlevé à sa mère la troisième nuit de sa naissance? » — « Lorsque je vins ici pour la première fois, » dit le cerf, « je n'avais qu'une dague (2) de chaque côté de ma tête et il n'y avait ici d'autre arbre qu'un jeune plant de chêne: il est devenu un chêne à cent branches; le chêne est tombé; il n'y en a plus que des restes rougis et pourris : quoique je sois resté ici tout ce temps, je n'ai rien entendu au sujet de celui que

---

(1) *Redyn*, « fougère; » *bre*, « colline. »

(2) La deuxième année, il pousse sur la tête du cerf deux petites pointes qu'on nomme *dagues*, mot qui répond exactement au gallois *reidd*, du latin *radius* (*Vénerie*, par Jacques du Foulloux, réimprimé à Angers, en 1844). L'écriture *reit* pour *reid* = *reidd*, vient d'une copie où le *t* avait la valeur d'une spirante dentale sonore, comme c'est la règle dans le *Livre Noir*; cf. *y byt* = *y bydd*, Mab., p. 237, l. 27.

vous demandez. Cependant, puisque vous êtes des messagers d'Arthur, je serai votre guide jusqu'auprès d'animaux que Dieu a formés avant moi. »

Ils arrivèrent à l'endroit où était le hibou de Kwm Kawlwyt (1). « Hibou de Kwm Kawlwyt, nous sommes des envoyés d'Arthur; sais-tu quelque chose de Mabon, fils de Modron, qui a été enlevé à sa mère la troisième nuit de sa naissance? » — « Si je le savais, je le dirais. Quand je vins ici pour la première fois, la grande vallée que vous voyez était couverte de bois. Vint une race d'hommes qui le détruisit. Un second bois y poussa; celui-ci est le troisième. Vous voyez mes ailes? Ce ne sont plus que des moignons racornis : eh bien, depuis ce temps jusqu'aujourd'hui, je n'ai jamais entendu parler de l'homme que vous demandez. Je serai cependant votre guide, à vous, messagers d'Arthur, jusqu'auprès de l'animal le plus vieux de ce monde et celui qui circule le plus, l'aigle de Gwernabwy. »

Gwrhyr dit : « Aigle de Gwernabwy, nous, messagers d'Arthur, nous sommes venus vers toi pour te demander si tu sais quelque chose au sujet de Mabon, fils de Modron qui a été enlevé à sa mère, la troisième nuit de sa naissance. » — « Il y a longtemps, » dit l'aigle, « que je suis venu ici; à mon arrivée, il y avait une roche du sommet de laquelle je becquetais les astres chaque soir; maintenant elle

---

(1) D'après lady Guest, il y a un lieu de ce nom dans le Carnarvonshire, et un autre dans le Carmarthenshire.

n'a plus qu'une palme de haut; je suis ici depuis, et néanmoins je n'ai rien entendu au sujet de l'homme que vous demandez. Cependant, une fois j'allai chercher ma nourriture à Llynn Llyw; arrivé à l'étang, j'enfonçai mes serres dans un saumon, pensant qu'en lui ma nourriture était assurée pour longtemps; mais il m'entraîna dans les profondeurs, et ce ne fut qu'à grand'peine que je pus me débarrasser de lui. Moi et mes parents nous nous mîmes en campagne avec ardeur pour tâcher de le mettre en pièces, mais il m'envoya des messagers pour s'arranger avec moi, et il vint en personne me livrer de son dos cinquante harponnées de chair. Si lui ne sait rien de ce que vous cherchez, je ne connais personne qui puisse le savoir. Je vous guiderai en tout cas jusqu'auprès de lui. » Quand ils furent arrivés à l'étang, l'aigle dit : « Saumon de Llynn Llyw, je suis venu vers toi avec les messagers d'Arthur pour te demander si tu sais quelque chose au sujet de Mabon, fils de Modron, qui a été enlevé à sa mère la troisième nuit de sa naissance. » — « Tout ce que je sais, je vais vous le dire. Je remonte la rivière avec chaque marée jusqu'auprès des murs de Kaer Loyw (1), et c'est là que j'ai éprouvé le plus grand mal de ma vie. Pour vous en convaincre, que deux d'entre

---

(1) Gloucester. Gloyw (Glevum) devient, en composition avec le nom féminin Kaer, Loyw, suivant une règle commune à tous les dialectes bretons.

vous montent sur moi, un sur chaque épaule. »

Kei et Gwrhyr Gwalstawt Ieithoedd montèrent sur les épaules du saumon, ils arrivèrent auprès de la muraille du prisonnier, et ils entendirent de l'autre côté des plaintes et des lamentations. « Quelle créature, » dit Gwrhyr, « se lamente dans cette demeure de pierre? » — « Hélas, homme, il a lieu de se lamenter celui qui est ici : c'est Mabon, fils de Modron (1). Personne n'a été plus cruellement enfermé dans une étroite prison que moi, pas même Lludd Llaw Ereint (2), ni Greit, fils

---

(1) Mabon est un des trois prisonniers de très haut rang de l'île avec Llyr Lledyeith, et Gweir, fils de Geiryoedd. Il y en avait un plus illustre encore : Arthur, qui fut trois nuits en prison dans Kaër Oeth et Anoeth, trois nuits en prison par Gwenn Benndragon, trois nuits dans une prison enchantée sous Llech Echymeint. Ce fut Goreu qui les délivra (*Triades Mab.*, p. 308, 9). Mabon est appelé dans le *Livre Noir* le serviteur d'Uthir Pendragon (Skene, 51, 1). Dans les assemblées des bardes, on comprenait sous le nom de *Cofanon darempryd Mabon ab Modron* (les souvenirs voyageurs de Mabon ab Modron) les noms des bardes, poètes, savants de l'île et tout ce qui les concernait (*Iolo mss.*, p. 206).

(2) Il y a eu confusion entre ce personnage et Llyr, comme je l'ai déjà dit. Je serais fort tenté de corriger *Ludd* en *Nudd Llaw Ereint* ou Nudd à la main d'argent, et de l'identifier avec le Nuada à la main d'argent, roi des Tuatha Dé Danann. Ce Nuada avait perdu une main qui avait été remplacée par une main d'argent. Il fut tenu avec son peuple dans l'oppression par le Fomoré Breas, qu'ils avaient pris pour champion, mais il finit par être délivré et remis sur le trône. Le sens d'*Ereint* est rendu certain par un passage de notre *mabinogi* sur le porc Grugyn Gwrych Ereint (*Ereint* = *Argentios*).

d'Eri (1). » — « As-tu espoir d'être relâché pour or, pour argent, pour des richesses de ce monde, ou seulement par combat et bataille? » — « Tout ce que j'obtiendrai, ce sera par combat. » Ils s'en allèrent et retournèrent près d'Arthur auquel ils apprirent où Mabon, fils de Modron, était en prison. Arthur convoqua les guerriers de cette île et s'avança jusqu'à Kaer Loyw où Mabon était emprisonné. Kei et Bedwyr montèrent sur les épaules du poisson et, pendant que les soldats d'Arthur attaquaient le château, Kei fit une brèche aux parois de la prison et enleva le prisonnier sur son dos. Les hommes continuèrent à se battre et Arthur revint chez lui avec Mabon délivré.

Arthur dit : « Laquelle des autres merveilles vaut-il mieux maintenant chercher la première? » — « Il vaut mieux chercher d'abord les deux petits de Gast Rymhi. » — « Sait-on de quel côté elle est? » — « Elle est, » dit quelqu'un, « à Aber Deugleddyv (2). » Arthur se rendit à Aber Deugleddyv, chez Tringat, et lui demanda s'il avait entendu parler d'elle et comment elle était faite. « Elle est

---

(1) « Ardent comme Greit, fils d'Eri, » dit Kynddelw, poëte du douzième siècle (*Myv. arch.*, p. 165, col. 2).

(2) Aber Deu Gleddyv, aujourd'hui, en anglais, Milford Haven, dans le comté de Pembroke (*Penvro* en gallois). Il y avait un *cantrev* de *Daugleddeu* comprenant les *cwmwd* de Amgoed, Pennant et Evelvre (Powell, *History of Wales*, p. xviii). Aber, comme en breton arm., signifie *embouchure*, *efflux*. Le nom de Deu Gleddyv vient de deux rivières de cette région, portant toutes les deux le nom de *Cleddyv*.

sous la forme d'une louve, » dit-il, « et ses deux petits voyagent avec elle. Elle a souvent tué de mon bétail. Elle est là-bas à Aber Cleddyv, dans une caverne. » Arthur envoya une partie de ses troupes par mer sur Prytwenn (1), son navire, et les autres par terre, pour chasser la chienne. Ils la cernèrent ainsi elle et ses deux petits. Dieu, en faveur d'Arthur, les rendit à leur forme naturelle. Alors les soldats d'Arthur se dispersèrent un à un, deux à deux.

Un jour que Gwythyr, fils de Greidiawl franchissait une montagne, il entendit des lamentations et des cris qui faisaient peine. Il se précipita de ce côté. Arrivé sur les lieux, il dégaîna son épée et coupa la butte aux fourmis au niveau du sol, délivrant ainsi les fourmis du feu : « Emporte avec toi, » dirent-elles, « la bénédiction de Dieu et la nôtre. Un service que pas un homme ne pourrait te rendre, nous, nous te le rendrons. » Elles ne tardèrent pas à arriver avec les neuf setiers de graine de lin qu'avait réclamés Yspaddaden Penkawr à Kulhwch, parfaitement mesurés, sans qu'il y manquât autre chose qu'un seul grain, et en-

---

(1) *Prytwenn*, « visage blanc. » Gaufrey de Monmouth et, naturellement, le *Brut Tysilio*, font de Prytwenn le bouclier d'Arthur (Gaufrey, IX, 4; *Brut Tysilio*, *Myv. arch.*, p. 462). Taliesin (Skene, II, 181, 15) y fait allusion : « Trois fois plein Prytwen nous y allâmes : nous ne revînmes que sept de Caer Sidi. » Le *Liber Landav.* mentionne un lieu appelé *Messur Prytguen*, p. 198. (La mesure de Prytguen.)

core avant la nuit, fut-il apporté par la fourmi boiteuse.

Un jour que Kei et Bedwyr étaient assis au sommet du Pumlummon (1) sur Karn Gwylathyr, au milieu du plus grand vent du monde, en regardant autour d'eux, ils aperçurent au loin, sur la droite, une grande fumée que le vent ne faisait pas le moins du monde dévier. « Par la main de mon ami, » dit Kei, « voilà là-bas le feu d'un voleur (2). » Ils se dirigèrent en toute hâte du côté de la fumée et s'en approchèrent avec beaucoup de précaution, de loin, jusqu'à ce qu'ils aperçurent Dillus Varvawc en train de cuire un sanglier. « Voilà le plus grand des voleurs, » dit Kei, « il a toujours échappé à Arthur. » — « Le connais-tu? » dit Bedwyr. — « Je le connais : c'est Dillus Varvawc. Il n'y a pas au monde de laisse à pouvoir tenir Drutwyn, le petit chien de Greit, fils d'Eri, si ce n'est une laisse faite de la barbe de l'homme que tu vois là-bas ; et elle ne servira de rien, si on ne l'extrait poil par poil de sa barbe avec des pinces de bois pendant qu'il sera en vie ; s'il était mort, le poil serait cassant. » — « Qu'allons-nous faire

---

(1) *Pumlummon*, aujourd'hui appelé le Plinlimmon, montagne du comté de Cardigan, sur les confins du comté de Montgomery, où prennent leur source la Severn, la Wye et la Rheidol, appelées pour ce motif *les trois sœurs*.

(2) Un proverbe gallois dit : *arwydd drwc mwc yn diffeith*, « signe de mal que la fumée dans la solitude » (Y Cymmrodor, VII, p. 139, l. 1).

alors ? » — « Laissons-le manger tout son saoûl de cette viande ; il dormira après. » Pendant qu'il mangeait, ils firent des pinces de bois. Quand Kei fut sûr qu'il dormait, il creusa sous ses pieds un trou le plus grand du monde, lui donna un coup d'une force inimaginable et le pressa dans le trou jusqu'à ce qu'ils eurent achevé de lui enlever toute sa barbe avec les pinces de bois. Puis ils le tuèrent net et s'en allèrent tous deux jusqu'à Kelli Wic en Kernyw avec la laisse faite de la barbe de Dillus Varvawc qu'ils mirent dans la main d'Arthur. Arthur chanta alors cet *englyn* :

> Kei a fait une laisse
> de la barbe de Dillus, fils d'Eurei :
> s'il avait été vivant, c'eût été ta mort.

Kei en fut tellement irrité que les guerriers de cette île eurent grand peine à mettre la paix entre lui et Arthur. Jamais, dans la suite, qu'Arthur eût besoin de secours ou qu'on tuât ses hommes, Kei ne se jeta dans le danger avec lui.

Arthur dit alors : « Laquelle des autres merveilles vaut-il mieux chercher d'abord ? » — « Il vaut mieux chercher Drutwyn le petit chien de Greit, fils d'Eri. » Peu de temps avant, Kreiddylat, la fille de Lludd Llaw Ereint, s'en était allée comme femme avec Gwythyr, fils de Greidiawl. Avant qu'il ne couchât avec elle, survint Gwynn, fils de Nudd qui l'enleva de force. Gwythyr, fils de Greidiawl, rassembla une armée et vint se battre avec Gwynn fils de Nudd. Celui-ci fut victorieux et s'empara de Greit, fils d'Eri, de Glinneu, fils de Taran (1), de Gwrgwst Letlwm (2), de Dyvnarth, son fils; il prit aussi Penn, fils de Nethawc, Nwython (3) et Kyledyr Wyllt, son fils. Il tua Nwython, mit son cœur à nu et força Kyledyr à manger le cœur de son père (4) : c'est à la suite de cela que Kyledyr devint fou. Arthur, à ces nouvelles, se rendit au Nord, fit venir Gwynn, fils de Nudd, lui fit relâcher les nobles captifs et rétablit la paix entre lui et Gwythyr, fils de Greidiawl, à cette condition que la jeune fille resterait dans la maison de son père sans qu'aucun des deux rivaux usât d'elle : chaque premier jour de mai, jusqu'au jour du jugement, il y aurait bataille entre Gwynn et Gwythyr,

(1) *Taran*, « tonnerre. »
(2) *Llet-lwm*, « à moitié nu. »
(3) Dans le Gwarchan Maelderw attribué à Aneurin (*Four ancient books of Wales*, p. 103, vers 29, 31), il est question d'un fils de Nwython appelé Neim? Nwython est peut-être le même nom que le nom picte Naiton, nom d'un roi vivant au commencement du huitième siècle (Bède, *Hist. eccl.*, V, 21). Ce Naiton est le même personnage que le Nechtan des annales irlandaises (V. Connor, *Rerum hibernicarum script.*, IV, p. 236). *Naithon* serait-il la forme picte de *Nechtan*, et *Nwython* la forme bretonne ?
(4) L'histoire, si importante pour les mœurs galloises du onzième siècle, de Gruffudd ab Cynan, cite un fait d'antropophagie à la charge d'un Irlandais. Le compétiteur de Gruffudd au trône de Gwynedd ou Nord-Galles, fut tué à la bataille de Carno, et un des auxiliaires de Gruffudd, l'Irlandais *Gwrcharis* ou *Gwrcharci* en usa avec lui comme avec un porc, en fit du *bacwn* « porc salé et desséché » (*Myv. arch.*, p. 727, col. 2).

et celui qui serait vainqueur le jour du jugement prendrait la jeune fille. A la suite de l'accord qui intervint entre ces princes, Arthur obtint Gwynn Mygdwnn, le cheval de Gweddw, et la laisse de Kwrs Kant Ewin.

Arthur se rendit ensuite au Llydaw (Armorique) avec Mabon, fils de Mellt et Gware Gwallt Euryn pour chercher les deux chiens de Glythmyr Lledewic (l'Armoricain). Après les avoir pris, Arthur alla jusque dans l'ouest d'Iwerddon pour chercher Gwrgi Severi, en compagnie d'Odgar, fils d'Aedd, roi d'Iverddon. Puis, il se rendit au nord où il s'empara de Kyledyr Wyllt. Celui-ci alla à la recherche d'Yskithyrwynn Pennbeidd, ainsi que Mabon, fils de Mellt (1) tenant en main les deux chiens de Glythvyr Lledewic (2) et Drutwynn le petit chien de Greit, fils d'Eri. Arthur prit part en personne à la poursuite, tenant son chien Kavall. Kaw de Prydein monta sur Lamrei la jument d'Arthur, arriva le premier sur la bête aux abois (3) et, s'armant d'une forte cognée, avec la plus grande vaillance il fondit sur le sanglier, lui fendit la tête

(1) *Mabon ab Mellt*. Ce personnage apparaît à côté d'Arthur dans le *Livre Noir* (Skene, 31, 11) : *Mabon am Mellt*.

(2) *Lledewic*, « l'Armoricain, » dérivé de Llydaw, plus anciennement *Litaw*, nom gallois de l'Armorique gauloise, et qui, comme le mot *Armorique*, ne désigne plus que la péninsule armoricaine (v. J. Loth, *De Vocis Aremoricae forma atque significatione*. Paris, Picard, 1883).

(3) V. p. 105, note 1. Taliesin mentionne Llamrei (Skene, II, p. 176^b, 27).

en deux et s'empara de sa défense. Ce ne furent pas les chiens qu'avait indiqués Yspaddaden Penkawr à Kulhwch qui mirent en pièces le sanglier, mais bien Kavall lui-même, le chien d'Arthur.

Après avoir tué Yskithyrwynn Pennbeidd, Arthur et ses troupes se rendirent à Kelli Wic en Kernyw. De là, il envoya Menw, fils de Teirgwaedd, pour voir si les bijoux étaient entre les deux oreilles du Twrch Trwyth, car il était inutile qu'il allât se battre avec lui s'il n'avait plus sur lui les bijoux. Il était sûr en tout cas que lui était là : il venait de dévaster le tiers d'Iwerddon. Menw alla à sa recherche et l'aperçut à Esgeir Oervel en Iverddon. Menw se transforma en oiseau, descendit au-dessus de sa bauge et chercha à enlever un des bijoux, mais il n'eut qu'un de ses crins. Le sanglier se leva vigoureusement, résolument et se démena si bien qu'un peu de son venin atteignit Menw : à partir de là, celui-ci ne fut jamais bien.

Arthur envoya alors un messager à Odgar, fils d'Aedd, roi d'Iwerddon, pour lui demander le chaudron de Diwrnach le Gwyddel, son intendant. Odgar pria Diwrnach de le donner : « Dieu sait, » répondit Diwrnach, « que, quand même il se trouverait bien de jeter un seul regard sur le chaudron, il ne l'obtiendrait pas. » Le messager d'Arthur revint d'Iwerddon avec ce refus. Arthur partit avec une troupe légère sur Prytwenn, son navire. Aussitôt arrivés en Iwerddon, ils se rendirent chez Diwrnach le Gwyddel. Les gens d'Odgar purent se rendre compte de leur nombre. Quand ils eurent suffisamment bu et mangé, Arthur demanda le chaudron. Diwrnach répondit que s'il l'avait donné à quelqu'un, c'eût été sur l'invitation d'Odgar, roi d'Iwerddon. Sur ce refus, Bedwyr se leva, saisit le chaudron et le mit sur les épaules de Hygwydd (1), serviteur d'Arthur, frère par sa mère de Kachamwri, serviteur d'Arthur également : sa fonction en tout temps était de porter le chaudron d'Arthur et d'allumer le feu dessous. Llenlleawc le Gwyddel saisit Kaletvwlch, la fit tournoyer et tua Diwrnach et tous ses gens. Les armées d'Iwerddon accoururent pour leur livrer bataille. Après les avoir mises en complète déroute, Arthur et ses gens partirent aussitôt sur leur navire, emportant le chaudron plein de monnaie d'Iwerddon. Ils descendirent chez Llwyddeu, fils de Kelcoet, à Porth Kerddin (2) en Dyvet. C'est là qu'est la mesure du chaudron.

Arthur réunit alors tout ce qu'il y avait de combattants dans les trois îles de Bretagne, les trois île adjacentes (3), en France, en Llydaw, en Normandie, et dans le pays de l'Eté (4), tout ce qu'il

---

(1) *Hygwydd*, « qui tombe facilement ? »

(2) *Porth Kerddin*, peut-être Porthmawr, près Saint-David's Head, dans le comté de Pembroke, d'après lady Guest.

(3) Voir page 167, note 2.

(4) *Gwlad yr hav*, « le pays de l'été. » Une triade fait venir les Kymry ou Bretons du pays de l'été ou *Deffrobani*, « c'est-à-dire là où est Constantinople » (*Myv. arch.*, 400, 4). Deffrobani est

y avait de fantassins d'élite et de cavaliers en renom. Il partit avec toutes ces troupes pour l'Iwerddon. Il y eut grande crainte et tremblement à son approche. Lorsqu'il fut descendu à terre, les saints d'Iwerddon vinrent lui demander sa protection. Il la leur donna, et eux lui donnèrent leur bénédiction. Les hommes d'Iwerddon se rendirent auprès de lui et lui présentèrent des vivres. Il s'avança jusqu'à Esgeir Oervel, où se trouvait le Twrch Trwyth avec ses sept pourceaux. On lança sur eux les chiens de toutes parts. Les Gwyddyl (les Irlandais) se battirent avec lui ce jour-là jusqu'au soir, et il n'en dévasta pas moins la cinquième partie d'Iwerddon. Le lendemain, la famille d'Arthur se battit avec lui; mais ils n'en eurent que des coups et ne remportèrent aucun avantage. Le troisième jour, Arthur, en personne, engagea contre lui un combat qui dura neuf nuits et neuf jours; mais il ne réussit qu'à tuer un de ses pourceaux. Les hommes d'Arthur lui demandèrent alors ce qu'était cette laie. Il leur dit que c'était un roi que Dieu avait ainsi métamorphosé pour ses péchés.

Arthur envoya Gwrhyr Gwalstawt Ieithoedd pour chercher à s'entretenir avec l'animal. Gwrhyr s'en alla sous la forme d'un oiseau et descendit au-dessus de la bauge où il se trouvait avec ses sept pourceaux.

---

probablement pour *Taffrobani*, et semble être l'île plus ou moins fabuleuse de Taprobane, dont parlent les géographes anciens. Le pays de l'été désigne aussi tout simplement le Somersetshire (*Iolo mss.*, p. 86).

« Par celui qui t'a mis sous cette forme, » lui dit-il, « si toi et les tiens pouvez parler, je demande qu'un de vous vienne s'entretenir avec Arthur. » Grugyn Gwrych Ereint (1), dont les soies étaient comme des fils d'argent, à tel point qu'on le suivait à leur scintillement à travers bois ou champs, lui fit cette réponse : « Par celui qui nous a mis sous cette forme, nous n'en ferons rien; nous ne parlerons pas à Arthur. Dieu nous a fait déjà assez de mal en nous donnant cette forme, sans que vous veniez vous battre avec nous. » — « Apprenez qu'Arthur se bat avec vous pour le peigne, le rasoir et les ciseaux qui se trouvent entre les deux oreilles de Twrch Trwyth. » — « On n'aura ces joyaux, » répondit Grugyn, « qu'avec sa vie. Demain matin, nous partirons d'ici ; nous irons au pays d'Arthur et nous lui ferons le plus de mal que nous pourrons. » Les pourceaux partirent par mer dans la direction de Kymry. Arthur s'embarqua sur son navire *Prytwen* avec ses soldats, ses chevaux et ses chiens, et put se mesurer des yeux avec eux. Le Twrch Trwyth aborda à Porth Kleis (2) en Dyvet. Arthur, lui, cette nuit-là, s'avança jusqu'à Mynyw (3). On lui apprit le lendemain qu'ils étaient passés. Il les atteignit en train de tuer les bêtes à cornes de Kynnwas Kwrr y

---

(1) *Gwrych Ereint*, « aux crins d'argent. »

(2) *Porth Kleis*, petit port du comté de Pembroke, à l'estuaire de l'Alun.

(3) Mynyw ou Saint-David's (Pembrokeshire).

Vagyl, après avoir déjà détruit tout ce qu'il y avait d'hommes et d'animaux à Deu Gleddyv. A l'arrivée d'Arthur, le Twrch Trwyth s'enfuit jusqu'à Presseleu (1). Arthur s'y rendit avec ses troupes. Il envoya à leur poursuite Eli et Trachmyr, tenant Drutwyn, le petit chien de Greit, fils d'Eri; Gwarthegyt (2), fils de Kaw, dans un autre coin, tenait les deux chiens de Glythmyr Lledewic ; Bedwyr, lui, tenait en laisse Kavall, le chien d'Arthur. Arthur rangea toutes ses troupes autour de Glynn Nyver (3). Vinrent aussi les trois fils de Kleddyv Divwlch, qui s'étaient acquis beaucoup de gloire (4) en tuant Ysgithyrwynn Penbeidd. Le porc partit de Glynn Nyver et s'arrêta à Kwm Kerwyn (5) ; il y tua quatre des champions d'Arthur : Gwarthegyt, fils de Kaw ; Tarawc d'Allt Clwyt (6) ; Reidwn, fils

---

(1) *Presseleu*, v. p. 51, note.

(2) *Gwarthegyt*, de *gwarthec*, « vaches. »

(3) *Glynn Nyver*. A l'extrémité des Presselly-Mountains naît la Nyver ou Nevern. Le *Glynn* est une vallée étroite garnie de bois. On entend aussi souvent par là une vallée étroite et profonde traversée par un cours d'eau. *Glen*, en breton arm. moyen, a le sens de terre, monde (cf. vallée de larmes) par opposition au ciel.

(4) Ils ne paraissent pas dans cette chasse. Il y a là, comme en divers endroits, une lacune.

(5) *Cwm Kerwyn*, « la combe de la cuve » (*Cwm*, « vallon de forme concave »); contre le pic le plus élevé des monts de Preselly, Preselly Top, est le vallon de Cwm Cerwyn; à deux milles de là se dresse le sommet de Carn Arthur (lady Guest).

(6) *Allt-Clwyt*; *allt*, « colline, roche. » On a confondu la *Clwyd*, rivière du nord du pays de Galles, et la *Clut*, à l'époque latine *Clota*, qui a donné son nom au royaume des Bretons du nord ou de *Strat-Clut*, « vallée de la Clut, » anglais Clyde. L'Al-Clut ou

d'Eli Adver; Iscovan Hael. Puis il rendit les abois, et tua Gwydre, fils d'Arthur; Garselit le Gwyddel; Glew, fils d'Yscawt, et Iscawyn, fils de Panon; mais il fut lui-même blessé.

Le lendemain matin, vers le jour, quelques-uns des hommes d'Arthur l'atteignirent. C'est alors qu'il tua Huandaw, Gogigwc, Pennpingon, les trois serviteurs de Glewlwyt Gavaelvawr, si bien que celui-ci n'avait plus au monde aucun serviteur, à l'exception du seul Llaesgenym, dont personne n'eut jamais à se louer. Il tua, en outre, beaucoup d'hommes du pays, entre autres Gwlydyn Saer, le chef des charpentiers d'Arthur. Arthur lui-même l'atteignit à Pelumyawc. Après y avoir tué Madawc, fils de Teithyon; Gwynn, fils de Tringat fils de Nevet, et Eiryawn Pennlloran, le porc alla à Aber Tywi (1). Là, il rendit les abois et tua Kynlas (2), fils de Kynan, et Gwilenhin, roi de France. Il poussa ensuite jusqu'à Glynn Ystu. Là, hommes et chiens perdirent sa trace. Arthur fit venir Gwynn, fils de Nudd, et lui demanda s'il savait quelque chose au sujet du Twrch Trwyth. Il répondit qu'il ne savait rien.

Petra Clotae de Bède, est, probablement, pour *Alt-Clut*, « la colline rocheuse de la Clut » (Dumbarton).

(1) *Aber Tywi*, l'embouchure de la Tywi ou Towy, dans le comté de Carmarthen, le *Tobios* de Ptolémée.

(2) *Kynlas* = Cunoglassos, nom d'un roi breton dans l'Epistola Gildae (éd. Petrie, *Mon. hist. brit.*, 17), armor. *Cunglas* (*Cart. de Redon*); *Kynan*, en breton arm. *Conan*.

Tous les chasseurs se mirent alors à la poursuite du porc jusqu'à Dyffrynn Llychwr (1). Grugyn Gwallt Ereint et Llwyddawc Govynnyat leur tinrent tête et les tuèrent tous, à l'exception d'un seul qui leur échappa. Arthur et ses troupes arrivèrent à l'endroit où étaient Grugyn et Llwyddawc, et lancèrent sur eux absolument tous les chiens qui avaient été désignés. Aussitôt que les sangliers rendirent les abois, le Twrch Trwyth accourut à leur secours : depuis qu'ils avaient passé la mer d'Iwerddon, il ne s'était pas trouvé avec eux. Hommes et chiens tombèrent sur lui. Il se mit en marche et parvint à Mynydd Amanw (2). Là, une de ses truies fut tuée. On lui rendit vie pour vie. Twrch Lawin succomba également, ainsi qu'un autre des sangliers du nom de Gwys. Il s'avança jusqu'à Dyffrynn Amanw, où furent tués Banw et Benwic (3). Il n'y eut à s'échapper de là vivants, de tous ses pourceaux, que Grugyn Gwallt Ereint

---

(1) *Dyffrynn Llychwr*, écrit aujourd'hui *Loughor*, sur les confins des comtés de Carmarthen et de Glamorgan. *Dyffrynn* est une vallée arrosée par une rivière.

(2) *Mynydd Amanw*, ou la montagne d'Amanw, désigne les hauteurs formant barrière naturelle entre les comtés de Brecon et de Carmarthen. L'Amman est un affluent du Llychwr. On trouve sur ces monts un *Gwely Arthur*, ou lit d'Arthur. Près de l'endroit où la rivière *Amman* prend sa source est une butte appelée *Twyn y Moch*, et au pied se trouve *Llwyn y Moch*, « le buisson aux porcs. » La rivière *Twrch* (porc) est tout près. Elle se jette dans le Tawy, au-dessous d'Ystradgynlais. (lady Guest).

(3) *Banw*, « truie; » *Bennwic* est un diminutif.

et Llwyddawc Govynnyat. Il s'enfuirent de là jusqu'à Lwch Ewin, où Arthur atteignit le sanglier. Il rendit les abois et tua Echel Vorddwyt Twll, Garwyli, fils de Gwyddawc Gwyr (1), et beaucoup d'hommes et de chiens. Ils poursuivirent leur course jusqu'à Llwch Tawy (2), où Grugyn Gwallt Ereint se sépara d'eux. Il se rendit d'abord à Din Tywi (3), puis en Keredigyawn (4), suivi d'Eli et Trachmyr et de beaucoup d'autres, puis à Garth Gregyn (5), où il fut tué. Llwyddawc Govyniat se précipita au milieu d'eux, tua Ruddvyw Rys et beaucoup d'autres et s'enfuit jusqu'à Ystrad Yw (6), où les hommes du Llydaw se rencontrèrent avec lui. Il tua Hirpeissawc, roi du Llydaw, Llygatrudd Emys et Gwrbothw, oncles d'Arthur, frères de sa mère, et il fut tué lui-même.

Le Twrch Trwyth, lui, passa entre Tawy et Euyas (7). Arthur convoqua les hommes de Ker-

(1) *Gwyddawc Gwyr*, peut-être Gwyddawc de Gwyr, en anglais, Gower, partie occidentale du comté de Glamorgan.

(2) *Llwch Tawy*, l'étang de la Tawy, rivière du Glamorgan. A l'embouchure est la ville d'Abertawy, en anglais, Swansea.

(3) *Din Tywi*; din, « citadelle, lieu fortifié. » Comme il y a plusieurs lieux appelés Dinas sur le cours du Tywi, il est difficile d'identifier ce nom.

(4) *Keredigiawn*, le comté de Cardigan. D'après la légende galloise, ce nom vient de Ceretic, un des fils du célèbre Cunedda.

(5) *Garth Gregyn*; garth, « colline, promontoire. » L'auteur tire, sans doute, Gregyn de Grugyn.

(6) *Ystrad Yw*, « la vallée d'Yw, » un ancien district de la partie sud du Breconshire.

(7) *Tawy* et *Euyas*. Evyas est le nom d'un ancien canton du

nyw et de Dyvneint contre lui à l'embouchure de la Havren (1), et dit aux guerriers de cette île : « Twrch Trwyth a tué bon nombre de mes gens. J'en jure par la vaillance de mes hommes, il n'ira pas en Kernyw, moi vivant. Pour moi, je ne le poursuivrai pas plus longtemps, je lui opposerai vie pour vie. Vous, voyez ce que vous avez à faire. » Son plan fut d'envoyer un parti de cavaliers avec des chiens de cette île jusqu'à Euyas pour le rabattre jusqu'à la Havren ; là, il lui barrerait le passage avec tout ce qu'il y avait de guerriers éprouvés dans l'île, et on le pousserait irrésistiblement dans le fleuve. Mabon, fils de Modron, le suivit jusqu'à la Havren sur Gwynn Mygdwnn, le cheval de Gweddw, ainsi que Goreu, fils de Kustennin, Menw, fils de Teirgwaedd, entre Llynn Lliwan (2) et Aber Gwy (3). Arthur tomba sur lui avec les champions de l'île de Bretagne. Osla Gyllellvawr, Manawyddan, fils de Llyr, Kachmwri, serviteur d'Arthur, Gwyngelli, se jetèrent tous sur lui, le saisirent d'abord par les pieds et le plongè-

---

Herefordshire, du côté de Long Town. *Ivyas* est aussi le nom d'une paroisse de notre pays de Léon.

(1) *Havren*, la Severn, d'une forme vieille-celtique, Sabrina.

(2) *Llynn Llivan*. C'est le lac merveilleux dont parle Nennius LXXIII (*Aperlin Livan*, l'embouchure de l'étang de Liwan); ce lac était en communication avec la Severn.

(3) *Aber Gwy*, l'embouchure de la Gwy. La Gwy, que les Anglais appellent Wye, va se jeter dans le bras de mer de la Severn que les Gallois appellent *Mor Havren*, la mer de la Severn, à Chepstow.

rent dans la Havren, au point qu'il avait de l'eau par dessus la tête. Mabon, fils de Modron, d'un côté, éperonna son étalon et enleva le rasoir. De l'autre côté, Kyledyr Wyllt, monté sur un autre étalon, entra dans la Havren et s'empara des ciseaux. Mais avant qu'on eût pu enlever le peigne, les pieds du porc touchèrent terre et dès lors ni chien, ni homme, ni cheval ne purent le suivre avant qu'il ne fût arrivé en Kernyw. Ils eurent plus de mal à tirer les deux guerriers de l'eau et à les empêcher de se noyer qu'ils n'en avaient eu en essayant de lui enlever les joyaux. Kachmwri, au moment où on le tirait de l'eau, était entraîné dans l'abîme par deux meules de moulin. Osla Gyllellvawr, en courant après le porc, avait laissé tomber son couteau de sa gaîne et l'avait perdu; la gaîne s'était remplie d'eau, et, comme on le tirait dehors, elle l'entraînait au fond.

Arthur et ses troupes finirent par atteindre le sanglier en Kernyw. Ce n'était qu'un jeu ce qu'on avait eu de mal jusque-là en comparaison de ce qu'il en fallut pour lui enlever le peigne. Enfin, à force de sacrifices, on le lui enleva. Puis on le chassa de Kernyw et on le poussa tout droit à la mer. On ne sut jamais où il était allé avec Anet et Aethlem. Quant à Arthur il retourna à Kelliwic en Kernyw pour se baigner et se reposer de ses fatigues.

« Reste-t-il encore, » dit Arthur, « une des merveilles à nous procurer? » — « Oui, » dit un des hommes, « le sang de la sorcière Gorddu, fille de la sorcière Gorwenn, de Penn Nant Govut, sur les confins de l'enfer. » Arthur partit pour le Nord et arriva à la caverne de la sorcière. Gwynn, fils de Nudd, et Gwythyr, fils de Greidiawl, lui conseillèrent d'envoyer Kachmwri et son frère Hygwydd se battre avec elle. Comme ils entraient dans la caverne, la sorcière les prévint, saisit Hygwydd par les cheveux, et le jeta sous elle sur le sol. Kachmwri, à son tour, l'empoigna par les cheveux et la tira de dessus Hygwydd. Elle se retourna contre Kachmwri, les accabla de coups et les jeta dehors à coups de pieds et à coups de poings. Arthur devint furieux en voyant ses serviteurs presque tués, et voulut pénétrer dans la caverne. « Il ne serait ni convenable ni agréable pour nous, » lui dirent Gwynn et Gwythyr, « de te voir te prendre aux cheveux avec la sorcière. Envoie Hir Amren et Hir Eiddyl dans la caverne. » Ils y allèrent. Si les deux premiers avaient eu du mal, ces deux-ci en eurent encore bien plus. Sans aucun doute, aucun d'eux n'aurait pu en sortir, s'ils ne s'étaient jetés sur Lamrei, la jument d'Arthur. Arthur, alors, se précipita sur la porte de la caverne et, du seuil, frappa la sorcière avec son couteau Karnwennan; il l'atteignit au milieu du corps et en fit deux tronçons. Kaw de Prydein recueillit le sang de la sorcière et le garda.

Alors Kulhwch, accompagné de Goreu, fils de Kustennin, et de tous ceux qui voulaient du mal à

Yspaddaden Penkawr, retournèrent à sa cour avec les objets merveilleux. Kaw de Prydein vint le raser et lui enleva chair et peau jusqu'à l'os, d'une oreille à l'autre entièrement. « Es-tu rasé, homme? » lui dit Kulhwch. — « Je le suis, » dit-il. — « Ta fille est-elle à moi maintenant ? » — « Elle est à toi, et tu n'as pas besoin de m'en remercier ; remercie Arthur qui te l'a procurée. De mon plein gré, tu ne l'aurais jamais eue. Le moment est venu pour moi de perdre la vie. » Alors Goreu, fils de Kustennin, le saisit par les cheveux, le traîna après lui jusqu'au donjon, lui coupa la tête et la plaça sur un poteau dans la cour. Puis il prit possession du château et de ses domaines. Cette nuit-là, Kulhwch coucha avec Olwen, et il n'eut pas d'autre femme pendant toute sa vie. Les autres se dispersèrent pour rentrer chacun dans son pays. C'est ainsi que Kulhwch eut Olwen, la fille d'Yspaddaden Pennkawr.

Le songe de Rhonabwy

Madawc, fils de Maredudd (1), était maître de

(1) Maredudd ou Meredydd, fils de Bleddyn ab Cynvyn, était un prince cruel et brave. Il lutta avec vaillance et succès contre les Anglo-Normands; il obligea même à la retraite le roi Henri Ier, qui avait envahi ses Etats. Il mourut en 1124 ou 1129, dans un âge avancé, ce qui était rare, dit le *Brut y Tywysogion* ou *Chronique des princes*, dans la famille de Bleddyn, et, pourrait-on ajouter, dans toutes familles de chefs gallois (*Brut y Tywysogion*, p. 647 et suiv.; 707, col. 1 et 2). Le nom de Meredydd est, en vieux gallois, *Marget-iud* (cf. *Annales de Bretagne*, II, n° 3, p. 405 à *Margit-hoiarn*). Ses Etats furent partagés entre ses fils Madawc et Gruffydd. Celui-ci étant venu à mourir laissa ses Etats à son fils Owen Cyfeiliog, barde de grand renom. En 1167, Owen Cyfeiliog et son cousin, le fils de Madawc, Owen ap Madoc ap Meredith, chassent leur oncle, Iorwerth Goch, ou le Rouge, qui avait épousé une normande, Maude, fille de Roger de Manley, du comté de Chester, et paraît avoir été soutenu par les Anglo-Normands, et se partagent ses terres; Owen Cyfeiliog prend Mochnant Uch Rhaiadr et Owen ap Madoc, Mochnant Is Rhaiadr (*Myv. arch.*, p. 712, col. 2; cf. *History of the lordship of Cyfei-*

Powys dans toute son étendue, c'est à-dire depuis Porfordd jusqu'à Gwauan, au sommet d'Arwystli (1). Il avait un frère qui n'avait pas une aussi haute situation que lui, Iorwerth, fils de Maredudd. Iorwerth fut pris d'un grand chagrin et d'une grande tristesse en considérant l'élévation et les grands biens de son frère, tandis que lui-même n'avait rien. Il réunit ses compagnons et ses frères de lait, et délibéra avec eux sur ce qu'il avait à faire dans cette situation. Ils décidèrent d'envoyer quelques-uns d'entre eux réclamer pour lui des moyens de subsistance. Madawc lui proposa la charge de *penteulu* (2) et les mêmes avantages qu'à

---

liog, par Th. Morgan, *Arch. Cambr.*, XIII, 3ᵉ série, p. 125). Le fils d'Owen Cyfeiliog, Gwenwynwyn, a donné son nom à la partie sud de Powys, et Madawc, son oncle, à la partie nord. Sur la division de Powys en Powys Vadog et Powys Wenwynwyn, voir *Myv. arch.*, p. 735-736. Madawc est souvent célébré par les poètes de son temps (*Myv. arch.*, p. 147, 154, 155, 156). Sur les privilèges des hommes de Powys, v. *Ancient laws*, II, p. 742, 743.

(1) Le royaume de Madawc s'étendait du voisinage de Chester aux hautes terres d'Arwystli, c'est-à-dire à la chaîne du Pumlummon (cf. Gwalchmai dans l'*Elégie de Madawc*, *Myv. arch.*, 147; Lady Guest, *Mab.*, II, p. 420, d'après le Rév. Walter Davies (Gwalter Mechain). Porfordd est évidemment Pulford. Gwauan est peut-être, comme le fait remarquer lady Guest, une des localités portant le nom de *Waun*, dans le voisinage de la chaîne du Pumlummon.

(2) *Penteulu*, chef de famille. C'est le personnage le plus important après le roi. Il est dans les Lois quelque chose comme le *Major domus*, et c'est en même temps un véritable chef de clan. Il a en petit, dans le clan, les mêmes privilèges que le roi (*Ancient laws*, I, p. 12, 190, 358, 636, etc., etc.).

lui-même en chevaux, armes, honneurs. Iorwerth refusa, s'en alla vivre de pillages jusqu'en Lloeger, et se mit à tuer, à brûler, à faire des captifs. Madawc et les hommes de Powys tinrent conseil et décidèrent de charger cent hommes par trois *Kymwt* en Powys de se mettre à sa recherche. Ils estimaient autant la plaine de Powys (1), depuis Aber Ceirawc (2) en Allictwnver (3) jusqu'à Ryt Wilvre (4) sur Evyrnwy (5), que les trois meilleurs *Kymwt* du pays. Aussi ne voulaient-ils pas que quelqu'un qui n'avait pas de biens, lui et sa famille, en Powys, en eût dans cette plaine.

Ces hommes se divisèrent en troupes à Nillystwn Trefan (6), dans cette plaine. Il y avait à faire partie de cette recherche un certain Rhonabwy. Il se rendit avec Kynnwric Vrychgoch (7), homme

---

(1) Il s'agit probablement des environs d'Oswestry. Le poëte Cynddelw (douzième siècle), chantant les exploits de Llywelyn ab Iorwerth (Llywelyn le Grand), mentionne le *Rechdyr Croesoswallt* (Oswestry) (*Myv. arch.*, p. 175, col. 1).

(2) *Aber Ceirawc* est l'endroit où la Ceiriog se jette dans la Dee, au-dessous de la ville de Chirk.

(3) Allictwn paraît être Allington, non loin de Pulford. Le texte *ym Allictwn* ferait supposer *Mallictwn* ou *Ballictwn*.

(4) *Ryt y Wilvre* peut-être, d'après lady Guest, Rhyd y Vorle, en anglais Melverley, passage sur la Vyrnwy, non loin de l'endroit où cette rivière se jette dans la Severn.

(5) Aujourd'hui Y Vyrnwy, affluent de la Severn.

(6) Peut-être Haliston Trevan ou Halston, près Whittington.

(7) Kynnwric Vrychgoch ou le *rouge-tacheté*, le même personnage probablement que le *Kynwric* du *Brut y Tywysogion*, tué par la famille de Madawc ab Maredudd (*Myv. arch.*, p. 623, col. 2).

de Mawddwy, et Kadwgawn Vras (1), homme de Moelvre en Kynlleith (2), chez Heilyn Goch (3), fils de Kadwgawn fils d'Iddon. En arrivant près de la maison, ils virent une vieille salle toute noire, au pignon droit, d'où sortait une épaisse fumée. En entrant, ils aperçurent un sol plein de trous, raboteux. Là où le sol se bombait, c'est à peine si on pouvait tenir debout, tellement il était rendu glissant par la fiente et l'urine du bétail. Là où il y avait des trous, on enfonçait, jusque par-dessus le cou de pied, au milieu d'un mélange d'eau et d'urine d'animaux. Sur le sol étaient répandues en abondance des branches de houx dont le bétail avait brouté les extrémités. Dès l'entrée, le sol des appartements s'offrit à eux poussiéreux et nu. D'un côté était une vieille en train de grelotter; lorsque le froid la saisissait trop, elle jetait plein son tablier de balle sur le feu, d'où une fumée qui vous entrait dans les narines et qu'il

---

Mawddwy était un *cymwd* du cantrev de Cedewain en Powys Wenwynwyn (*Myv. arch.*, p. 736); c'est aujourd'hui, avec Talybont, un district du Merionethshire.

(1) Cadwgawn Vras ou le Gros, n'est pas autrement connu (vieil armor. *Catwocon*).

(2) Cynlleith était un *cymwd* du cantrev de Rhaiadr en Powys Vadog (*Myv. arch.*, p. 736; ce district est mentionné par Cynddelw dans son élégie sur Madawc, *ibid.*, p. 155). Le Moelvre est une montagne isolée de ce district.

(3) Un des signataires de la paix entre Llywelyn et Édouard I*er*, en 1274, porte le nom de Grono ap Heylin. *Iddon* est, en vieil armor., *Iudon* = Iuddon.

eût été difficile à qui que ce fût de supporter. De l'autre côté était jetée une peau de veau jaune. Ç'eût été une bonne fortune pour celui d'entre eux qui aurait obtenu de s'étendre sur cette peau.

Lorsqu'ils furent assis, ils demandèrent à la vieille où étaient les gens de la maison. Elle ne leur répondit que par des murmures. Sur ces entrefaites entrèrent les gens de la maison : un homme rouge, légèrement chauve, avec un reste de cheveux frisés, portant sur le dos un fagot; une petite femme, mince et pâle, ayant elle aussi une brassée de branchages. Ils saluèrent à peine leurs hôtes et se mirent à allumer un feu de fagots; la femme alla cuire et leur apporta leur nourriture : du pain d'orge, du fromage, et un mélange d'eau et de lait. A ce moment survint une telle tempête de vent et de pluie, qu'il n'eût été guère facile de sortir, même pour une affaire de première nécessité. Par suite de la marche pénible qu'ils avaient faite, les voyageurs ne s'en sentirent pas le courage et allèrent se coucher. Ils jetèrent les yeux sur le lit : il n'y avait dessus qu'une paille courte, poussiéreuse, pleine de puces, traversée de tous côtés par de gros branchages; toute la paille, plus haut que leurs têtes et plus bas que leurs pieds, avait été broutée par les bouvillons. On avait étendu dessus une sorte de couverture de bure, d'un rouge pâle, dure et usée, percée; par-dessus la bure, un gros drap tout troué; sur le drap, un oreiller à moitié vide, dont la couverture était passablement sale.

Ils se couchèrent. Après avoir été tourmentés par les puces et la dureté de leur couche, les deux compagnons de Rhonabwy tombèrent dans un profond sommeil. Quant à lui, voyant qu'il ne pouvait ni dormir ni reposer, il se dit qu'il souffrirait moins s'il allait s'étendre sur la peau de veau jetée sur le sol. Il s'y endormit en effet.

A l'instant même où le sommeil lui ferma les yeux, il se vit en songe, lui et ses compagnons, traversant la plaine d'Argyngroec (1); il lui semblait qu'il avait pour but et objectif Rhyd y Groes (2) sur la Havren. Chemin faisant, il entendit un grand bruit; jamais il n'en avait entendu qui lui parût plus rapide. Il regarda derrière lui, et aperçut un jeune homme aux cheveux blonds frisés, à la barbe fraîchement rasée, monté sur un cheval jaune, mais qui, à la naissance des jambes par derrière et depuis les genoux par devant, était vert. Le cavalier portait une robe de *paile* jaune, cousue avec de la soie verte; il avait, à sa hanche, une épée à poignée d'or dans un fourreau de *cordwal* neuf, dont les courroies étaient de cuir de daim et la boucle

---

(1) *Argyngroec*, aujourd'hui *Cyngrog*, est divisé en deux parties : Cyngrog vawr, dans la paroisse de Pool, et Cyngrog vach dans celle de Guilsfield; le tout sur les bords de la Severn, près de Welshpool, comté de Montgomery.

(2) *Rhyd y Groes* ou *le gué de la croix*, un peu plus bas que Berrew ou le confluent de la Rhiw avec la Severn. Le nom de Rhyd y Groes est porté, d'après lady Guest, ou plutôt Gwalter Mechain, par une ferme à peu de distance de là, dans la paroisse de Fordun, près Montgomery.

en or. Par-dessus, il portait un manteau de *paile* jaune cousu de fils de soie verte; la bordure du manteau était verte. Le vert de ses habits et le vert du cheval était aussi tranché que le vert des feuilles du sapin, et le jaune, que le jaune des fleurs du genêt.

Le chevalier avait l'air si belliqueux, qu'ils prirent peur et s'enfuirent. Il les poursuivit. Chaque fois que son cheval faisait sortir son haleine, ils s'éloignaient de lui; chaque fois qu'il la tirait à lui, ils approchaient jusqu'à la poitrine du cheval. Il les atteignit, et ils lui demandèrent grâce. « Je vous l'accorde, » répondit-il; « n'ayez pas peur. » — « Seigneur, » dit Rhonabwy, « puisque tu nous fais grâce, nous diras-tu qui tu es? » — « Je ne vous cacherai pas ma race : je suis Iddawc (1), fils de Mynyo; mais ce n'est

---

(1) *Iddawc* (vieil-armor. *Iudoc*). Dans les *Triades*, une des trois trahisons secrètes lui est attribuée; il trahit Arthur. Sa réunion avec Medrawd a lieu à Nanhwynain : c'est une des trois réunions pour trahison. Il devient ainsi l'auteur d'une des trois batailles frivoles de l'île, la bataille de Camlan (*Myv. arch.*, p. 403, 20, 22; p. 405, 50). Lady Guest l'a confondu avec Eiddilic Gorr, qui est un personnage très différent. Les *Triades* lui donnent le surnom de *Corn Prydain*. *Cordd* est préférable; il faut le rapprocher de *corddi*, agiter et mêler, baratter. Il est passé dans le rang des saints, confondu peut-être avec un autre personnage, Iddew (Rees, *Welsh saints*, p. 280). Les généalogies de saints de la *Myv.* l'appellent Iddew Corn Prydain ab Cowrda ap Kradog freichfras ap Llyr Merini (*Myv. arch.*, p. 426, col. 2), mais dans certaines généalogies il est appelé Iddawc Corn Prydain ap Caradawc Vreichvras, (*Iolo mss.*, p. 123).

pas par mon nom que je suis le plus connu : c'est par mon surnom. » — « Voudrais-tu nous le dire ? » — « Oui : on m'appelle Iddawc Cordd Prydein. » — « Seigneur, » dit Rhonabwy, « pourquoi t'appelle-t-on ainsi ? » — « En voici la raison. A la bataille de Kamlan, j'étais un des intermédiaires entre Arthur et Medrawt son neveu. J'étais jeune, fougueux. Par désir du combat, je mis le trouble entre eux. Voici comment : lorsque l'empereur Arthur m'envoyait à Medrawt pour lui représenter qu'il était son père nourricier et son oncle, et lui demander de faire la paix afin d'épargner le sang des fils de rois et des nobles de l'île de Bretagne, Arthur avait beau prononcer devant moi les paroles les plus affectueuses qu'il pouvait, je rapportais, moi, à Medrawt les propos les plus blessants. C'est ce qui m'a valu le surnom d'Iddawc Cordd Prydein, et c'est ainsi que se trama la bataille de Kamlan. Cependant trois nuits avant la fin de la bataille, je les quittai et j'allai à Liechlas (1) en Prydein (Ecosse) pour faire pénitence. J'y restai sept années ainsi et j'obtins mon pardon. »

A ce moment, ils entendirent un bruit beaucoup plus violent qu'auparavant. Ils regardèrent dans la direction du bruit, et aperçurent un jeune homme aux cheveux roux, sans barbe et sans

---

(1) *Llechlas* ou la pierre plate, pâle ou verdâtre, peut-être Glasgow, dit lady Guest, je ne sais pour quelle raison.

moustache, à l'aspect princier, monté sur un grand cheval rouge, mais qui, depuis le garrot d'un côté et depuis les genoux de l'autre jusqu'en bas, était jaune. Lui, il portait un habit de *paile* rouge, cousu avec de la soie jaune; la bordure de son manteau était jaune. Le jaune de ses habits et de son cheval était aussi jaune que la fleur du genêt, le rouge, que le sang le plus rouge du monde. Le chevalier les atteignit et demanda à Iddawc s'il aurait sa part de ces petits hommes. « La part qu'il me convient de donner, » répondit Iddawc, « tu l'auras : tu peux être leur compagnon comme je le suis. » Là-dessus, le chevalier s'éloigna. « Iddawc, » dit Rhonabwy, « quel est ce chevalier? » — « Ruawn Pebyr, fils du prince Deorthach. »

Ils continuèrent leur marche à travers la plaine d'Argyngroec, dans la direction de Rhyd y Groes sur la Havren. A un mille du gué, ils aperçurent, des deux côtés de la route, des campements et des tentes et tout le mouvement d'une grande armée. Arrivés au bord du gué, ils virent Arthur assis dans une île au sol uni, plus bas que le gué, ayant à un de ses côtés l'évêque Betwin et, de l'autre, Gwarthegyt, fils de Kaw. Un grand jeune homme brun se tenait devant eux, ayant à la main une épée dans le fourreau. Sa tunique et sa toque étaient toutes noires, son visage aussi blanc que l'ivoire avec des sourcils aussi noirs que le jais. Ce qu'on pouvait apercevoir de son poignet entre ses gants et ses manches était aussi blanc que le lis; son poignet était plus gros que le pied d'un guerrier entre les deux chevilles. Iddawc et ses compagnons s'avancèrent jusque devant Arthur et le saluèrent. « Dieu vous donne bien, » dit Arthur. « Où as-tu trouvé, Iddawc, ces petits hommes-là? » — « Plus haut là-bas, seigneur, » répondit Iddawc, « sur la route. » Arthur eut alors un sourire amer. « Seigneur, » dit Iddawc, « pourquoi ris-tu? » — « Iddawc, » répondit-il, « je ne ris pas; cela me fait pitié de voir des hommes aussi méprisables que ceux-là garder cette île après qu'elle a été défendue par des hommes comme ceux d'autrefois. » Iddawc dit alors à Rhonabwy : « Vois-tu à la main de l'empereur cette bague avec la pierre qui y est enchâssée? » — « Je la vois. » — « Une des vertus de cette pierre, c'est qu'elle fera que tu te souviennes de ce que tu as vu cette nuit; si tu n'avais pas vu cette pierre, jamais le moindre souvenir de cette aventure ne te serait venu à l'esprit. »

Ensuite Rhonabwy vit venir une armée du côté du gué. « Iddawc, » dit-il, « à qui appartient cette troupe là-bas? » — « Ce sont les compagnons de Ruawn Pebyr. Ils peuvent prendre hydromel et *bragawt* (1) à leur gré, comme marque d'honneur, et faire la cour, sans qu'on y trouve à redire, à toutes les filles des princes de l'île de Bretagne; et ils le méritent, car, dans tout danger, on les

---

(1) Voir la note 2, p. 243.

trouve à l'avant et ensuite à l'arrière. » Chevaux et hommes, dans cette troupe, étaient rouges comme le sang; chaque fois qu'un cavalier s'en détachait, il faisait l'effet d'une colonne de feu voyageant à travers l'air. Cette troupe alla tendre ses pavillons plus haut que le gué. Aussitôt après ils virent une autre armée s'avancer vers le gué. Depuis les arçons de devant, en haut, les chevaux étaient aussi blancs que le lis, en bas, aussi noirs que le jais. Tout à coup un de ces cavaliers se porta en avant, et brochant des éperons poussa son cheval dans le gué, si bien que l'eau jaillit sur Arthur, sur l'évêque et tous ceux qui tenaient conseil avec eux : ils se trouvèrent aussi mouillés que si on les avait tirés de l'eau. Comme il tournait bride, le valet qui se tenait devant Arthur frappa son cheval sur les narines, de l'épée au fourreau qu'il avait à la main ; s'il avait frappé avec l'acier, c'eût été merveille s'il n'avait entamé chair et os. Le chevalier tira à moitié son épée du fourreau en s'écriant : « Pourquoi as-tu frappé mon cheval? est-ce pour m'outrager ou en guise d'avertissement? » — « Tu avais bien besoin d'avertissement ; quelle folie t'a poussé à chevaucher avec tant de brutalité que l'eau a rejailli sur Arthur, sur l'évêque sacré et leurs conseillers, au point qu'ils étaient aussi mouillés que si on les avait tirés de la rivière? » — « Eh bien, je le prends comme avertissement. » Et il tourna bride du côté de ses compagnons. « Iddawc, » dit Rhonabwy ; « quel est ce chevalier ? » — « Un jeune homme qu'on regarde comme le plus courtois et le sage de cette île, Addaon (1), fils de Teleessin » — « Quel est celui qui a frappé son cheval ? » — « Un jeune homme violent, prompt, Elphin, fils de Gwyddno (2). »

(1) Avaon ou Addaon, fils de Taliesin, est un des trois princes *taureaux de bataille* (*Triades Mab.*, 303, 18). C'est un des trois aerveddawc ou chefs qui se vengeaient du fond de leurs tombes (*Ibid.*, p. 304, 7). Il est tué par Llawgat Trwmbargawt Eiddin, et c'est un des trois meurtres funestes (*Myv. arch.*, p. 390, col. 2). Il est fait mention de lui dans les *Propos des sages* (*Iolo mss.*, p. 254). Il est assez remarquable que Taliesin ne parle pas de lui, excepté peut-être dans un passage (Skene, p. 175, v. 25).

(2) Elphin ab Gwyddno. Sa généalogie est donnée dans la noblesse des hommes du Nord, c'est-à-dire des Bretons de Strat-Clut : Elffin, mab Gwyddno, mab Cawrdav, mab Garmonyawn, mab Dyvynwal Hen (Skene, II, p. 454). D'après une tradition qui paraît avoir été fort répandue, Elffin ab Gwyddno aurait été délivré de la prison où le tenait Maelgwn de Gwynedd, par le pouvoir de la poésie de Taliesin son barde (*Iolo mss.*, p. 71, 72, 73) : « Je saluerai mon roi... à la façon de Taliesin voulant délivrer Elfin, » dit Llywarch ab Llywelyn, poète de la fin du douzième siècle, s'adressant à Llywelyn ab Iorwerth (*Myv. arch.*, p. 214, col. 2). Taliesin le dit en propres termes : « Je suis venu à Deganhwy pour discuter avec Maelgwn..., j'ai délivré mon maître en présence des nobles, Elphin le prince » (Skene, II, p. 154, 19). Dans un autre passage, il supplie Dieu de délivrer Elphin de l'exil, l'homme qui lui donnait vin, bière, hydromel et grands et beaux chevaux (*Ibid.*, p. 164, 29; 165, 1-6; voir d'autres mentions d'Elphin, p. 137, 15; 131, 16; 216, 16). Le poète Phylip Prydydd (1200-1250), dans un poème contre les bardes de bas étage, dit qu'ils ont toujours été en lutte avec les vrais bardes, depuis la dispute d'Elffin avec Maelgwn (*Myv. arch.*, p. 258, col. 2). Cette querelle est exposée dans la *Hanes Taliesin* donnée par lady Guest à la fin des *Mabinogion*. Maelgwn tenant cour à Deganhwy, les bardes se mirent à accabler le roi de louanges, à dire

A ce moment un homme fier, d'une grande beauté, au parler abondant, hardi, s'écria que c'était merveille qu'une aussi grande armée pût tenir en un endroit si resserré, mais qu'il était encore plus surpris de voir là, à cette heure, des gens qui avaient promis de se trouver à la bataille de Baddon (1) vers midi, pour combattre Osla Gyllellvawr. « Décide toi, » dit-il en finissant, « à te mettre en marche ou non; pour moi, je pars. » — « Tu as raison, » répondit Arthur; « partons tous ensemble. » « Iddawc, » dit Rhonabwy, « quel est l'homme qui vient de parler à Arthur avec une li-

que personne ne le surpassait en grandeur, en beauté, et, en particulier, que sa femme était la plus sage et la plus belle des femmes. Elphin, présent, soutint que sa femme à lui était aussi vertueuse que n'importe quelle femme du royaume, et son barde plus habile que tous ceux du roi. Le roi, furieux, le fait jeter en prison. Il envoie son fils Rhun pour séduire la femme d'Elphin, qui se joue de lui en se déguisant en servante, et en donnant une servante pour elle. Taliesin va à Deganhwy, et, par sa magie et ses vers, fait tomber les chaînes de son maître (*Mab.*, III, p. 329 et suiv.). La vie de Taliesin a été reproduite sur des manuscrits du siècle dernier, mais elle paraît avoir été compilée au treizième ou quatorzième siècle; v. *Iolo mss.*, 71, 72. Elfin est la forme galloise d'Alpin, nom gaélique d'Ecosse bien connu.

(1) La bataille du mont Badon fut livrée, d'après Bèdo, en 493. Ce fut pour les Bretons une victoire importante qui arrêta, pour quelque temps, les progrès des Saxons, et semble même leur avoir porté un coup terrible. Gildas met le *Badonicus mons* aux bouches de la Severn (*De Excid.*, XXVI). Suivant les *Annales Cambriae* elle aurait eu lieu en 516, et Arthur y aurait porté, pendant trois jours et trois nuits, la croix sur ses épaules (Petrie, *Mon. hist. brit.*, p. 830). On n'est pas d'accord sur l'emplacement de Badon.

berté si surprenante ? » — « Un homme qui a le droit de lui parler aussi hardiment qu'il le désire : Karadawc Vreichvras, fils de Llyr Marini (1), le chef de ses conseillers et son cousin germain. » Iddawc prit alors Rhonabwy en croupe, et toute cette grande armée, chaque division dans son ordre de bataille, se dirigea vers Kevyn Digoll (2).

(1) *Caradawc Vreichvras* ou Caradawc aux gros bras, un des trois princes chevaliers de combat (*Cadvarchawg*) de la cour d'Arthur ; les deux autres étaient Llyr Lluyddawg et Mael ab Monwaed d'Arllechwedd. Arthur chanta à leur honneur cet *englyn* : Voici mes trois chevaliers de combat : Mael le Long, Llyr Lluyddawg (le chef d'armées) et la colonne de Cymru, Caradawg (*Myv. arch.*, p. 403, 29). Son cheval s'appelait Lluagor (*Livre Noir*, Skene, 10, 14; Taliesin, *ibid.*, p. 176, 5). Sa femme, Tegai Eurvronn, est une des trois femmes chastes de l'île, et une des trois principales dames de la cour d'Arthur (*Myv. arch.*, p. 410, 103, 108). Caradawc Vreichvras est devenu, dans les *Romans de la Table Ronde*, Karadoc Brief-bras ou *aux bras courts*, à la suite d'une mauvaise lecture (Paulin Paris, *Les Romans de la Table Ronde*, V, p. 209). Dans un acte concernant les reliques de la cathédrale de Vannes (XVᵉ siècle, bibl. nat., fonds latin 9093), il est question des relations de saint Patern avec le roi Karadoc, cognomento *Brech-bras*. Caradawc, lui aussi, est la tige d'une famille de saints : Cawrdav, Cadvarch, Maethlu, Tangwn sont ses enfants (*Iolo mss.*, p. 123). Llyr Merini a pour femme Dyvanwedd, fille d'Amlawdd Wledig, et devient père de Gwynn ab Nudd (un démon, v. Kulhwch), Caradawc Vreichvras, Gwallawc ab Lleenawc (*Iolo mss.*, p. 123). Sur ce nom curieux de Llyr Marini, v. Rhys, *Lectures*, p. 398.

(2) *Cevn Digoll*, appelé aussi, d'après lady Guest, *Hir Vynydd* ou la longue-montagne, est situé à la frontière est du Montgomeryshire. A Cevn Digoll eut lieu une bataille entre Katwallawn et Etwin, chef des Saxons; la Severn en fut empestée depuis la source jusqu'à l'embouchure, d'où vint à Katwallawn le nom d'un

Quand ils furent au milieu du gué sur la Havren, Iddawc fit faire volte-face à son cheval et Rhonabwy jeta les yeux sur la vallée du fleuve. Il aperçut deux armées se dirigeant lentement vers le gué. L'une avait l'aspect d'un blanc éclatant; chacun des hommes portait un manteau de *paile* blanc avec une bordure toute noire; l'extrémité des genoux et le sommet des jambes des chevaux étaient tout noirs, tout le reste était d'un blanc pâle; les étendards étaient tout blancs mais le sommet en était noir. « Iddawc, » dit Rhonabwy, « quelle est cette armée d'un blanc éclatant là-bas? » — « Ce sont les hommes de Llychlyn (Scandinavie), et leur chef est March, fils de Meirchiawn (1); c'est un cousin ger-

---

des trois *salisseurs* de la Severn (*Triades, Myv. arch.*, p. 308, l. 21). Ce Catwallawn est le fils de Cadvan, célébré dans un poème du *Livre Rouge*. « L'armée de Katwallawn le Glorieux campe sur les hauteurs de la montagne de Digoll : en sept mois, sept combats par jour » (Skene, *Four anc. books*, p. 277, v. 19). Ce Catwallawn paraît bien être l'allié du roi de Mercie Penda, le vainqueur d'Aedwin de Northumbrie, qui mit en péril la domination des Angles (v. Bède, *Hist. eccl.*, II, 20). C'est encore à Cevn Digoll, dit lady Guest, que Madawc ab Llewelyn livra aux troupes d'Edward Ier la dernière bataille pour l'indépendance Galloise. Henri VII y campa dans sa marche sur Bosworth.

(1) Il y a trois chefs de flotte de l'île de Bretagne : Gereint, fils d'Erbin, March, fils de Meirchion, et Gwenwynwyn, fils de Nav (*Triades Mab.*, p. 303, l. 11). Sa tombe est mentionnée parmi celles des guerriers de l'île, avec celle de Gwythur et de Gwgawn Cleddyvrudd (*Livre Noir*, p. 32, v. 19). Sa femme est Essyllt, la maîtresse de son neveu Trystan ab Tallwch (*Myv. arch.*, p. 410; 103; 105). C'est le roi Marc de Cornouailles du roman français de Tristan et Iseult. Les noms de March et de Merchion (Marcia-

main d'Arthur. » L'autre armée qui venait après portait des vêtements tout noirs, mais la bordure des manteaux était toute blanche; les chevaux étaient tout noirs, mais depuis la naissance de leurs jambes d'un côté, et de l'autre depuis les genoux jusqu'en bas ils étaient tout blancs; les étendards étaient tout noirs mais le sommet en était tout blanc. « Iddawc, » dit Rhonabwy, « quelle est cette armée toute noire là-bas? » — « Ce sont les hommes de Denmarc (1); c'est Edern fils de Nudd qui est leur chef. » Quand ils rejoignirent l'armée, Arthur et ses guerriers de l'île des Forts étaient descendus plus bas que Kaer Vaddon. Il semblait à Rhonabwy qu'il suivait, lui et Iddawc, le même chemin qu'Arthur. Quand ils eurent mis pied à terre, il entendit un grand bruit et un grand mouvement dans les rangs de l'armée.

Les soldats qui se trouvaient sur les flancs passèrent au milieu, et ceux du milieu sur les flancs. Aussitôt il vit venir un chevalier recouvert d'une cotte de mailles, lui et son cheval; les anneaux en étaient aussi blancs que le plus blanc des lis, et les clous aussi rouges que le sang le plus rouge. Il chevauchait au milieu de l'armée. « Iddawc, »

nus) sont aussi des noms bretons-armoricains (*Annales de Bret.*, II, n° 3, p. 405, 406).

(1) Les Danois étaient appelés par les Bretons, la nation noire : 853. Mon vastata est a gentilibus nigris; 866. Urbs Ebrauc vastata est, id est *Cat Dub gint* (le combat des nations noires), *Annales Cambriae*, ap. Petrie, *Mon. hist. brit.*, p. 835; cf. *Dubgall*, les étrangers noirs, *Annales Ult.*, à l'année 866.

dit Rhonabwy, « est-ce que l'armée que j'ai là devant moi fuit? » — « L'empereur Arthur n'a jamais fui ; si on avait entendu tes paroles, tu serais un homme mort. Ce chevalier que tu vois là-bas, c'est Kei ; c'est le plus beau cavalier de toute l'armée d'Arthur. Les hommes des ailes se précipitent vers le centre pour voir Kei, et ceux du milieu fuient vers les ailes pour ne pas être blessés par le cheval : voilà la cause de tout ce tumulte dans l'armée. »

A ce moment, ils entendirent appeler Kadwr (1), comte de Kernyw ; il arriva tenant en main l'épée d'Arthur, sur laquelle étaient gravés deux serpents d'or. Lorsqu'on tirait l'épée du fourreau, on voyait comme deux langues de feu sortir de la bouche des serpents ; c'était si saisissant, qu'il était difficile à qui que ce fût de regarder l'épée. Alors l'armée ralentit son allure, et le tumulte s'apaisa. Le comte retourna à son pavillon. « Iddawc, » dit Rhonabwy, « quel est l'homme qui portait l'épée d'Arthur ? » — « Kadwr, comte de Kernyw, l'homme qui a le privilège de revêtir au roi son armure les jours de combat et de bataille. »

Aussitôt après, ils entendirent appeler Eirinwych Amheibyn (2), serviteur d'Arthur, homme aux cheveux rouges, rude, à l'aspect désagréable, à la

---

(1) *Kadwr* avait élevé Gwenhwyvar, femme d'Arthur (*Brut Tysilio, Myv. arch.*, p. 464, col. 1). Il prend part aux expéditions d'Arthur (vieil armor. *Cat-wr*).

(2) V. le *mabinogi* d'Owein et Lunet.

moustache rouge et aux poils hérissés. Il arriva monté sur un grand cheval rouge, dont la crinière retombait également des deux côtés du cou, et portant un grand et beau bât. Ce grand valet rouge descendit devant Arthur et tira des bagages une chaire en or, un manteau de *paile* quadrillée ; il étendit devant Arthur le manteau qui portait une pomme d'or rouge à chaque angle et dressa la chaire dessus : elle était assez grande pour que trois chevaliers revêtus de leur armure pussent s'y asseoir. Gwenn (Blanche) était le nom du manteau ; une de ses vertus, c'était que l'homme qui en était enveloppé pouvait voir tout le monde sans être vu de personne ; il ne gardait aucune couleur que la sienne propre. Arthur s'assit sur le manteau ; devant lui se tenait Owein, fils d'Uryen. « Owein, » dit Arthur, « veux-tu jouer aux échecs ? » — « Volontiers, seigneur, » répondit Owein. Le valet rouge leur apporta les échecs : cavaliers d'or, échiquier d'argent. Ils commencèrent la partie.

Au moment où ils s'y intéressaient le plus, penchés sur l'échiquier, on vit sortir d'un pavillon blanc, au sommet rouge, surmonté d'une image de serpent tout noir, aux yeux rouges empoisonnés, à la langue rouge-flamme, un jeune écuyer aux cheveux blonds frisés, aux yeux bleus, la barbe fraîchement rasée, tunique et surcot de *paile* jaune, guêtres de drap jaune-vert et brodequins de *cordwal* tacheté, fermés au cou-de-pied par des agrafes d'or. Il portait une épée à poignée d'or à trois tranchants; le fourreau était de *cordwal* noir, et il avait, à son extrémité, un bouton de fin or rouge. Il se rendit à l'endroit où l'empereur Arthur et Owein étaient en train de jouer aux échecs, et adressa ses salutations à Owein. Celui-ci fut étonné que le page le saluât, lui, et ne saluât pas l'empereur Arthur. Arthur devina la pensée d'Owein et lui dit : « Ne t'étonne pas que ce soit toi que le page salue en ce moment; il m'a salué déjà, et d'ailleurs c'est à toi qu'il a affaire. » Le page dit alors à Owein : « Seigneur, est-ce avec ta permission que les petits serviteurs et les pages de l'empereur Arthur s'amusent à harceler, à molester et à fatiguer tes corbeaux? Si ce n'est pas avec ta permission, fais à l'empereur Arthur les en empêcher. » — « Seigneur, » dit Owein, « tu entends ce que dit le page; s'il te plaît, empêche-les de toucher à mes corbeaux. » — « Continue ta partie, » répondit Arthur. Le jeune homme retourna à son pavillon. Ils terminèrent la partie et en commencèrent une seconde.

Ils en étaient environ à la moitié, quand un jeune homme rouge aux cheveux bruns, frisant légèrement, aux grands yeux, bien fait, à la barbe rasée, sortit d'une tente toute jaune, surmontée d'une image de lion tout rouge. Il portait une robe de *paile* jaune descendant à la cheville et cousue de fils de soie rouge; ses deux bas étaient de fin bougran et ses brodequins de *cor-*

dwal noir, avec des fermoirs dorés. Il tenait à la main une grande et lourde épée à trois tranchants ; la gaîne était de peau de daim rouge, avec un bouton d'or à l'extrémité. Il se rendit à l'endroit où Arthur et Owein étaient en train de jouer aux échecs, et salua Owein. Owein fut fâché que le salut s'adressât à lui seul ; mais Arthur ne s'en montra pas plus contrarié que la première fois. Le page dit à Owein : « Est-ce malgré toi que les pages de l'empereur Arthur sont en train de piquer tes corbeaux et même de les tuer ? Si c'est malgré toi, prie-le de les arrêter. » — « Seigneur, » dit Owein à Arthur, « s'il te plaît, arrête tes gens. » — « Continue ta partie, » répondit l'empereur. Le page s'en retourna au pavillon. Ils finirent cette partie et en commencèrent une autre.

Comme ils commençaient à mettre les pièces en mouvement, ils virent venir d'un pavillon jaune, tacheté, surmonté d'une image d'aigle en or, dont la tête était ornée d'une pierre précieuse, à quelque distance d'eux, un page à la forte chevelure blonde et frisée, belle et bien ordonnée, au manteau de *paile* vert, rattaché à l'épaule droite par une agrafe d'or, aussi épaisse que le doigt du milieu d'un guerrier, aux bas de fin Totness, aux souliers de *cordwal* tacheté, avec des boucles d'or. Il avait l'aspect noble, le visage blanc, les joues rouges, de grands yeux de faucon. Il tenait à la main une lance à la hampe jaune tachetée, au fer nouvellement aiguisé, surmontée d'un étendard bien en vue. Il se dirigea d'un air irrité, furieux, d'un pas précipité, vers l'endroit où Arthur et Owein jouaient penchés sur leurs échecs. Ils virent bien qu'il était irrité. Il salua cependant Owein et lui dit que les principaux de ses corbeaux avaient été tués, et que les autres avaient été si blessés et si maltraités, que pas un seul ne pouvait soulever ses ailes de terre de plus d'une brasse. « Seigneur, » dit Owein, « arrête tes gens. » — « Joue, si tu veux, » répondit Arthur. Alors Owein dit au page : « Va vite, élève l'étendard au plus fort de la mêlée, et advienne ce que Dieu voudra. »

Le jeune homme se rendit aussitôt à l'endroit où les corbeaux subissaient l'attaque la plus rude et dressa en l'air l'étendard. Dès que l'étendard fut dressé, ils s'élevèrent en l'air irrités, pleins d'ardeur et d'enthousiasme, pour laisser le vent déployer leurs ailes et se remettre de leurs fatigues. Quand ils eurent retrouvé leur valeur naturelle et leur supériorité, ils s'abattirent d'un même élan sur les hommes qui venaient de leur causer colère, douleur et pertes. Aux uns ils arrachaient la tête, aux autres les yeux, à d'autres les oreilles, à certains les bras, et les enlevaient avec eux en l'air. L'air était tout bouleversé et par le battement d'ailes, les croassements des corbeaux exultant, et par les cris de douleur des hommes qu'ils mordaient, estropiaient ou tuaient. Le tumulte était si effrayant qu'Arthur et Owein, penchés sur l'échiquier, l'entendirent. En levant les yeux, ils virent venir un chevalier monté sur un cheval d'un vert sombre ; le cheval était d'une couleur extraordinaire : il était vert sombre, mais il avait l'épaule droite toute rouge ; depuis la naissance des jambes jusqu'au milieu du sabot, il était tout jaune. Le cavalier et sa monture étaient couverts d'armes pesantes, étrangères. La couverture de son cheval, depuis la tête jusqu'à l'arçon de devant, était de *cendal* tout rouge, et, à partir de l'arçon de derrière jusqu'en bas, de *cendal* tout jaune. Le jeune homme avait à la hanche une épée à poignée d'or à un seul tranchant, dans un fourreau tout bleu, ayant à l'extrémité un bouton en laiton d'Espagne. Le ceinturon de l'épée était en cuir de chevreau noir, avec des plaques dorées ; la boucle en était d'ivoire et la languette de la boucle toute noire. Son heaume d'or était rehaussé d'une pierre précieuse possédant une grande vertu, et surmonté d'une figure de léopard jaune rouge, dont les yeux étaient deux pierres rouges : même un guerrier, si ferme que fût son cœur, aurait eu peur de fixer ce léopard, et, à plus forte raison, le chevalier. Il avait à la main une longue et lourde lance à la hampe verte, mais rouge à partir de son poing. Le chevalier se rendit à l'endroit où Arthur et Owein étaient en train de jouer, penchés sur les échecs. Ils reconnurent qu'il arrivait épuisé, hors de lui par la colère. Il salua Arthur et lui dit que les corbeaux d'Owein étaient en train de tuer ses petits serviteurs et ses pages.

Arthur tourna les yeux vers Owein et lui dit :
« Arrête tes corbeaux. » — « Seigneur, » répondit
Owein, « continue ton jeu. » Et ils jouèrent. Le
chevalier s'en retourna sur le théâtre de la lutte,
sans qu'on tentât d'arrêter les corbeaux.

Arthur et Owein jouaient déjà depuis quelque
temps, lorsqu'ils entendirent un grand tumulte :
c'étaient les cris de détresse des hommes et les
croassements des corbeaux enlevant sans peine
les hommes en l'air, les écrasant et déchirant à
coups de bec, et les laissant tomber en morceaux
sur le sol. En même temps, ils virent venir un
chevalier monté sur un cheval blanc pâle, mais,
à partir de l'épaule gauche, tout noir jusqu'au
milieu du sabot. Cheval et cavalier étaient couverts d'une lourde et forte armure bleuâtre. La
cotte d'armes était de *paile* jaune quadrillé, avec
une bordure verte, tandis que la cotte de son cheval était toute noire, avec des bords tout jaunes.
A sa hanche était fixée une longue et lourde épée
à trois tranchants, dont le fourreau était de cuir
rouge artistement découpé ; le ceinturon était de
peau de cerf d'un rouge tout frais ; la boucle, d'os
de cétacé, avec une languette toute noire. Sa tête
était couverte d'un heaume doré, dans lequel était
enchâssé un saphir aux propriétés merveilleuses ;
il était surmonté d'une figure de lion jaune rouge,
dont la langue rouge flamme sortait d'un pied
hors de la bouche, dont les yeux étaient tout rouges et empoisonnés. Le chevalier s'avança, tenant

à la main une grosse lance à la hampe de frêne, au fer tout fraîchement ensanglanté, garni d'argent, et salua l'empereur. « Seigneur, » lui dit-il, « c'en est fait : tes pages et tes petits serviteurs, les fils des nobles de l'île de Bretagne sont tués; c'est au point qu'il ne sera plus facile désormais de défendre cette île. » — « Owein, » dit Arthur, « arrête tes corbeaux (1). » — « Continue, seigneur, » répondit-il, « cette partie. » Ils terminèrent la partie et en commencèrent une autre.

Vers la fin de la partie, tout à coup ils entendirent un grand tumulte, les cris de détresse des gens armés, les croassements et les battements d'ailes des corbeaux en l'air, et le bruit qu'ils faisaient en laissant retomber sur le sol les armures entières et les hommes et les chevaux en morceaux. Aussitôt ils virent accourir un chevalier monté sur un cheval noir, mais blanc par derrière, à la tête haute, dont le pied gauche était tout rouge, et le pied droit, de-

---

(1) Une allusion est faite aux corbeaux d'Owein à la fin du *mabinogi* d'Owein et Lunet. Les corbeaux d'Owein sont souvent mentionnés par les poètes, notamment par Bleddyn, poète du treizième siècle (*Myv. arch.*, p. 252, col. 1). Branhes ou la troupe des corbeaux est souvent associée à Bryneich (Bernicie); c'est peut-être un rapprochement amené par l'allitération (*Myv. arch.*, p. 237, col. 1; 246, col. 2; 252, col. 2; 281, col. 2; 291 col. 1). Llewis Glyn Cothi en parle en termes très clairs : « Owein ab Urien a frappé les trois tours dans le vieux Cattraeth; Arthur a craint, comme la flamme, Owein, ses corbeaux et sa lance aux couleurs variées » (p. 140, v. 49). Sur les corbeaux dans la mythologie celtique, voir *Revue Celtique*, I, p. 32-57.

puis le garrot jusqu'au milieu du sabot, tout blanc.
Cheval et cavalier étaient couverts d'une armure
jaune tachetée, bigarrée de laiton d'Espagne. La
cotte d'armes qui le couvrait, lui et son cheval, était
mi-partie blanche et noire, avec une bordure de
pourpre dorée. Par-dessus la cotte se voyait une épée
à poignée d'or, brillante, à trois tranchants ; le
ceinturon, formé d'un tissu d'or jaune, avait une
boucle toute noire en sourcils de morse, avec une
languette d'or jaune. Son heaume étincelant, de
laiton jaune, portait, enchâssée, une pierre de
cristal transparent, et était surmonté d'une figure
de griffon dont la tête était ornée d'une pierre aux
propriétés merveilleuses. Il tenait à la main une
lance à la hampe de frêne ronde, teinte en azur,
au fer fraîchement ensanglanté. Il se rendit, tout
irrité, auprès d'Arthur, et lui dit que les corbeaux
avaient massacré les gens de sa maison et les fils
des nobles de l'île ; il lui demanda de faire à Owein
arrêter ses corbeaux. Arthur pria Owein de les arrêter, et pressa dans sa main les cavaliers d'or de
l'échiquier au point de les réduire tous en poudre.
Owein ordonna à Gwers, fils de Reget, d'abaisser
la bannière. Elle fut abaissée et aussitôt la paix fut
rétablie partout.

Alors Rhonabwy demanda à Iddawc quels étaient
les trois hommes qui étaient venus les premiers
dire à Owein qu'on tuait ses corbeaux. « Ce sont, »
répondit Iddawc, « des hommes qui étaient peinés
des pertes d'Owein, des chefs comme lui, et ses

compagnons : Selyv (1), fils de Kynan Garwyn (2) de Powys, Gwgawn Gleddyvrudd (3); Gwres, fils de Reget, est celui qui porte la bannière les jours de combat et de bataille. — « Quels sont les trois qui sont venus en dernier lieu dire à Arthur que les corbeaux tuaient ses gens ? » — « Les hommes

(1) Selyv, fils de Kynan Garwyn est un des trois *aerveddawc* ou ceux qui se vengent du fond de leur tombe (*Triades Mab.* 304, 6). C'est probablement le même personnage que le *Selim filius Cinan* tué à la bataille de Chester, en 613 (*Annales Cambriae*, Petrie, *Mon. hist. brit.*, p. 832). *Selim*, *Selyv* vient de *Salomo*. Son cheval, Duhir Tervenhydd, est un des trois *tom eddystr* ou chevaux de travail de l'île de Bretagne (*Livre Noir*, Skene, II, p. 172). Dans les triades du *Livre Rouge* annexées aux *Mab.*, son cheval Duhir Tynedic est un des trois premiers chevaux (*Mab.*, 306, 24).

(2) Kynan Garwyn paraît être le fils de Brochvael Ysgithrog, qu'on identifie avec le Brocmail de Bède, défait en 613 par Ædilfrid, roi des Angles, près de Chester (Bède, *Hist. eccl.*, II, 2). Un poème de Taliesin lui est consacré (Skene, II, p. 172).

(3) Gwgawn Gleddyvrudd, ou Gwgawn *à l'épée rouge*, est un des trois *esgemydd aereu* ou *bancs de bataille* (v. la note à Morvran Eil Tegit, plus haut, dans le *Mab.* de Kulhwch). C'est un des trois portiers de la bataille des Vergers de Bangor (Gueith Perllan Bangor) avec Madawc ab Run et Gwiwawn, fils de Cyndyrwynn (*Triades Mab.*, 304, 25-30; Skene, app. II, p. 458). Son cheval Bucheslom Seri est un des trois *anreithvarch* ou chevaux de butin de l'île; les deux autres sont Carnavlawc, cheval d'Owein ab Uryen, et Tavautir Breichir, le cheval de Katwallawn ab Katvan (*Livre Noir*, Skene, II, 1-4; *Triades Mab.*, 306, 30). Wocon, plus tard Gwogon et Gwgon, est un nom très commun en Armorique. La tombe de Gwgawn Gleddyvrudd est signalée parmi celles des guerriers de l'île (*Livre Noir*, Skene, p. 32, v. 20). C'est du même Gwgawn qu'il est probablement question dans le Gododin (Skene, II, p. 72, v. 26.)

les meilleurs et les plus braves, ceux qu'une perte quelconque d'Arthur indigne le plus : Blathaon, fils de Mwrheth, Ruvawn Pebyr, fils de Deorthach Wledic, et Hyveidd Unllenn. »

A ce moment vinrent vingt-quatre chevaliers de la part d'Osla Gyllellvawr demander à Arthur une trêve d'un mois et quinze jours. Arthur se leva et s'en alla tenir conseil. Il se rendit à peu de distance de là, à l'endroit où se tenait un grand homme brun aux cheveux frisés, et fit venir auprès de lui ses conseillers : Betwin l'évêque; Gwarthegyt, fils de Kàw ; March, fils de Meirchawn ; Kradawc Vreichvras; Gwalchmei, fils de Gwyar; Edyrn, fils de Nudd; Ruvawn Pebyr, fils de Deorthach Wledic; Riogan, fils du roi d'Iwerddon; Gwenwynnwyn, fils de Nav; Howel, fils d'Emyr Llydaw; Gwilim, fils du roi de France; Danet, fils d'Oth; Goreu, fils de Custennin ; Mabon, fils de Modron ; Peredur Paladyr Hir ; Heneidwn Llen (Hyveidd unllen?); Twrch, fils de Perif; Nerth, fils de Kadarn; Gobrwy, fils d'Echel Vorddwyt-Twll; Gweir, fils de Gwestel; Adwy, fils de Gereint; Drystan, fils de Tallwch (1); Moryen Manawc (2); Granwen, fils de

---

(1) Drystan, fils de Tallwch : c'est un des trois *taleithawc* de l'île, avec Gweir ab Gwystyl et Kei, fils de Kynyr (*Triades Mab.* p. 303, 5). C'est un des trois grands porchers de l'île : il garde les porcs de March ab Meirchiawn (le roi Marc de nos romans, son oncle) pendant que le porcher se rend avec un message de lui près d'Essyllt (*ibid.*, p. 307, 15). C'est encore un des trois *gallovydd*, maître ès mécaniques : les deux autres sont : Greidiawl et Gwgon Gwron (*ibid.*, p. 304, 24). Les trois *amoureux* de l'île

Llyr ; Llacheu (1), fils d'Arthur ; Llawvrodedd Varyvawc ; Kadwr comte de Kernyw ; Morvran, fils de Tegit ; Ryawd, fils de Morgant ; Dyvyr, fils d'Alun Dyvet ; Gwrhyr Gwalstot Ieithoedd ; Addaon, fils de Telyessin ; Llara, fils de Kasnar Wledic ; Fflewddur Fflam ; Greidyawl Galldovydd ; Gilbert, fils de Katgyfro ; Menw, fils de Teirgwaedd ; Gyrthmwl Wledic ; Kawrda (2), fils de Karadawc Vreichvras ;

sont : Caswallawn ab Beli, amoureux de Pflur, fille de Mugnach Gorr ; Trystan ab Tallwch, amoureux d'Essyllt, femme de March ab Meirchiawn son oncle, et Kynon ab Klydno Eiddun, amoureux de Morvydd, fille d'Uryen. Il est à chaque instant question de lui chez les poètes gallois (*Myv. arch.*, p. 251, col. 1 ; 255. col. 1 (1250-1290) ; p. 306, col. 1 ; 329, col. 2 ; 339, col. 2 (quatorzième siècle) ; cf. Daf. ab Gwil, p. 216, 294). Sur le Tristan de nos romans français, v. *Hist. litt.*, XIX, 687-704 ; Gaston Paris, *Hist. litt.*, XXX, 19-22). On trouve le nom de Drystan sous une forme du sixième siècle latinisée, au génitif *Drustagni* ; cf. *insula Trestan*, près Douarnenez, d'après une charte de 1368 (*Annales de Bretagne*, II, n° 4, 568).

(2 de la page précédente) *Moryen Manawc*. La tombe d'un Moryen est signalée parmi celles de guerriers de l'île (*Livre Noir*, Skene, II, p. 28, v. 22). Le Gododin célèbre un Moryen, fils de Caradawc (Skene, II, p. 73, 29 ; cf. *Livre Rouge* ; ibid., p. 232). Moryen Varvawc ou le Barbu est un des trois *Estron Deyrn*, ou rois fils d'étrangers, de l'île (*Myv. arch.*, p. 405, col. 1) (le nom de Moryen, connu en vieil-arm., se retrouve dans *Morgen-munuc*, ce qui donnerait en gallois, au onzième siècle, *Moryen-mynawc*).

(1) « Il y a trois *deivniawc* (inventeurs ?) de l'île de Bretagne : Riwallawn Wallt Banhadlen (aux cheveux de genêt), Gwalchmei, fils de Gwyar, et Llacheu, fils d'Arthur (*Triades Mab.*, 302, 28). Il est présenté avec Kei comme un vaillant guerrier dans le *Livre Noir* (Skene, II, p. 52, 28).

(2) Les Triades du *Livre Rouge* le donnent comme un des trois

Gildas, fils de Kaw ; Kadyrieith, fils de Seidi. Beaucoup de guerriers de Llychlyn et de Denmarc, beaucoup d'hommes de Grèce, bon nombre de gens de l'armée prirent part aussi à ce conseil.

« Iddawc, » dit Rhonabwy, « quel est l'homme brun auprès duquel on est allé tout à l'heure? » — « C'est Run (1), fils de Maelgwn de Gwynedd, dont le privilège est que chacun vienne tenir conseil avec lui. » — « Comment se fait-il qu'on ait admis un homme aussi jeune que Kadyrieith, fils de Saidi, dans un conseil d'hommes d'aussi haut rang que ceux-là là-bas? » — « Parce qu'il n'y a pas en Bretagne un homme dont l'avis ait plus de valeur

---

Kynweissyeit ou premiers serviteurs, ou ministres de Bretagne, avec Gwalchmei et Llacheu (*Mab.*, p. 302, 1. 26); mais celles de Skene nomment avec Cawrdav, Caradawc, fils de Bran, et Owein, fils de Maxen Wledic (Skene, app. II, p. 458). Cawrdav, lui aussi, a été le père de plusieurs saints (*Iolo mss.*, p. 123). Il est cité dans les *Propos des Sages* (*Iolo mss.*, p. 253).

(1) *Run* est un des trois *gwyndeyrn*, ou rois heureux ou bénis, avec Owein ab Uryen et Ruawn Pebyr (*Mab.*, p. 300, 7). Les Lois font de lui l'auteur des quatorze privilèges des hommes d'Arvon. Il aurait marché à leur tête contre les envahisseurs bretons du nord de l'Angleterre, commandés par Clydno Eiddin, Nudd, fils de Senyllt, Mordav Hael, fils de Servari, Rhydderch Hael, fils de Tudwal Tudglyd, venus pour venger la mort d'Elidyr. Cet Elidyr aurait épousé Eurgain, fille de Maelgwn, et aurait péri en revendiquant le trône de Gwynedd, d'après Aneurin Owen, contre Run, enfant illégitime de Maelgwn (*Ancient laws*, I, p. 104). Le *Livre Rouge* vante en lui le successeur de Maelgwn et un guerrier redoutable (Skene, p. 220, v. 10). Mailcun, le Maglocunus de Gildas, meurt, d'après les *Annales Cambriae*, en 547.

que le sien. » Juste à ce moment des bardes vinrent chanter pour Arthur. Il n'y eut personne, à l'exception de Kadyrieith, à y rien comprendre, sinon que c'était un chant à la louange d'Arthur. Sur ces entrefaites arrivèrent vingt-quatre ânes avec une charge d'or et d'argent, conduits chacun par un homme fatigué, apportant à Arthur le tribut des îles de la Grèce. Kadyrieith, fils Saidi fut d'avis qu'on accordât à Osla Gyllellvawr une trêve de un mois et quinze jours et qu'on donnât les ânes qui apportaient le tribut aux bardes, avec leur charge, comme payement de leur séjour; à la fin de la trêve, on leur payerait leurs chants. C'est à ce parti qu'on s'arrêta.

« Rhonabwy, » dit Iddawc, « n'aurait-il pas été fâcheux d'empêcher un jeune homme qui a donné un avis si généreux d'aller au conseil de son seigneur? » A ce moment Kei se leva et dit : « Que tous ceux qui veulent suivre Arthur, soient avec lui ce soir en Kernyw; que les autres soient contre lui, même pendant la trêve. » Il s'ensuivit un tel tumulte que Rhonabwy s'éveilla. Il se trouva sur la peau de veau jaune, après avoir dormi trois nuits et trois jours.

Cette histoire s'appelle *Le Songe de Rhonabwy*. Voici pourquoi personne, barde ou conteur, ne sait *le Songe* sans livre : c'est à cause du nombre et de la variété des couleurs remarquables des chevaux, des armes, et des objets d'équipements, des manteaux précieux et des pierres à propriété merveilleuse.

NOTES CRITIQUES

Notes critiques à Pwyll, prince de Dyvet.

Page 1, ligne 2, trad. p. 29 : *Arberth*; lady Guest : *Narberth*; v. note explicative à la page 1 de la traduction. — L. 7 : *Llwyn Diarwya*; lady Guest : *Llwyn Diarwyd*. — L. 11 : *Dygyvor yr hela*; lady Guest : *il commença la chasse*; *dygyvor* a le sens propre de *soulever, réunir en hâte et avec bruit, faire tumulte.* — L. 20, trad. p. 30 : *Hanbwyllaw edrych*; lady Guest : *sans s'arrêter à regarder*; *hanbwyllaw* ou *ambwyllaw* a le sens de *réfléchir à, délibérer*; cf. Owen et Lunet, p. 173, l. 15; *Myv. arch.*, p. 470, col. 1 : *ac nit ambwyllwys Arthur yna y beri cladu i wyr.*

Page 2, l. 11, trad. p. 30 : *Ac nys fuarchaf* leg. *ac nys kyfuarchaf*; l'écriture *fu* pour *v* n'est pas rare dans les *Mab.*, par ex. p. 3, l. 15 : *pa gyfuarwyd*. — L. 15 : *annwybot*; lady Guest : *ignorance*; c'est un des sens de ce mot; mais, dans les *Mab.*, il a le sens opposé à *gwybot*, qui signifie proprement *courtoisie, politesse* (*enseignement* en fr. au moyen âge); cf. Pwyll, p. 7, l. 25; Owen et Lunet, p. 164, l. 11; Peredur ab

Evrawc, p. 202, l. 1 ; Geraint ab Erbin, p. 259, l. 26, p. 283, l. 11. — L. 25, trad. p. 31 : *Yd henwyf o honei* ; lady Guest : *d'où je viens*. Hanfod a le sens de *sortir de* ou de *faire partie de* ; v. Ancient laws, I, p. 318, 388, 440 ; Myv. arch., p. 629, col. 1 ; Ystoria de Carolo magno, y Cymmrodor, éd. Powell, p. 19. — L. 28, au lieu de : *dy gederennyd* leg. *dy gerennyd*.

Page 3, l. 8 et 9, trad. p. 32 : *Y gyscu y gyt a thy beunoeth* (pour coucher avec toi chaque nuit) ; lady Guest, *pour te tenir compagnie.* — L. 21 : *Beth a wnaf ym kyvoeth* leg. *am vyg kyvoeth* (*ym kyvoeth* signifierait *dans mes Etats*). — L. 29 : *Nyt oes yndi neb nyth adnappo* ; lady Guest inexactement : *il n'y a là personne qui te reconnaisse* ; pour la tournure *neb nyth adnappo*, cf. p. 24, l. 1.

Page 4, l. 5, trad. p. 33 ; *diarchenu* répond à l'expression *désarmer* de nos romans de chevalerie ; assez souvent dans les Mab. ce mot n'a que le sens d'enlever les vêtements de voyage ; le sens propre de *diarchen*, en gallois et en breton, c'est *déchaussé, pieds nus*. — Depuis la ligne 22 jusqu'à la ligne 30 de cette page, le texte gallois n'a pas été traduit par lady Guest (v. notre traduction, page 33-34, depuis : *lorsque le moment du sommeil*, jusqu'à : *le lendemain, il n'y eut entre eux*.

Page 5, l. 4, trad. p. 6 : *Yr oet* paraît de trop. — L. 17, trad. p. 34 : *Hyt y vreich* ; lady Guest : *de la longueur d'un bras* ; il s'agit du bras et de la lance de Pwyll, comme cela ressort d'autres passages. C'est une expression fréquente dans nos romans français de chevalerie. — L. 23, au lieu de *a wneuthwn*, leg. *a wneuthwn* (*gwnaethwn*).

Page 6, l. 17, trad. p. 36 ; *Kanys*, je lis *Kan nys*. — Depuis la ligne 23 de la page 6 jusqu'à la ligne 20 de la page 7, le texte gallois n'a pas été traduit par lady Guest (voir notre traduction depuis : *le roi se mit au lit*, p. 36, jusqu'à : *Pwyll, prince de Dyvet*, p. 37).

Page 7, l. 4, trad. p. 37 : *Ys glut*; pour le sens de ce mot cf. Pwyll, *Mab.*, p. 22, l. 12; cf. *Myv. arch.*, p. 60, col. 1 : *Ae hymlit yn lut a wnaeth Gruffudd* (Davies, *glut*, *tenax*, *patiens*). — L. 10, trad. p. 9; au lieu de *Kadarn avngwr*, je lis : *Kadarnav un gwr*.

Page 8, l. 3, trad. p. 38 : Je rattache *ot gwnn* à ce qui suit ; lady Guest ne l'a pas traduit. — L. 29, tr. p. 39 : *Ac yn dyvot...*; lady Guest le fait dépendre de *ae gwelei*, ce qui est grammaticalement impossible.

Page 9, l. 2, trad. p. 39 : *Ynuud*, leg. *yn uuud* = *yn uwyd*; expression très fréquente pour marquer l'obéissance et l'empressement : *Y deuth yn uuyd lawen* (*Bown o Hamtwn*, 161, XLIV; cf. *ibid.*, 182, LXV, 186, LXIX, 165, XLVIII.)

Page 10, l. 12, trad. p. 41 : *No chyn bei ar y gam*; lady Guest inexactement : *que quand il était au pas*; pour le sens de *kyn*, conjonction, dans les *Mab.*, cf. p. 45, p. 214, p. 207, p. 78, p. 169, p. 10, p. 30, p. 220, p. 235, p. 238, etc.

Page 11, l. 3, trad. 41 : *Ac yn vn vn gerdet*, leg. *ac yn yr vn gerdet*.

Page 12, l. 15, trad. p. 44 : *Ar y ganuet*; lady Guest traduit *cent chevaliers*, ce qui ferait *cent un chevaliers* avec Pwyll ; le texte dit qu'ils sont *cent en le comptant*; c'est une tournure fréquente dans nos romans français de la *Table Ronde*. — L. 17 : *A llawen uuwyt wrthaw*, mot à mot : *et on fut joyeux vis-à-vis de lui* ; l'expression *llewenyd* n'a guère dans les *Mab.*, en pareille circonstance, que le sens de *réception courtoise*; cf. *Math vab Mathonwy*, p. 74, l. 25. — L. 19 *A holl uaranned*; lady Guest : *toute la cour*; *baran* a le sens propre de *troupe*, *compagnie*; cf. *Myv. arch.*, p. 190, col. 2 : *Nam eithriad o'th faran*; *ibid.*, p. 160, col. 1 ; *ibid.*, p. 276, col. 1.

Page 13, l. 7, trad. p. 45 : *kany bu atteb a rodassei*; lady Guest a traduit à contresens : *à cause de la réponse qu'il avait donnée*; *kany* a le sens négatif. — L. 8 : *muscrellach*; le mot n'est pas traduit en réalité par lady Guest. Davies le traduit avec raison par *tardus, ignavus*; il a aussi le sens de *négligé*, v. Peredur, p. 197, l. 19.

Page 15, l. 16, trad. p. 48 : *A geimat* n'est pas traduit par lady Guest; *ceimad* ou *ceimiad* a, dans les dict., le sens de *voyageur*, *pèlerin*; il a aussi le sens de *compagnon*, *champion*; *Kat keimyat*, Myv. arch., p. 284, col. 1; *ceimieid cammawn*, ibid., p. 277, col. 2; cf. ibid., p. 214, col. 2; 293, col. 1. *Compagnon*, en vieux français, a aussi le sens de *champion*.

Page 16, l. 6, trad. p. 49 : *dihenyd*, lady Guest traduit par *mort*; le mot a, en effet, ce sens, mais il en a un plus général, celui de *traitement cruel*; ainsi *Seint Greal*, p. 316, 183, *dihenydd* se dit d'un homme qui a eu le bras coupé. — L. 27, trad. p. 50 : *Y bawb or ath ovynno di*; lady Guest inexactement : *pour tout ce que tu demanderas*, ce qui supposerait *or a ovynni di*.

Page 17, l. 11, trad. p. 50 : *dodi gostec*; lady Guest : *faire silence*; c'est bien le sens étymologique, mais, dans l'usage, ce mot signifie plus souvent *faire silence et proclamer*, et, en réalité, *faire une proclamation*; cf. Iolo mss., p. 50; Ancient laws, I, p. 36; Campeu Charlymaen, p. 3 ; *A gostec da y dywat y brenhin wrthunt...* — L. 12 : *dangos*, je lis *ymdangos*; lady Guest a traduit cette phrase d'une façon vague et peu conforme au texte : *il fit inviter les solliciteurs et les ménestrels à montrer et indiquer quels dons leur agréaient*.

Page 18, l. 3, p. 51 : *Ni a wdam na bydy gyvoet*; lady Guest : *nous savons que tu n'es pas aussi jeune que...*; *na bydy* ne peut guère avoir ce sens non plus que *kyvoet*, qui signifie *du même âge que...*; le texte semble altéré; je lis : *a ny wdam ni na bydy gyvoet*; cf. Branwen, p. 31, l. 22 : *ny wnn na bo yno y kaffo*; Math, p. 62, l. 1 : *ny wydyat na beynt eur*; Bown o Hamtwn, p. 187, LXX : *ni wydwn i na bei dic ef wrthyfi*. — L. 6, trad.

p. 52 : *nyt byth y perhey*; il faudrait peut-être ajouter : *yn ieuanc;* ce n'est cependant pas tout à fait indispensable. — L. 29, trad. p. 53 : *ac ny byd;* si on ne donne pas un tour interrogatif à cette phrase, il est difficile de tirer du texte un sens satisfaisant, à moins de le fausser comme l'a fait lady Guest : *et seule elle ne pourra nous contredire toutes les six.* Pour justifier cette traduction, il faudrait que *ny* = *nw*, particule verbale qu'on trouve quelquefois encore à l'époque des *Mab.*

Page 19, l. 3 et 4, trad. p. 53 : *Nyt oes ohonam ni...* ; lady Guest : *nous n'avons que; ohonam* ne peut avoir ce sens; pour l'expression, cf. plus haut, p. 18, l. 20, 21 : *nyt oed dim ohonaw yno.* — L. 10 : *Duw a wyr pop peth, a wyr bot yn eu hynny*; lady Guest traduit : *Dieu soit tout;* elle ne traduit que la moitié de la phrase ; elle semble n'avoir pas compris *yn eu (geu).* — L. 15 : *yn druan*, lady Guest inexactement : *rude, sévère.*

Page 20, l. 13, trad. p. 55 : *llibin*; lady Guest, *simple* : ce mot indique plutôt la *nonchalance*; cf. p. 270, l. 26.

Page 21, l. 9, trad. p. 56 : *os mynny yr hwnn ny bu itt eiryoet* ; lady Guest : *puisque tu n'en as jamais eu.* — L. 18 : *or bedyd a wneit yna*; lady Guest : *et la cérémonie fut accomplie là;* elle a traduit comme s'il y avait eu *a'r bedyd*, ce qui fausse le sens.

Page 22, l. 7, trad. p. 57 : *a chwedyl wrthaw* paraît une faute du copiste et avoir été amené par *chwedyl* à la ligne plus bas. — L. 8 : *chwedyldyaeth*, il faut lire *chwedylyaeth* (cf. p. 230) ou *chwedyl odyaeth.* — L. 12 et 13, tr. p. 58 ; lady Guest, en dépit de la construction, rapporte *kwynaw* à *Teirnon.*

Page 23, l. 11, trad. p. 59 : *bellach hynny* leg. *bellach a hynny.* — L. 14 et 15 : *aet ae mynno* a été passé par lady Guest. — L. 18 et 19 : *yn dyvot o gylchaw Dyvet*; lady Guest : *parce qu'il venait des confins de Dyvet*; inexact. Voir la note explicative dans la traduction.

P. 24, l. 16, 17, trad. p. 61 : *y wreic ae magwys*; lady Guest : *c'est ma femme qui l'a nourri*, ce qui ne serait exact que s'il y avait : *vyg gwreic*; la construction est très régulière et ne demande aucun changement.

Notes critiques à Branwen, fille de Llyr.

Page 26, l. 5, trad. p. 67 : *y am hynny*; lady Guest : *aussi*; *y am* a plusieurs sens ; il a celui de *en outre* (*Ancient laws*, I, p. 70, *Mab.*, p. 112, l. 22, trad. p. 223), et souvent celui de *en face, de l'autre côté de* (*Ancient laws*, I, p. 10).

L. 6 : *Penardim*; lady Guest : *Penardun*. — L. 10 : *gwas da oed*, lady Guest, *c'était un bon jeune homme, de nature douce*; ces derniers mots ne sont pas dans le texte. — L. 17 : *ac yn eu nessau*; lady Guest : *et ils approchaient*; c'est le vent qui les rapprochait.

Page 28, l. 15, trad. p. 71 : *ar nos honno y kyscwys*; lady Guest; *et cette nuit Branwen devint sa femme* ; lady Guest a partout remplacé : *il coucha avec elle* par *ils se marièrent* ou *elle devint sa femme*. — L. 17 : *ar swydwyr a dechreuassant ymaruar am rannyat y meirch ar gweisson* ; lady Guest : *et les officiers commençaient à équiper et à ranger les chevaux et les valets*; *ymaruar*, qui est pour *ymarwar*, semble devoir porter sur *a'r gueisson* : *s'entendre avec les valets*. — L. 19 : *ympob kyveir hyt y mor*; lady Guest : *ils les rangèrent en ordre jusqu'à la mer* ; *kyveir* signifie *direction, endroit*. Cf. Peredur, p. 230, l. 29; 231, l. 4. — L. 29, trad. p. 71, *gwan dan y meirch*; *gwan* a le sens propre de *percer*, mais, au figuré; il signifie *introduire, fourrer dans, s'introduire dans où sous* : Mab., p. 54, *gwan dan y grofft*; *ibid.*, p. 39; cf. *Iolo mss.*, p. 155, *mi a wanaf dan...*; *Ancient Laws*, I, p. 404.

Page 29, l. 1 : *ar ny chaei graff ar yr amranneu* ; lady Guest, à contresens : *et là où il pouvait saisir* ; *ar ny* a le sens relatif et négatif à la fois ; v. Zeuss, *Gr. celt.*, 2ᵉ éd., p. 392. — L. 29, trad. p. 73 : *yr neb a vedei y llys... na neb oe gyghor*; lady Guest : *Ce n'était pas la volonté de ceux qui sont à la cour ni d'aucun du conseil*; lady Guest n'a pas compris *a vedei* du verbe *meddu*, « posséder, » et l'a traduit comme *vydei*, « qui étaient. »

Page 30, l. 7, trad. p. 73 : *ac nys gadwn*; lady Guest : *ce que nous ne voulons pas accepter*; *gadwn* ne peut être ici pour *cadwn*; de plus, *ac* ne peut être pour le relatif; *ac* a ici le sens de *quoique, quand même*; cf. Kulhwch et Olwen, p. 128, l. 27; Gereint ab Erbin, p. 283, l. 11. — L. 28, trad. p. 75 : *ar vreint*; lady Guest : *d'après, suivant*; *ar vreint* a le sens propre de *en guise de, comme*; cf. *Mab.*, 162, l. 8.

P. 31, l. 2, trad. p. 75 : *gan Vatholwch*, *gan* est de trop. — L. 22, 23, trad. p. 76 : *ac ny wnn na bo yno y kaffo* ; lady Guest : *et je ne la donnerais à personne qu'à quelqu'un de là-bas*; son texte a pu l'induire en erreur : *ac ny vun*; elle semble avoir lu *ac ny un*, ce qui, d'ailleurs, ne serait pas plus correct. *Kaffo* est peut-être pour *kaffodd*; ce *kaffo* peut cependant s'expliquer en proposition dépendante. — L. 25 : *a chymideu Kymeinvoll y wreic*. Je suppose que c'est un nom propre ?

Page 32, l. 4, trad. p. 76 : *auorles* ?

Page 33, l. 24, trad. p. 78 : *cadwedic*; lady Guest : *à garder*; ce suffixe n'a pas cette valeur; pour ces participes prétérits passifs, v. Zeuss, *Gr. celt.*, p. 532.

Page 34, l. 3, trad. p. 79 : *ar som*; lady Guest : *pour le payement* ; *som* = le gallois moderne *siom*, et signifie *déception*. — L. 19, trad. p. 80 : *a dwyn llythyr* ; lady Guest inexactement : *elle écrivit une lettre.* — L. 23 : *yn dadleu idaw*; lady Guest : *conférant là* ; *dadleu* a souvent le sens de *cour de justice*, notamment en maint endroit des lois (V. Leges Wall. *Wotton*).

Page 35, l. 6, trad. p. 82 : *ac o achaws hynny y dodet seith marchawc ar y dref*; lady Guest : *et pour cette raison il y eut sept chevaliers placés dans la ville*; traduction inacceptable : *o achaws* ne s'explique pas ; de plus, *dodi ar* ne peut avoir ce sens; comme Lhwyd l'a remarqué, c'est une expression usuelle dans le sens de *nommer, donner un nom à*; cf. plus haut. p. 34, l. 19 : *y dodet ar y kymwt hwnnw... Talebolyon.* — L. 17, trad. p. 82 : *a gwedy hynny yd amylhawys y weilgi y teyrnassoed* ; lady Guest : *et les nations couvraient la mer* ; *gwedy hynny* n'est pas traduit; de plus, *amylhawys* est au parfait et n'a pas ce sens. — L. 19, trad. p. 83 : *Ac a oed o gerd arwest ar y gevyn*; lady Guest : *et tout ce qu'il y avait de provisions sur son dos*; *cerdd arwest* ne peut avoir que le sens de *musique vocale ou de cordes*, v. Silvan Evans Welsh dict.; v. la note explicative.

Page 37, l. 9, trad. p. 85 : *ony allaf, acatvyd*; lady Guest : *ne pourrai-je moi-même avoir le royaume? Ony* n'a pas le sens interrogatif et est en relation avec *ac atvyd*, auj. *agadfydd*, peut-être.

Page 38, l. 23, trad. p. 87 : *kytwyr*; lady Guest le traduit comme *katwyr*: *disgynnieit yn trin* n'est pas clair comme expression, quoique chaque mot soit connu.

Page 39, l. 16, trad. p. 88 : *ymgyvoc?* — L. 19 : *gwern gwngwch uiwch Vordwyt tyllyon*; lady Guest : *les taons de Morddwyt Tyllyon?*

Page 6, l. 40, trad. p. 89 : *Glivieri*; lady Guest : *Gluneu*. — L. 26, trad. p. 91 : *a welei ohonunt*, lady Guest : *pour essayer de les découvrir*; ce qui grammaticalement est peu vraisemblable; d'autre part, elle est dans l'île des Forts.

Page 42, l. 3, trad. p. 94 : *ac yr a glywys*, leg. *a glywyssynt*;

o vwyt est probablement de trop et a passé d'une autre ligne ici. — L. 8, trad. p. 94 : *nac adnabot o un ar y gilyd*; lady Guest : *aucun d'eux ne savait...*; *ar y gilyd* n'est pas compris. — L. 27, trad. p. 95 : *kany doei byth*; lady Guest : *aucune invasion ne vint*; il s'agit de l'avenir et de possibilité.

Notes critiques à Manawyddan, fils de Llyr.

Page 44, l. 9, trad. p. 98 : *a chyn gwnel*; pour le sens de cette expression cf. l. 21 : *a chynn enwedigaeth*. — L. 11 : *lledyf*; lady Guest : *disinherited*. — L. 21, trad. p. 99 : *a chyn enwedigaeth*; lady Guest : *puisque l'héritage... cyn* n'a pas ce sens; cf. plus haut, l. 9; avec un verbe, *cyn* a le sens de *quoique, quand même* (Ancient laws, I, p. 22; Mab., p. 214, 4, etc.), et aussi de *avant de* (*kyn = kynt*) : *Bown o Hamtwn : Kyn yn mynet at Sabaot... ni a awn* (153, XXXVI).

Page 45, l. 9 ; *yn y dewred*; lady Guest traduit avec raison par : *dans la fleur de l'âge*, quoique le sens ordinaire soit : *vaillance*. Pour le sens du mot dans ce passage, cf. *Livre Noir*, Skene, p. 14, 23. — *Ibid.*, trad. p. 99 : *delediwach*; je traduis *plus parfaite* (en beauté). Ce mot revient souvent avec le sens de *beauté accomplie*. Son sens est précisé dans les *lois : ac or beu vyt ae welet yn yach telediw* (complètement rétabli, en parlant d'un animal blessé), *Anc. laws*, I, p. 110; ibid., II, 80, glosé par *integer*; cf. *mi a delediwaf dy iawn*, Mab., p. 34, l. 9. Son sens propre est donc *entier, à qui il ne manque rien*. — L. 25 : *y kyscwyt* (leg. *kyscwys*) *genthi*; lady Guest : *elle devint sa femme* (il coucha avec elle).

Page 46, l. 9, trad. p. 100 : *a dirvawr a vu*, leg. *a dirvawr lewenyd a vu*. — L. 17, trad. p. 101 : *twryf*, proprement *bruit*, mais paraît usité ici dans le sens de *tonnerre*. — L. 21 : *y preideu* : *preidd* a le sens ordinaire de *butin*, mais aussi celui de *troupeaux*. V. *Ancient laws*, I, p. 794 ; dans ce dernier sens, on peut comparer le mot de l'ancien français *proie*, bétail.

Page 47, l. 4 : *y edrych a welynt ae ty ae gyvanhed* ; le texte de lady Guest ne porte pas *edrych a welynt*, mots qui ont d'ailleurs été suppléés par les nouveaux éditeurs, d'après le *Livre Blanc* ; aussi traduit-elle inexactement : *ils visitèrent les maisons*. — L. 9, trad. p. 101 : *diffygyaw a wnaethant* ; lady Guest : *ils commencèrent à se fatiguer* ; *diffygyaw*, du latin *deficio*, indique le *manque de*. — L. 14, trad. p. 102 : *corfeu* ; lady Guest : *housses* ; ce sont les *arçons* : cf. *Mab.*, p. 290, l. 15 ; *Bown o Hamtwn*, p. 175, LXIII ; cf. le dictionnaire de Salesbury : *corof*, saddlebow (par erreur, *saddle-bowle*). — L. 15 : *calch lasar*, émail bleu ; cf. *Ancient laws*, I, p. 22 ; II, p. 805.

Page 48, l. 11, trad. p. 103 : *yny dygwydawd yu kytdrefwyr racddunt* ; lady Guest : (*les ouvriers*) *qui se réunirent en hâte et leurs concitoyens avec eux* ; c'est un contre sens d'un bout à l'autre : *dygwyddaw* a le sens propre de *tomber*, *échouer* ; *Ancient laws*, I, p. 120 : *nini a deuedun dikuteu hunu* ; *Bown o Hamtwn* : *a gwedy dygwyddaw y march ynteu a gyfuodes* (p. 183, LXVII).

Page 49, l. 12, 13, trad. p. 104 : *nyt ymladdwn ac wynt* ; lady Guest : *nous ne les tuerons pas* ; *ymladd ac* n'a que le sens de : *se battre avec*. — l. 23, trad. p. 105 : *a cheginwrych mawr gantunt* ; aucun dictionnaire ne donne *ceginwrych*. On peut se demander s'il ne faudrait pas lire *cevinwrych* pour *cevnwrych*, *le dos hérissé*. *Gwrych* entre en composition avec d'autres mots : *asgellwrych*, *Mab.*, p. 156, paraît bien avoir le sens de *battement*, *soulèvement des ailes* ; cf. *gordduwrych*, p. 78, 29. *Gwrych* a habituellement le sens de *crins*, *soies* ; *cegin* pourrait bien être le mot *cegin*, geai, ou dériver de la même racine (*Iolo mss.*,

p. 261); arm. *id.* : *ceginwrych*, le poil hérissé à la façon des geais? On appelle couramment en Bretagne les gens maussades, *pen kegin*, tête de geai.

Page 50, l. 27, trad. p. 106 : *a dwyn y lewenyd y gantaw hyt na allei dywedut un geir* ; il est clair qu'il faut lire *leveryd*, « voix, » au lieu de *lewenyd*, « parole. » Ce qu'il y a de plus curieux, c'est que lady Guest a, dans son texte, *leueryd*, et qu'elle a traduit par *joie*. *Lleferydd* est un mot bien connu, même des dictionnaires usuels (cf. *lleveryd*, Iolo mss., p. 180, dans le sens de *voix*). Cf. le passage correspondant, p. 51, l. 14.

Page 52, l. 13, trad. p. 108 : *yny oed over a manweith holl grydyon* ; je lis : *over a man weith...* ; lady Guest inexactement : *au point que les cordonniers étaient inoccupés et sans ouvrage*. — L. 28, trad. p. 109 : *ryuoriaw* ; lady Guest : *préparer certain terrain* ; *ryvoriaw*, dans les dictionnaires, a le sens de *faire des efforts, se démener pour*.

Page 54, l. 2, trad. p. 110 : *llygodet*, prob. *llygodyn* (le scribe a eu *llygoden* devant les yeux, probablement). — L. 6 et 7, trad. p. 110 : *val y tebygei na allei un pedestric* ; lady Guest : *elle allait si vite qu'un homme à pied aurait pu à peine l'atteindre* ; contresens évident. — L. 27, trad. p. 111 : *bei gwypwn ninheu*, leg. *bei gwypwn inheu*.

Page 56, l. 2, trad. p. 113 : *a pha ryw... ydwyt yn y wneuthur*, leg. *a pha ryw weith* ; cf. p. 55, l. 15 ; 56, l. 20.

Page 57, l. 10, trad. p. 114 : *a pha ny bei hynny, nys dillynghwn* ; lady Guest met ces paroles dans la bouche de Manawyddan, et traduit : *quand même cela serait, je ne la relâcherais pas*. Il faut lire : *a phan ny bei*. ; cf. *pan ny bai ynom, byddem ddiwael* « nisi quia dominus erat in nobis... » (*Myv. arch.*, p. 373, col. 2, *Office de la Vierge*, en gallois, par Davydd ddu o Hiraddug).

Notes critiques à Math, fils de Mathonwy.

Page 59, l. 18, trad. p. 120 : *ansawd* ; lady Guest : *humeur* ; *ansawdd* indique, en effet, l'état, la situation, mais paraît plutôt s'appliquer ici comme en maint endroit des *Mab.* à l'extérieur.

Page 60, l. 12, trad. p. 122 : *nyt o hynny y goruydir* ; lady Guest : *ce n'est pas ainsi que tu réussiras* ; elle traduit comme s'il y avait *gorvydi*. — L. 13 : *Kany ellir heb hynny* ; lady Guest : *si cela ne se peut autrement* ; *kany*, *kanyt* a le sens de *puisque ne* (Ancient laws, I, p. 229). — L. 20, trad. p. 122 : *bychein ynt wynteu* ; lady Guest met ces mots dans la bouche de Math, ce qui est peu probable. — L. 23, 24, trad. p. 123 : *ac ettwa yd ys yn kadw or enw... hwnnw hanner hwch, hanner hob* ; lady Guest : *et ils gardent encore ce nom, moitié truie, moitié cochon*. Le mot *enw* est peut-être incomplet ; v. note explicative. — L. 27, trad. p. 122 : *nyt drwc vyn trawsgwyd* ; lady Guest : *mon voyage ne sera pas mauvais* ; lady Guest a confondu ce mot avec *trawsglwydd* qui signifie *convoi, transport* (v. Gereint ab Erbin, p. 251, l. 18, note critique) ; ce mot se retrouve p. 64, l. 26 : *pa drawsgwydd y keir ynteu?* Il semble avoir le sens de *ruse, artifice*.

Page 61, l. 5, trad. p. 123 : *gwyreeinc*. Le singulier se retrouve p. 72, l. 26 : *y gwraync hwnnw* en parlant de Llew

La forme ordinaire du singulier est *gwreang*. Le mot indique, en tout cas, un homme de condition libre. Il a même le sens de gentilhomme. C'est ainsi que dans le *Seint Greal*, Gwalchmei qualifie de *unbenn* (p. 90, 36) quelqu'un qui a été au même endroit qualifié de *gwreang* (cf. *Seint Greal*, p. 119, 48 ; 265, 142 ; 367, 215). Il semble nécessaire de distinguer *gwreang* de *gwreng* ; *gwreng* a bien le sens que les dictionnaires attribuent exactement à *gwreang*, celui de *yeoman*, de bourgeois, ou, en tout cas, *d'homme non noble* : *sef gwyr gwreng oeddynt o feibion eillion ond cystal eu gair a'u cynhedfau val nas gweddai amgen na llys Arthur iddynt* (Myv. arch., p. 440, 20). — L. 14, trad. p. 124 : *tavawt llawnda*, peut-être *iawnda*.

Page 62, l. 30, trad. p. 127 : *kedernit Gwynedd* ; cf. pour *kedernit*, *kedernit y darian*, p. 254, l. 28.

Page 63, l. 17, trad. p. 128 : *ac y gwelei* (leg. *gwely*) *Vath vab Mathonwy dodi Gilvaethwy a Goewin y gyt gyscu* ; lady Guest : *et Gilwaethwy prit possession de la couche de Math, fils de Mathonwy*. — L. 19 : *a chyscu genti oe hanvod y nos honno* ; lady Guest : *il força Goewin à rester !*

Page 64, l. 19, trad. p. 130 : *a minneu vy hun yn kael ymlad a phryderi* (lorsque je puis...) ; lady Guest : *si on me permet de combattre avec Pryderi...* ; ce passage est lié par lady Guest à ce qui suit, tandis que la construction le rattache à ce qui précède. — L. 26 : *Gwydyon a Phryderi a las*, lisez : *Gwydyon a orvu a Phryderi a las*. — L. 28 : *argan* ; les dictionnaires ne donnent pas ce mot.

Page 65, l. 19, trad. p. 131 : *a chyscu a wnaethpwyt genhyf* a été supprimé par lady Guest.

Page 66, l. 29, trad. p. 133 : *ac ych etived gyt a chwi*, supprimé par lady Guest.

Page 67, l. 4, trad. p. 133 : *a chryn llwdyn* ; le terme *cryn*, armor. *crenn*, indique un animal d'âge et de grandeur moyenne (arm. *krenn-baotr*, adolescent, jeune garçon). — L. 17, trad. p. 134 : *crubothon* ; le premier composant ne paraît pas sûr ; mais *pothon* est connu. — L. 26, 27, trad. p. 90 : *enceint* ; v. Kulhwch et Olwen, notes critiques à la page 141, l. 24.

Page 69, l. 24, 25, 26, trad. p. 92 : *a thitheu yr hwnn yd wyt ti ac ae var arnat am nath elwir yn vorwyn, nyth elwir byth...* ; lady Guest : *ce qui t'afflige, c'est qu'on ne t'appelle plus une demoiselle* ; la phrase est tronquée ; le texte de lady Guest ne porte pas, en effet, les mots : *nyth elwir bellach byth yn vorwyn*.

Page 70, l. 1, trad. p. 93 : au lieu de *gwynnon*, leg. *gwymon*, cf. p. 71, l. 7.

Page 71, l. 4, trad. p. 138 : *ys llaw gyffes* ; cf. *bum kyffes* (Skene, I, p. 259, v. 7) ; cf. *Bown o Hamtwn*, 150, XXXII : *ac yna oe ffonn y kyffessu yny aeth y hymennyd oc eu penneu* ; « et alors il les *frappa* de son bâton, de telle façon que la cervelle jaillit de leurs têtes. » — L. 19, 20, trad. p. 140 : *dihirwch* de *dihir* ou *dyhir*. Owen Pughe le traduit par *vil* ; il a, dans les *Mab.*, le sens de *pénible, humiliant* ; cf. p. 264, l. 26.

Page 72, l. 10, trad. p. 141 : *geniweir* ; Ed. Lhwyd traduit *cynniveir* par *cruising* ? *Geniweir* pourrait difficilement ici être corrigé en *gynniver*.

Page 73, l. 6, trad. p. 142 : *tororri*, leg. *torri*. — L. 19 : *ynteu yna...* ; lady Guest met cette phrase dans la bouche de Math ; il y eût eu, dans ce cas, autre chose à la place de *yna*, par exemple *weithon*. — L. 24, trad. p. 143 : *er bedyd a wneynt yna*, passé par lady Guest. — L. 27, 28 : *goreu y was ieuanc* ; lady Guest : *je donnerai au jeune homme* ; comme s'il y avait : *mi a rodaf i'r gwas ieuanc* ou *goreu ir gwas*.

Page 74, l. 12, trad. p. 144 : avant *Gronw Pebyr* il manque, peut-être, *niver*.

Page 75, l. 4, trad. p. 145 : *ac ny bu ohir y yngael ohonunt nyt amgen nor nos honno* ; lady Guest a dénaturé tout ce passage : *et une soirée avait suffi pour le faire naître* (leur amour); de même, l. 5 et 6 : *ar nos honno kyscu y gyt a wnaethant*; lady Guest : *et cette soirée ils la passèrent dans la compagnie l'un de l'autre* (ils couchèrent ensemble).

Page 76, l. 4, trad. p. 146 : *heb o ergyt*; lady Guest : *excepté par une blessure*, contresens évident; il faut lire ici : *heb ef, o ergyt*, ou supprimer *heb*. — L. 16, trad. p. 147 : *a medrei*, leg. *am medrei*. L. 22 : *arglwyd hi*, leg. *arglwyd, heb hi*.

Page 77, l. 19, trad. p. 148 : *ar nos honno kyscu y gyt*, supprimé par lady Guest.

Page 78, l. 1, trad. p. 148 : *eillt*; lady Guest : *vassal*; ce mot signifie proprement *serf*, ou indique un homme ayant une tenure *servile* (v. *Ancient laws*, passim. Aneurin Owen a eu le tort, souvent, de le traduire par *étranger*). — L. 30, trad. p. 150 : *ony dywetaf i eu ovlodeu llew pan yw hynn*; lady Guest : *ne dirai-je pas à ses blessures que c'est Llew*; *eu* est évidemment ici, et régulièrement, pour *geu*, dépendant de *dywetaf*. *Ovlodeu* paraît devoir être rapproché de *oflydu*, « se décomposer; » ou faut-il lire *wledeu*? le sens de *gorduwrych* ne me paraît pas certain; *lenn* semble pour *glynn*, *lynn* étant du féminin; pour *wrych* en composition, v. notes critiques à la page 49, l. 23.

Page 79, l. 4 : *nys mw y tawd?* leg. *nys mwy y tawd?* — L. 7 : *ony dywetaf ef dydaw llew ym harffet*, leg. *ony dywetaf eu (geu), ef dydaw llew ym harffet*; il manque en effet un pied. Pour *eu (geu)*, cf. p. 78, l. 30; lady Guest : *ne le dirai-je pas?* Lady Guest traduit *ym ywet* comme s'il y avait *wedd*, ce qui est impossible de toutes façons : *beau et majestueux est son aspect*.

Page 80, l. 18, trad. p. 152 : *dir yw ymi wneuthur hynny* lady Guest prend cette phrase dans le sens interrogatif, ce qu. ne paraît pas correct.

Notes critiques au Songe de Maxen.

Page 82, l. 2, trad. p. 156 : *a goreu a wedei*; lady Guest n'a pas traduit *gwedei*, et semble, comme en d'autres passages, avoir lu *rydei* (était) : *c'était le plus sage empereur qui eût été.* — L. 11 et 12, trad. p. 157 : *yn gyhyt a hynny...*; lady Guest : *ce n'était pas pour le plaisir de la chasse que l'empereur allait avec eux, mais pour faire comme ces rois*; il y a là plusieurs contresens : *yn gyhyt*, « aussi longtemps, aussi loin que, » a été confondu avec *y gyt*, « avec; » *yn gyvurdd gwr ac y bei arglwydd ar y sawl vrenhinedd* n'est pas compris. — L. 16 : *kastellu eu taryaneu*, leg. *sevyll a chastellu eu taryaneu*.

Page 83, l. 5, trad. p. 158 : *ac yr mor rytieu ar yr avonydd*; le sens de *mor rytyeu* ne me paraît pas clair ici, non plus que celui de *ar yr avonydd*; cf. p. 87, l. 2. — L. 21, trad. p. 159 : *amdyfrwys* est traduit, par lady Guest, par *abrupte*; v. Silvan Evans, *Welsh Dict*.

Page 84, l. 5 : *lleithic*; lady Guest : *siège. Lleithic* vient du latin *lectica*; *lleithic* paraît correspondre au mot *couche* de nos Romans français de la *Table Ronde* : *couche* y a le sens de *divan*, *canapé* (Paulin Paris, IV, app.). — L. 9, trad. p. 159 : *mawrweithawc*, leg. *mawrweirthawc*, cf. *Campeu Charlymaen*, éd. Williams, London, 1874, p. 1, l. 4 : *y gwiscoed mawrweirthawc*; cf. *Mab.*, p. 156, l. 19, 20.

Page 85, l. 8, trad. p. 161 : *hoedel nac einyoes*, je traduis par *vie ni repos* pour rendre la pensée de l'auteur par un idiotisme équivalent, car le mot-à-mot serait *vie ni existence*. — L. 10 : *Kygwn* (pour *kynghwn*) *na mynnwes vn ewin*, n'est pas traduit par lady Guest. — L. 22, trad. p. 162 : *ny handei dim amdanei*; lady Guest : *il ne voyait pas trace d'elle* ; lady Guest a confondu *canfod* et *hanfod*; pour le sens de *hanfod*, v. *Mab.*, p. 71, 178.

Page 88, l. 18, trad. p. 166 : *ac y gyrrwys ar vor wynt* ; lady Guest : *et il les poussa à la mer* ; il y eût eu, dans ce cas, *gyrru y'r mor* ou *hyt y'r mor*. Il est probable que cela signifie : *il les fit aller par mer* ou *sur mer*. — L. 25 : *Kadeir o ascwrn*, il faut ajouter *oliphant*; cf. p. 84, l. 14.

Page 89, l. 7, trad. p. 167 : *egweryt*, je lis *y gweryt*.

Page 90, l. 23, trad. p. 170 : *hyt nos*; pour ce sens, cf. *Bown o Hamtwn*, 132, xv ; 152, xxxiv. — L. 30 : *yn yttoedynt yn vrwyskeit*; lady Guest : *jusqu'à ce qu'ils furent fortifiés* ; elle semble avoir confondu ce mot avec *vraisc*, « fort, gros, bien développé. » Il est fort possible que *yvet a wnaethant* soit transposé et doive venir après *y bawp vwytta*.

Page 92, l. 7, trad. p. 172 : *y gelwit gwyr Llydaw Brytaen*. C'est un souvenir de Nennius : après avoir raconté la fable des Bretons coupant la langue des femmes d'Armorique, l'auteur de l'*Historia Brittonum* ajoute : « unde et nos illos vocamus in nostra lingua Letewicion id est « semi-tacentes, » quoniam confuse loquuntur » (Nennius, xxiii ; pour le mot *Llydaw*, v. J. Loth, *De vocis Aremoricae forma atque significatione*, Paris, Picard, 1884 : Nennius tire *Letewicion* (Armoricains), dérivé de *Lytaw* (Armorique), de *let*, à moitié, et *tewicion*, se taisant). Pour que le passage fût en rapport avec le contexte, il faudrait : *y gelwit gwyr Brytaen Llydaw*. Le passage suivant n'est pas clair. Si on pouvait attribuer à *ieith* le sens d'appellation, toute difficulté disparaîtrait : « cette dénomination de *Llydaw* a été alors apportée fréquemment de l'île de Bretagne, et elle est encore en usage aujourd'hui? »

Notes critiques à Lludd et Llevelys.

Page 95, l. 1, trad. p. 176 : *ar dwy ormes*, je supplée avec le *Brut Tysilio* (*Myv. arch.*, p. 448, col. 2) : *ac velly amlwc oed yr ormes gyntav, a'r dwy ereill....* — L. 18, trad. p. 177 : *kany wydyat*, peut-être *kanys gwydyat* ; *kany wydyat* semble, en effet, en opposition avec un passage suivant, l. 27.

Page 96, l. 22-23, trad. p. 178 : *nat eiddigauei* ; Owen Pughe, d'après Ed. Lhwyd, donne *eiddiganu*. La forme *eiddigavei* est correcte ; cf. *Livre Rouge*, *Four ancient books of Wales*, Skene, II, p. 286, v. 22, 23 :

    y mynyd kyt atvo uch,
    nyt eidigafaf y dwyn vymbuch

(*Myv.*, p. 496 col. 2) ; cf. Taliessin, *ibid.*, p. 160, l. 2. — L. 26 : *heb y dyt*, leg. *heb ef*.

Page 97, l. 17, trad. p. 180 : *a hwnnw tew yw y hut ae leturith a beir.....* ; je lis : *a hwnnw trwy y hut ae leturith a beir* (*Brut Gr. ab Arth.* : *trwy y hud*, *Myv. arch.*, p. 496, col. 2).

Page 98, l. 13, trad. p. 181 : *Trydyd crynweissat*, voir la note 2 dans la traduction ; *crynweissat* doit être corrigé en *cynweissat* ; v. *Triades Mab.*, 302, l. 25 ; Skene, *Four ancient books*, II, p. 458, et l'explication de ce terme, *Myv. arch.*, p. 405, col. 1, 41 ; cf. 35, l. 12 ; le mot paraît signifier proprement : *le premier des serviteurs* ou *le maître des serviteurs*, *le ministre.* — L. 23, trad p. 182 : *darpar*; lady Guest a traduit, avec raison, par *dessein*. Pour ce sens, d'ailleurs rare, cf. *darpar yw gennyfi mynet...*, *Campeu Charl.*, p. 5.

Notes critiques à Kulhwch et Olwen.

Page 110, l. 2, trad. p. 185 : *Kynmwyt* est traduit par Lhwyd (*Arch. Brit.*) par *aussi ample, aussi considérable que*. Ce mot paraît être le même que *kymmwyt* : *caethfarch y'wr accw a weli a gwynfyd pa un a chwennychi gymmwyd* ; « c'est un cheval esclave que celui que tu vois là-bas, et dont tu désires partager le bonheur » (*Iolo mss.*, p. 175). — L. 4, trad. p. 186, *malkawn* est traduit par Lhwyd par *Maelgwn*, ce qui est phonétiquement impossible ; le texte paraît ici altéré ; peut-être faut-il lire *mal iawn ettived a geffynt* (cf. Brut Tysilio, *Myv. arch.*, 2ᵉ éd., p. 454, col. 1 : *o eissiau iawn ettifed*). — L. 8, je lis : *sef y dyvu myn yd oed meichat* ; lady Guest a vu dans *mynyd* le mot *montagne* ; dans ce cas il y aurait eu, probablement, une préposition après *dyvu*, et après *cadw* ou *voch* un pronom exprimant la relation (cf. l. 11, *pan dyvu y'r llys*). — L. 13 : *retkyrr* est traduit par Owen Pughe par *groin en saillie* ; Ed. Lhwyd lui donne le sens de *toit à porcs*. Le sens paraît être *bauge* d'après le *Livre Noir* (Skene, *Four ancient books of Wales*, II, p. 21, vers 6) : *na chlat dy redcir ym pen minit*, « ne creuse pas ta bauge au sommet de la montagne ; » *ibid.*, p. 25, v. 21 : *na chlat de redkir*. — L. 19, trad. p. 188 : *rec dovyd* ; lady Guest traduit avec Owen Pughe par *présent de Dieu* ; d'autres par *malédiction de Dieu* ; le mot est le même que *recovydd* « maître des dons, » sans, d'ailleurs, que l'on doive conclure à une faute du scribe, *dovydd* pouvant avoir le sens d'*ovydd* dans ces composés; pour *reg-ovydd* (recouit), voir *Myv. arch.*, 2ᵉ éd., p. 239, col. 2; p. 159, col. 2; p. 227, col. 1; p. 231, col. 1; p. 181, col. 2; pour d'autres composés avec *ovydd*, v. *ibid.*, p. 179, col. 2; p. 249, col. 1; p. 162, col. 2; p. 148, col. 1; p. 208, col. 2; 212, col. 2; *Livre Noir*, II, p. 31, vers 54; pour *llygru* dans notre sens, v. *Ancient laws*, I, p. 120, p. 152, p. 292, etc., *Mabinog.*, p. 37; *weithon* et *hagen* ne s'expliquent pas bien, non plus, si on n'adopte mon interprétation; le contexte la justifie également. — L. 22, tout ce passage a été mal traduit par lady Guest, par suite d'une omission dans son texte gallois; il ne porte pas : *galw y hathraw a oruc hitheu*, « elle appela son précepteur. »

Page 100, l. 11, trad. p. 189 : *mi a wydwn wreicka da...*, je lis : *mi a wydwn wreick a da...* — L. 23, lady Guest traduit *kaffel etived ohonat ti yr nos kaffo o arall* par : « avoir un héritier de toi et d'aucune autre, » ce qui est en opposition avec le contexte; de plus *yr nas kaffo* signifie proprement : *quand même il n'en aurait pas eu d'une autre*; *kaffo* est aussi bien un subjonctif parfait qu'un subjonctif présent (Rees, *Lives of the cambro-british saints*, p. 17 : *Kyn ny lado cledyf eu gelynyon wynt eissoes ny chollasant wy palm y buddugoliaeth*, « quoique l'épée de leurs ennemis ne *les eussent pas tués* »). Pour *yr*, cf. *Mab.*, p. 3, 19, 121, etc.

Page 102, l. 2, trad. p. 190 : *cyfladd*, « s'entre-choquer; » cf. *Mab.*, p. 85, l. 5 : *a pheleidyr y gwaewar yn kyflad*, « et les hampes des lances s'entre-choquant; » lady Guest a suivi la traduction vulgaire des dictionnaires, *cyfladd*, « être adapté à; » sens qu'on trouve (*Iolo mss.*, p. 163; cf. Davies, *Dict.*), mais qui ne paraît pas exact ici. — L. 6 : au lieu de *liwy*, je lis *liwy*; lady Guest traduit par : *qu'est-ce qui t'a saisi*; *lliwaw* a le sens de changer de couleur, et non pas seulement de rougir; (Lhwyd, *Arch. Brit.* : *lliwaw*, changer de couleur et pâlir). — L. 11 : *diwyn* ; lady Guest : *couper* ; paraît avoir le sens propre de *réparer, amender, compenser*, d'après les lois (*Ancient laws*, I, p. 252, 262, 326, etc.). — L. 16, trad. p. 191 : *gleif* n'est pas traduit par lady Guest ; *gleif* avait proprement le sens d'épée recourbée ; les dictionnaires lui donnent même le sens de *serpe*; pour les épées à lame courbe chez les Celtes, v. O'Curry, *On the manners*, II, p. 240 et suiv.; *pentirec* est traduit par lady Guest par *à pointe d'acier*, ce qui est phonétiquement impossible ; *tir* n'a pas seulement le sens de terre, c'est aussi le monticule formé par la terre entre deux sillons. Le texte, ici, est certainement altéré : *yn y law* est répété deux fois ; il faut le supprimer une fois, ou ajouter quelque chose. Kulhwch a déjà deux javelots en main ; il est cependant impossible de rapporter *pentirec* et ce qui suit à ces deux javelots, car il n'y est parlé que d'un seul instrument. *Kyvelyn dogyn gwr odrwm* n'est pas complètement traduit par lady Guest. Il n'est pas inutile, peut-être, de remarquer que le *glaive*, dans nos romans de chevalerie, est habituellement une *lance* ou un *épieu*. — L. 21, trad. p. 192 : *llugorn oliffeint yndi* ne peut se traduire que par « corne de guerre en elle » (la croix) ; *llugorn* signifie habituellement lanterne ; le sens de *corne de guerre* me paraît bien rare (v. note explicative) ; *yndi* est à supprimer. — L. 26 : *darware* est improprement traduit par lady Guest par *étaient* ; v. Lhwyd, *Arch. brit.*

Page 103, l. 2, trad. p. 193 : *sangnarwy* ? — L. 6 et 7 : lady Guest met les mots *a thitheu ny bo... y kyvechy di*, dans la bouche du portier, ce qui semble peu naturel, *mi a vydaf* paraissant une réponse à une interrogation de Kulhwch. Ce dialogue rappelle celui de la page 126, beaucoup plus complet, et où le *a thitheu* est, en effet, dans la bouche du portier. Il est possible que le texte soit altéré. Le sens de *teu* me paraît douteux. — L. 18, trad. p. 194 : je traduis *gorysgalawc* d'après Lhwyd ; cf. *Livre Noir*, Skene, II, p. 57, vers 11, *gwin gorysgelhor*; *Myv. arch.*, p. 222, col. 2, *gwin grysgelo*. — L. 20, trad. p. 194 : pour *ergyttyo*, cf. *Mabin.*, p. 267, l. 23; cf. *Ancient laws*, I, p. 140 : *hid ed cluint pellaw ac ed ergeduynt e buches tracheuen*. — L. 21 : il semble qu'il faille corriger *inn* en *itti?* — L. 22 : *gwreic y gyscu genthi ;* lady Guest, fidèle à son système, adoucit en : *une dame pour arranger ton lit.*

Page 104, l. 5, trad. p. 196 : *ymchoeled yn* signifie *changer en* (*Myv. arch.*, p. 602, col. 1); mais, suivi de *arnadunt*, il semble bien avoir le sens que je lui prête avec lady Guest. *Kallon* a le sens de *cœur*, mais aussi celui plus matériel de *flancs, sein*. Owen, dans les *Lois*, I, p. 206, le traduit, avec raison, par *womb*. *Gwrthrwm haint* est une sorte de mot composé ; il traduit, dans la *Myv. arch.*, p. 473, col. 1, l'expression *gravior infirmitas* de Gaufrei de Monmouth ; cf. *ibid.*, 462, col. 1. — L. 12, trad. p. 196 : lady Guest traduit *deuparth* par *moitié;* le seul sens de cette expression est *deux tiers,* cf. *Mabin.*, p. 203, *Ancient laws*, I, p. 18, etc. — L. 18 : lady Guest a, dans son texte, *verthach* au lieu de *Nerthach*. — L. 27, trad. p. 197 : *anghengaeth* devrait être précédé de *bit*, « soit. » Il est adouci par lady Guest en : *la serve avec respect.* V. le *Welsh Dict.* de Silvan Evans à ce mot. — L. 30, trad. p. 198 : *dyhed;* lady Guest traduit : *non convenable;* cf. *Mab.*, p. 127, 173.

Page 105, l. 3 et 4, trad. p. 199 : *ydym wyrda hyt tra yn dygyrcher*; lady Guest traduit inexactement par : *c'est un honneur pour nous qu'on ait recours à nous.* — L. 18 : *gwrthrychyat,* « héritier en expectative, » expression consacrée, v. *Ancient laws*, I, p. 348.

Page 106, l. 11, trad. p. 202 : lady Guest met les mots *gwir Duw im ar hynny a gwir dy deyrnas* dans la bouche de

Kulhwch, ce qui, pour le sens, est fort satisfaisant, mais violente le texte, qui est peut-être ici légèrement altéré. — L. 14 et 15, trad. p. 202 : lady Guest traduit *asswynaw ohonaw* comme s'il y avait *asswynaf*. — L. 16 : lady Guest, d'après son texte : *Galldonyd*. — L. 20 : lady Guest : *Gwynn*, fils de Nudd, au lieu de fils d'Esni. — L. 17 : *Tathal Twyll Goleu*, je lis Tathal Tywyll Goleu, cf. Rwydd Dyrys. — L. 21, trad. p. 203 : lady Guest : *Gadwy* au lieu d'*Adwy*.

Page 107, l. 8, trad. p. 206 : lady Guest : *Smoit* au lieu de *Sinoit*. — L. 18, trad. p. 207 : lady Guest : *Coth* au lieu de *Coch*. — L. 21, trad. p. 208 : lady Guest traduit *asswynwys* par un pluriel, et lui donne le sens de *faire une requête*. L'*asswynwr*, dans les Lois, est celui qui se fait vassal d'un autre, et se met sous sa protection (*Ancient laws*, I, p. 104).

Page 108, l. 20, trad. p. 211 : lady Guest traduit : *am gwypei pa le yd elei* par : *sachant par où il devait aller*.

Page 109, l. 14, trad p. 214 : lady Guest traduit *Kei a dywedit y vot yn vab idaw* par : *lorsqu'on vint lui dire qu'un fils lui était né*, ce qui est ingénieux, mais ne traduit pas le texte. — L. 24, trad. p. 215 : lady Guest fait de *Hengedymdeith* un nom commun, ce qui est contraire à la construction ; il faut un mot devant *y Arthur* : *gweision*, « serviteurs? »

Page 110, l. 10, trad. p. 216 : lady Guest : *Cadell* au lieu de *Cadellin*. — L. 16, trad. p. 217 : lady Guest : *Ffleudor* au lieu de *Flendor*. — L. 18 : lady Guest traduit *ystoves* par *rétablirent* ; je traduis *tramèrent*; c'est un terme emprunté au métier de tisserand. Davies lui donne la valeur de *dylofi*, c'est-à-dire *ourdir* (*fila ad texendum disponere*); cf. *Mab.*, p. 147, l. 28 : *o hynny yd ystovet y gat Gamlan*.

Page 111, l. 4, trad. p. 218 : lady Guest traduit *nodes y wala* par *il demanda un présent qui pût le satisfaire ; gwala* (arm. *gwalch*) a le sens plus précis et plus matériel que nous lui attribuons. — L. 5 : *gordibla* ; Lhwyd, d'après Vaughan, donne à *gordhi* le sens de *trop*. — L. 9 : *morawl*. L. 9, trad. p. 219 : *morawl* ; ce mot, à ma connaissance, n'est dans aucun dictionnaire ; je le traduis par *estuaire*, *anse* ; ce mot me paraît, en effet, identique à l'irlandais *muirgobuil*, ou composé des mêmes éléments (*mor-awl* = *mor-gawl* ou *mor-gawel* ; *gó* serait *gaw* en gallois (cf. Whitley Stokes, *Revue celtique*, IX, p. 100, sur *muir-gabuil*). — L. 10 : lady Guest traduit *bronllech* par *large poitrine* ; le mot paraît composé de *bron*, poitrine, et de *llech*, « pierre plate ; » cf. au sens figuré *fronllech*, *Myv. arch.*, p. 306, col. 2. — L. 11 : lady Guest traduit *rwyf* par *produit*, je ne sais sur quelle autorité. Le sens de ce mot, ici, d'ailleurs, est douteux. — L. 27, 28, trad. p. 220 : je lis : *teir gorwen gwenneu eu teir ysgwyd* ; *tri gowan* (ou *gorwan*) *gwaneu eu tri gwaew* ; *tri benyn byneu eu tri chledyf* ; *byneu* suffirait à justifier cette lecture. — L. 30, trad. p. 221 : lady Guest : *Hwyrdyddwd, Drucdyddwd, Llwyrdyddwd*.

Page 112, l. 5 : lady Guest : *Ewaedan* au lieu de *Gwaedan*. — L. 7, trad. p. 222 : lady Guest : *Kynedyr* au lieu de *Kyuedyr*. — L. 10, trad. p. 222 : lady Guest lit *Kethcrwm* au lieu de *Kethtrwm*. — L. 22, trad. p. 223 : lady Guest traduit *y am* par *pour l'amour de*, ce qui est inexact ; v. p. 324, notes critiques, outre que, avec *asswynaw*, la préposition est *ar*. — L. 26 : lady Guest : *Canbwch* au lieu de *Canhwch*. — L. 28, trad. p. 224 : lady Guest : *Erdudnid* au lieu d'*Erdutvul*.

Page 113, l. 22, trad. p. 154 : lady Guest rapporte *rwy* à *unbenn*, et traduit par *chef impétueux*, ce qui est peu vraisemblable comme sens, et d'une construction peu régulière, surtout à cause de la suite *y gwerthey*. — L. 29 : lady Guest traduit *budugawl* par *très subtile* ; *buddugawl* signifie le plus souvent *victorieux*, de *budd*, « victoire, » mais aussi *profit*, *gain*, d'où le sens que nous lui attribuons ici ; cf. Kulhwch, p. 127, l. 19.

Page 114, l. 10 et 11, trad. p. 226 : *un archoll a vydei yn y waew a naw gwrthwan*; lady Guest : *sa lance produisait une blessure égale à celle de neuf lances opposées*, ce qui n'est pas dans le texte ; v. la note correspondante à ce passage dans la traduction. — L. 20, trad. p. 228 : lady Guest traduit inexactement *angkret* par *sauvage*.

Page 115, l. 5, trad. p. 156 : *nyt athoed gyweithyd hebdaw eiryoet ny wnelei ae anaf ae adoet arnei*; lady Guest, trop largement par : *il ne laissait passer aucune occasion de faire du mal*. — L. 15, trad. p. 229-230 : *ny bo berthach byth y boch chwi no minneu* ; lady Guest : *je souhaite que cela n'aille pas moins bien pour vous que pour moi*, ce qui paraît en contradiction avec *ny bo*. — L. 18, trad. p. 230 : *meredic*, donné dans l'index, d'ailleurs sans majuscule, a proprement le sens de *sans raison*, d'après un passage des lois (*Ancient laws*, I, p. 260) ; il s'agit du cas où des porcs entrent dans une maison, dispersent le feu et brûlent la maison ; le propriétaire des porcs est obligé de payer le dommage ; mais si les porcs brûlent aussi, aucune compensation n'est due : il y a égalité, car, est-il dit, *deu veredic ynt*, « tow irrationnal things, » traduit Owen (les porcs et le feu). — L. 21 : *rylygrwys*; lady Guest : *il m'a opprimé*.

Page 116, l. 2, trad. p. 230 : lady Guest rattache *pan y ryattei* à ce qui précède, et traduit : *lorsqu'il lui eut été donné*. *Ryattei* a le sens d'un prétérit secondaire du verbe *gadael*, « laisser ; » cf. *Historia Gruff. ab Kynan* (*Arch. Cambrensis*, XII, 3ᵉ série, p. 120) : *a phei as ryattei Gruffudd yw wyr ymgymyscu ac wynt*, « et si Gruffudd avait laissé ses hommes en venir aux mains avec eux. » — L. 8, trad. p. 231 : *Kany at y mor marw dlws yndaw*; lady Guest : « la mort permet-elle à ses morts de porter des bijoux ? » *kany* = *kan ny*, et n'a pas le sens interrogatif. Pour le sens, voir les notes explicatives.

Page 117, l. 13, trad. p. 232 : au lieu de *ony chennetteir*, peut-être faut-il lire *ot y chennetteir*; pour *ony*, cf. *Mab.*, p. 78, 79, 37. — L. 14, trad. p. 233 : lady Guest traduit *eneit* par *âme*. Ce mot a généralement, dans le *mabinogi* de Kulhwch, le sens de *vie*, cf. p. 125, l. 27 : *ath eneit a golly ditheu*; p. 139, l. 21 : *eneit dros eneit*; p. 140, l. 17 ; p. 142, l. 29. — L. 23, trad. p. 233 : *mangaean*; lady Guest traduit par *écume*, *gouttes d'eau*, je ne sais d'après quelle autorité ; c'est, en tout cas, inexact ; v. les notes explicatives.

Page 118, l. 3, trad. p. 234 : *rac eirychu pechawt* ; lady Guest inexactement : *pour qu'on ne parle pas mal de nous*. — L. 6, trad. p. 235 : *yssyd yssit*; il ne faut pas songer à supprimer un de ces deux mots; l'expression se retrouve : Skene, *Four ancient books* (Taliessin) II, p. 147, vers 22 : *yssit rin yssyd vwy*; ibid., p. 144, vers 19, *yssit yssyd gynt*. Dans beaucoup de passages *yssit* est simplement l'équivalent de *yssydd*. *Sit*, dans le sens conditionnel (*o sit*) et la forme *bit* de la troisième pers. du sing. de l'impératif du verbe substantif, justifient cependant la traduction de lady Guest : *ce qui est doit être*. Hagen semble lier ce qui précède à ce qui suit; il se pourrait que *yssyd yssit* portât sur *cusul*. — L. 11, trad. p. 235 : *ac a kaffaf*; lady Guest : *si l'occasion s'offre*, ce qui est entièrement inexact et peu vraisemblable. — Ligne 17, trad. p. 236 : *pan doethawch*, « d'où venez-vous, » doit peut-être être corrigé en *pam doethawch*, « pourquoi êtes-vous venus? » *Paham* est l'équivalent de *pan* dans ce passage de Dafydd Ddu Hiraddug, *Myv. arch.*, p. 373 : *mynyddedd o baham ym daw cynhorthwy*, traduit : *montes unde veniet auxilium mihi*. — L. 19 : lady Guest traduit *direitwyr* par *serviteurs*; *direit* ou *dirieid*, ou *dirieidwyr* a le sens de *qui est sans valeur*, d'après tous les dictionnaires et de nombreux textes. — L. 21 : *defnyd vyn daw*; lady Guest : *la tour-*

nure de mon gendre; j'attribue ici à *defnydd* le même sens que dans l'expression irlandaise *rigdamna*, mot à mot *étoffe de roi*, et par extension *futur roi, héritier présomptif*. Cette expression s'emploie en Armorique : *danve me mab-kaer*, « mon futur beau-fils » (en Tréguier, d'après l'abbé Le Bezvoët). — L. 24 : *llechwaew*; lady Guest traduit par *javelot*, comme s'il y avait *lluchwaew*; v. notes explicatives.

Page 119, l. 31, trad. p. 237 : lady Guest traduit *mawredd* par *l'aube, l'aurore*, sens que n'a jamais *mawredd*; ce mot a proprement celui de magnificence, et s'emploie pour le luxe des habits; *Myv. arch.*, p. 368, col. 1 : *dy fawredd*, « magnificentia tua; » *ibid.*, p. 371, col. 2; *ibid.*, p. 357 : on trouve en Morgannwg : *gwragedd mewn mawredd a muriau gwynyon*; *Daf. ab Guilym*, 2ᵉ éd. p. 98 : *yn forwyn deg dan fawredd. Gyrru gwiwgrib mewn gwall*; lady Guest traduit : *il s'apprêtèrent en hâte*, ce qui n'est nullement dans le texte; ces mots signifient littéralement : « et envoyer un peigne convenable, précieux, dans *les cheveux* (*gwall* pour *gwallt?*). Il y a là, peut-être, une allusion à un usage qui nous échappe; peut-être simplement cela veut-il dire : après avoir peigné, arrangé leurs cheveux. *Crib* signifie *peigne* et *sommet*; *crib* a-t-il ici le sens d'*aigrette*, comme le *cir* irlandais dans le *cir cathbarr*, « casque à aigrette? » — L. 21, trad. p. 238 : au lieu de *y dywawt Yspaddaden Penkawr na saethutta vi*, je lis : *y dywedassant wrth Yspaddaden Penkawr : na saethutta ni*, cf. p. 120, l. 7; le contexte exige impérieusement cette correction; lady Guest a suivi le texte altéré. — L. 27 : au lieu de *ac odif*, je lis *ae odif*.

Page 121, l. 3, trad. p. 241 : *y vrenhin teithiawc*; *teithiawc* signifie, proprement, appliqué au roi, « qui a les qualités constitutives, essentielles d'un roi; » v. *Ancient laws*, I, p. 606, 614, 734, 790. — L. 10 : *cyt preinyawc* signifie proprement

« qui mangent ensemble, » de *cyt*, avec, et *preinyawc* dérivé de *prein*, repas, du latin *prandium*; cf. *Myv. arch.*, p. 194 : *deu ychen Dewi...*

Deu gar a gertynt yn gydpreinyawc
Y hebrwng anreg yn redegawc.

« les deux bœufs de saint Devy, deux amis qui marchaient sous le même joug pour porter le présent en courant. » Le sens dérivé de *formant couple, attelés au même joug*, est ici évident. L. 29, trad. p. 244 : *kib Llwyr vab Llwryyon yssyd benllat yndi*; lady Guest : « le vase de Ll., fils de Ll., qui est de la plus grande valeur; » *penllat* a deux sens : c'est une mesure, d'après Davies, valant deux *lladd*; le *llad* lui-même contenait douze boisseaux d'avoine : c'est probablement son sens ici; *penllat* a aussi le sens de *souverain bien, source de bénédictions*, v. *Myv. arch.*, p. 327, col. 2; cf. Medygon Mydvai, à l'invocation de la fin.

Page 122, l. 6, trad. p. 245 : *y nos y kysco vym merch gennyt*; lady Guest : *la nuit où ma fille deviendra ta femme.* — L. 23, trad. p. 246 : au lieu de *Pennbeirdd*, « chef des bardes, » je lis : *Pennbeidd*, « chef des sangliers; » lady Guest : *Penbaedd*.

Page 123, l. 6, trad. p. 247 : lady Guest traduit *estwng*, comme s'il y avait *estynu*. — L. 20, trad. p. 248 : *rynnet*, je l'ai traduit d'après *rynnu*, auquel Lhwyd donne le sens de *étendre* ou *s'étendre* (*Arch. brit.*, p. 238).

Page 124, l. 20, trad. p. 252 : au lieu de *gwyllall*, leg. *gwylltach*. — L. 24, trad. p. 254 : *y bressen* signifie proprement le *temps présent*; *presenawl* a le sens de *temporel, appartenant à ce monde*; cf. *Mab.*, p. 131, l. 21 : *golud pressenhawl*, « biens de ce monde; » *Ancient laws*, I, p. 796 : *llys pressenhawl*, « cour de justice de ce monde-ci. » — L 27 : *Moro*; lady Guest : *mor*.

P. 125, l. 10, trad. p. 255 : *Syvwlch*; lady Guest : *Sevwlch*, entre crochets. — L. 11 : pour *teir gorwenn* et la suite, v. notes critiques à la page 111, l. 27. — L. 26, trad. p. 255 : au lieu de *gwreichon*, lisez *wyryon?* — L. 23, p. 256 : après *kyt keffych*, lady Guest a supposé le reste de la formule : *yssit nas keffych* ; rien, dans le manuscrit, ne l'indique. *Anhuned* n'a pas non plus le sens de *difficulté*, mais *d'insomnie*. — L. 28 : *ny orvyd arnat na bwyt...* ; *gorvyd* est une expression juridique ; le *gorvodawc* est celui qui est responsable pour un autre (*Ancient laws*, I, p. 134, 138, 430, 702, 704). — L. 30, trad. p. 257 : *yn ueu* ; lady Guest traduit *pour femme* ; cette expression a le sens de « en bien propre ; » cf. *Mab.*, p. 207, l. 2 ; cf. l'expression *meuedd* et *meufedd*.

Page 126, l. 1 : *educher* pour *hyd ucher* est assez fréquent dans les *Mab.* ; cf. Bown o Hamtwn, p. 132, XIV.

Page 127, l. 7, trad. p. 258 : *gwynseit* ; lady Guest traduit par *poli en blanc*, et le rapporte à la lame ; il s'agit proprement de la poignée ; v. *Ancient laws*, I, p. 586, 726 ; II leges Wallicae, p. 867 : gladius si fuerit *breulim* (exacutus) XII denarii ; si fuerit *guinseit* (capulum album) XXIIII denarii legales. — L. 28, trad. p. 259 : le sens demanderait, au lieu de *y eu llettyeu*, *y'r llettyeu* ; et au lieu de *eu llettywyr*, *y llettywyr*.

Page 128, l. 9, trad. p. 260 : *y ergyt* ; ce mot indique souvent la distance ; dans ce cas il est souvent précisé par un mot suivant : *deu ergyt saeth*, « deux portées de flèches, » *Mab.*, 184 ; il faudrait peut-être rétablir ici : *a llad y benn y arnaw ergyt y wrthaw* ; Bown Hamtwn : *a tharaw penn iarll y ergyt y arnaw ae anvon yr unbennes* (p. 170, LIV) ; cf. *Mab.*, 212, l. 5. — L. 10 : *Kyvenu*, leg. *kyvenw*. — L. 11 : lady Guest traduit *ympenn y vlwydyn* par *au commencement de l'année* ; le sens de cette expression bien connue et usitée encore aujourd'hui est : *au bout de l'année*, cf. *Mab.*, p. 187, l. 9. — L. 20 : lady Guest : *Glivi* au lieu de *Glini*. — L. 22 : *tarren* ; lady Guest : *forteresse* ;

tarren ou *taren* signifie *butte*, *pic rocailleux*; v. *Myv. arch.*, p. 439, col. 1; Llewis Glyn Cothi, éd. Tegid, p. 494 : d'après l'annotateur, il y a, dans le Merionethshire, une montagne appelée *Taren y tair taren*, « le mont aux trois pics; » cf. Richards, *Welsh dict.* — L. 27 : *ac ny darparysswn*; pour *ac*, dans le sens de *quoique*, cf. *Mab.*, p. 30, l. 7; *ibid.*, p. 283, l. 11; dans le sens de *pour que*, v. *Ancient laws*, I, p. 46.

Page 129, l. 25, trad. p. 262 : *vn reit o bop tu ym penn*, lady Guest : *il y avait une plaine tout autour de moi*; *reit* ne me paraît pas avoir le sens de plaine; de plus *ym penn* signifie bien *dans ma tête*, v. la note explicative. — L. 29 : pour *yr hynny*, dans le sens de *depuis ce temps*, cf. *Myv. arch.*, p. 370, col. 1 (Dafydd ddu o Hiraddug).

Page 130, l. 10, trad. p. 263 : *yn gynyon*, le sens de ce mot ne m'est pas clair. On ne peut guère songer qu'à *cyn*, « coin; » le mot indiquerait la forme des ailes racornies et desséchées.

Page 131, l. 14, trad. p. 265 : *am y vagwyr*; lady Guest : *du donjon*; le sens est : *du côté opposé, de l'autre côté du mur*; pour *am*, v. la note à *y am*, à la page 112, l. 22; pour *magwyr*, mur de pierres sèches, ou mur, paroi, cf. le breton armoricain *magoer* et *moger*, du latin *maceries*. — L. 21, trad. p. 266 : *pressennawl* n'est pas traduit par lady Guest. — L. 28, trad. p. 266 : lady Guest rattache *tra yttoed* à ce qui précède, sans doute à cause de *ac ymlad ar gwyr* de la ligne 30; son texte ne porte pas *ar gwyr*, p. 132, l. 1.

Page 132, l. 23, trad. p. 267 : *dwc vendyth duw ar einym gennyt*; lady Guest incomplètement : *reçois de nous la bénédiction du ciel*. — L. 30, trad. p. 268 : lady Guest traduit *carn gwylathyr* par *carn à signaux*, je ne sais sur quelle autorité; c'est un nom propre.

Page 133, l. 5 et 6 : *dynessau parth ac yno dan ymardisgwyl o bell yny vyd...*; lady Guest : *ils approchèrent si près qu'ils purent voir...*; *ym ardisgwyl* signifie *rester en observation*; v. Silvan Evans, *Welsh Dict.*, à *arddisgwyl*. — L. 30, trad. p. 269 : *anghyfnerth*; lady Guest : *peines, embarras*; le sens exact est *besoin, manque de forces* ou *d'appui*, v. Silvan Evans, *Welsh Dict.*

Page 134, l. 4 : *yd aeth Creidylat... gan Wythyr*; lady Guest : *Creidylat et Gwythyr furent fiancés*, ce qui est contraire au texte; *Creidylat s'en alla avec Gwythyr* est exact, conforme aux habitudes de langage et aux mœurs des Gallois. — L. 6 : *a chynn kyscu genthi*, « et avant qu'il ne couchât avec elle, » devient, chez lady Guest, « avant qu'elle ne devînt sa femme. » — L. 10, trad. p. 270 : *Dyvnarth*; lady Guest : *Dynvarth*. — L. 11 : *a llad Nwython a oruc*, « et il tua Nwython ; » lady Guest : *ils tuèrent*. — L. 19 : *yn divwyn or dwy parth*; lady Guest : *sans aucun avantage pour aucun d'entre eux*; le sens est : *sans qu'aucun des deux profitât* ou *se servît d'elle*. — L. 30, trad. p. 271 : après *yd aeth*, il faut supposer quelque chose comme *Kyledyr y hela Ysk*.

Page 135, l. 15, trad. p. 272 : au lieu de *ac ony bei*, je lis *ony bei*.

Page 136, l. 1 : *ysgawn niver*; lady Guest : *petite troupe*; le sens propre est *léger, rapide*.

Page 136, l. 12 et 13, trad. p. 273 : *ae niver achan*; je lis *ae niver achlan*; on pourrait songer à *achen*, « famille, race, » mais la construction s'y prête moins; les copistes ont eu probablement sous les yeux *aclan*.

Page 137, l. 30, trad. p. 275 : *a tharaw lygat ymwelet ac wynt*; lady Guest : *pour qu'ils pussent les rencontrer sans délai*; le sens ne me paraît pas sûr; il manque peut-être quelque chose au texte.

Page 138, l. 26, trad. p. 277 : *hyt nas gwydyat Duw was yn y byt*; lady Guest : *il ne lui restait plus un serviteur, Dieu sait* (dans le sens de *assurément*); *hyt nas gwydyat Duw was…* a, en effet, le sens de *en toute vérité*, *sans nul doute*. L'expression *ny wyr Duw*, dans ce sens, est fréquente; *Seint Greal*, p. 39, ch. XVI : *nywr Duw idaw merwinaw*; *ibid.*, p. 46, ch. XIX : *ny wyr Duw gael un deilyen arnat*; p. 87 : *nys gwyr Duw, ny wyr Duw* : mot à mot, *Dieu sait*; *gwydyat* est l'imparfait de *gwyr*. — L. 27 : *Llaesgenym* ; lady Guest : *Llaesgevyn*.

P. 139, l. 2 : *Pennlloran*; lady Guest : *Pennlloran*. — L. 4 : *Kynlas*; lady Guest : *Kyflas*. — L. 11, trad. p. 278 : au lieu de *ac y lladass*, leg. *ac y lladassant*. — L. 15, trad. p. 278 : *rynodydoed* n'est pas traduit par lady Guest; c'est une forme passive et prétéritale de *nodi*, « noter, indiquer; » *rynodydoed* équivaut à *ry-nodwyd*, comme *anydoedd* à *anwyd* (Dosparth Edeyrn Davod aur, p. 107); cf. *a pha le y ganydoed*, Bown o Hamtwn, p. 154, XXXVI.

Page 140, l. 6, trad. p. 279 : *ac yno y y llas*, il faut supposer : *ac yno y llas Grugyn*, « et là Grugyn fut tué; » il ne reparaît plus, en effet. Il manque un verbe avant ou après *Llwyddawc* : « Llwyddawc se jeta (*gwant ?*) au milieu d'eux. » — L. 21, trad. p. 280 : *ae ragot yno ac a oed o vilwyr prouedic*; lady Guest : *et que des guerriers éprouvés traverseraient l'île*; *ragot* a le sens propre d'*empêcher*, de *barrer le passage à*, v. Davies, *Dict.*; cf. *Ancient laws*, I, p. 32. — L. 24 : *yn Hafren*; *yn* a parfois le sens de « *à l'encontre de* » (Lhwyd, *Arch. brit.*).

Page 141, l. 21, trad. p. 281 : *ymeneinaw*; lady Guest : *pour s'oindre*, sens que lui donne Owen Pughe. Lhwyd lui donne, avec raison, le sens de *prendre des bains*. *Enneint* a le sens de *bain*, v. *Ystoria de Carolo magno*, *Y Cymmrodor*, p. 104; *Myv. arch.*, p. 441, col. 1 : *enneint twym* (établissement de bains chauds fait à Caervaddon par Bleidyt). D'après les lois (*Ancient laws*, I, p. 258), il n'y a pas d'indemnité due pour le feu d'un *enneint* (établissement de bains) distant des autres maisons du hameau de sept brasses.

Page 142, l. 29, trad. p. 283 : lady Guest ne traduit pas *madws yw*. C'est une expression très usitée dans le sens de : « il est temps, le moment est venu. »

Page 143, l. 1 : *yr dom*; *dom* paraît désigner une partie des remparts. Cette expression apparaît dans la *Hanes Gruffudd ab Kynan* en parlant d'un château fort, *ae dom ae foss*, à quoi répond, dans la version latine, *fossa et muro* (*Arch. Cambr.*, XII, 3ᵉ série, p. 30). Dans les dictionnaires, *tom* a le sens de *colline*, *tertre funéraire*, et de *fumier*.

Notes critiques au Songe de Rhonabwy.

P. 144, l. 2, trad. p. 286 : *Porford*; lady Guest : *Porfoed*, mauvaise lecture, v. la note explicative. — L. 17, trad. p. 287 : *gosot kanwr ym pop tri chymwt Powys*; lady Guest : *placer cent hommes dans chacun des trois Commots de Powys*; cette traduction ne serait possible que s'il y avait dans le texte : *ym pop un o'r tri*; d'ailleurs Powys comptait 27 *cwmwt* (Powel, *History of Wales*, p. xi-xii). — L. 18-20 : *a chystal y gwneynt rychtir Powys... ar tri chymwt goreu oed ym Powys*; lady Guest : *et ils furent ainsi dans les plaines de Powys..., et dans Allictwn Ver et dans Rhyd Wilure, les trois meilleurs commots de Powys*; lady Guest n'a pas compris le sens de *gwneynt* : *kystal y gwneynt a* signifie : *ils estimaient autant les... que...*, cf. Mabin., p. 150, l. 17 : *y gwas ieuanc kymhennaf a doethaf a wneir yn y teyrnas honn*; p. 195, l. 23 : *gwell gwr yth wna o hynny no chynt*; *Myv. arch.*, p. 455, col. 2 : *mwyav a wnait o y gynghor*; ibid., p. 253, col. 1 : *gwr a wnair val Gwair vab Gwestl*. — L. 20 : *Evyrnwy* pour *y Fyrnwy*; charte de Gwenwynwyn, de 1201 : *Y Vyrnwy* (*Arch. Cambr.*, XIII, 3e série, p. 125).

Page 145, l. 1, trad. p. 287 : *ar ny vydei da idaw ar teulu ym Powys ar ny bei da idaw yn y rychtir hwnw*; lady Guest : « de cette façon il n'avait aucun avantage ni lui ni sa famille, ni en Powys, ni dans ces plaines; » *ar ny bei* n'a pas été compris; il semble qu'il manque un mot dans cette phrase. — L. 17, trad. p. 288 : *partheu*; lady Guest : *cells*; *parth* a le sens de *sol*. *Iolo mss.*, p. 181 : *ai rhoi ar ogil y parth* est traduit par : *corner of the floor* ; il semble qu'il soit ici question de *compartiments* dans la maison. — L. 18, trad. p. 288 : *yn ryvelu*; l'expression signifierait : *en train de faire la guerre* ; je suppose *rynnu*, « en train de grelotter ; » y aurait-il eu un dérivé *rynelu* de *rynnu?* lady Guest, je ne sais d'après quelle leçon ou hypothèse : *en train de faire du feu*. — L. 23, trad. p. 289 : *blaenbren*, d'après Lhwyd, cette expression a le sens de *bonne fortune*.

Page 146, l. 3 : *yr aghenedyl*; lady Guest faussement : *sans danger*. Pour le sens d'*agheneddyl*, v. Silvan Evans, *Welsh Dict.* — L. 11, trad. p. 289 : *a thudet govudyr idaw ar warthuf y llenlliein*; lady Guest : *et une couverture usée sur le drap*; *govudyr* signifie *passablement sale*; de plus, *idaw* montre qu'il s'agit de la couverture de l'oreiller. — L. 25, trad. p. 290 : *ac o penn y dwygoes a thal y deulin y waeret yn las*, mot à mot : *et depuis le bout des deux jambes et l'extrémité des genoux jusqu'en bas, vert.* » Lady Guest croit que *dwygoes* désigne les jambes de devant, et que *tal y deulin* s'applique aux jambes de derrière.

Page 147, l. 28, trad. p. 292 : *yd ystovet y gat Gamban*; lady Guest : *la bataille de Camlan s'ensuivit* ; *ystovet* n'est pas compris; v. pour le sens de ce mot, Kulhwch et Olwen, notes critiques, p. 110, l. 18, trad. fr. p. 150.

Page 148, l. 15, trad. p. 293 : *bot yn gedymdeith*; lady Guest : *et tu seras leur compagnon*; *bot* dépend de *rodaf*.

Page 149, l. 8, trad. p. 294 : *Ky vawhet*; lady Guest : *aussi petits*; *kyvawhet* est composé de *ky* et de *bawed* « vil ; » *perchi gwr er ei fawed* (Owen Pughe, *Welsh dict.*); *yr dyn bawhaf o'r holl gyvoeth*, Bown o Hamtwn, p. 126, IX; *bawed* est dérivé de *baw*, fange, immondices. — L. 27, trad. p. 295 : *ac or kor-*

veu ; lady Guest : *depuis le poitrail*. *Korf* (généralement *corof*) signifie *arçon*, v. Manawyddan, p. 47, l. 14, trad. p. 60. — L. 30, trad. p. 295 : *ysgeinwys*, leg. *ysteinwys*, cf. page 149, l. 11 : *ac y hysteinei*.

Page 151, l. 9, trad. p. 299 : *a thal eu deulin a phenneu eu dwy goes* ; lady Guest : *leurs genoux et le sommet des épaules des chevaux* ; je lis *ac o tal...*, leçon justifiée par la description des chevaux de l'autre armée : L. 17, trad. p. 300 : *ac o penn eu dwygoes*.

Page 152, l. 7, trad. p. 301 : *yn ol*, leg. *yn y kanol*, cf. l. 8 : lady Guest a traduit *ynol*, « à l'arrière. » — L. 24, trad. p. 302 : *a swmer mawr* ; lady Guest traduit avec raison par *une charge de bête de somme* ; cf. *yna y dyrchafyssant y swmereu ar y meirch*, Bown o Hamtwn, p. 145, XXVII.

Page 153, l. 10, trad. p. 302 : *o pebyll* ; *o* est peut-être de trop.

Page 155, l. 30, trad. p. 305 : *y dygynt* ; lady Guest : *ils les saisissaient par...* ; la construction ne permet pas cette traduction ; *dwyn* a, d'ailleurs, le sens d'*enlever, emporter*, et non de *saisir*.

Page 156, l. 13, 14, trad. p. 306 : *o'r gorof* ; lady Guest, comme dans d'autres passages, n'a pas compris le mot *corof*. — L. 17 : *cordwal ewyrdonic du* ; lady Guest : *de cuir vert sombre* ; cette traduction suppose *gwyrddonic*, « bleu vert. » *Ewyrdonic*, qu'il faut peut-être lire *ewyrdnic*, me paraît devoir être rapproché de *ewyrnic*, qu'on trouve dans les lois avec le sens de *chèvre d'un an* (Ancient laws, I, p. 278).

Page 157, l. 25, trad. p. 308 : *a llettemmeu aryant yndaw* ; lady Guest : *garnie d'argent*?

Page 158, l. 7 : *varch olwyn du* ; lady Guest : *cheval pie*? (Davies, *pone albus*). — L. 28, trad. p. 309 : au lieu de *erchis y Owein wers*, leg. *erchis Owein y Wers* ; *Gwers* doit être peut-être corrigé en *Gwres*, forme qu'on trouve p. 159, l. 5.

Page 159, l. 10, trad. p. 311 ; *Mwrheth* ; lady Guest : *Mawrheth*. — L. 23, trad. p. 311 : *Oth* ; lady Guest : *Ath* ; au lieu de *Goreu Custennin*, leg. *Goreu vab Custennin*. — L. 27 : *ac Adwy* ; lady Guest : *et Gadwy*.

Page 160, l. 2, trad. p. 312 : *Kasnat*, leg. *Kasnar*. — L. 4 : *Gyrthmwl* ; lady Guest : *Gwrthmwl* ; au lieu de *Hawrda*, leg. *Kawrda* ou *Kaurdav*. — L. 5, trad. p. 313 : au lieu de *Karieith*, leg. *Kadyrieith*. — L. 24, trad. p. 314 : *yn oet y gygreir* ; lady Guest : *pendant la trêve*. *Yn oet* me paraît avoir ici le même sens que dans les expressions *yn oet dydd*, « au jour fixé » (v. Davies; cf. *Mab.*, p. 3, l. 16; p. 5, l. 2, 3; p. 12, l. 3, 5, etc.). — L. 30 : *hyt yn oet y gygreir* ; je traduis comme lady Guest : *même pendant la trêve* ; *hyt yn oet* a, en effet, ce sens dans un autre passage des *Mab.*, p. 257, l. 27 : *hyt yn oet y tlws lleihaf* ; cependant il vaudrait peut-être mieux supprimer *hyt*, et traduire : *à l'expiration de la trêve*.

ADDENDA ET CORRIGENDA

Page 4, note 1, l. 2 : au lieu de Ewans, lisez : Evans. — Note 2 : Les fragments formeront une publication distincte de l'édition critique des *Mabinogion*.

Page 8-9 : Par *Mabinogion* on entendait proprement l'ensemble des connaissances qui formaient le bagage littéraire du *mabinog* ou disciple du barde ; le mot a fini par désigner plus spécialement les récits que le barde lui enseignait et qu'il avait luimême, probablement, le droit de débiter à un prix fixé par la loi ou la coutume. *Mabinogion* est le pluriel régulier de *mabinog* ; ce pluriel pouvait signifier des *mabinog* ou disciples, apprentis littérateurs, et aussi choses concernant le *mabinog*. *Mabinogi* a dû être d'abord un substantif abstrait, comme les substantifs en *i* formés sur des noms en -*og* (*diog*, indolent; *diogi*, indolence; *beichiogi*, état de grossesse, dérivé de *beichiog*, qui est grosse), et signifier : *l'état, la condition de mabinog*, l'époque où on était mabinog. *Mabinogi Jesu-Grist*, est la traduction galloise de *L'Enfance du Christ*, un des évangiles apocryphes. Le mot a fini par désigner plus spécialement un récit approprié à la situation du *mabinog*, qu'il devait apprendre pendant sa période de *mabinogi*, et devenir ainsi une sorte de singulier de *mabinogion*, récits réservés au *mabinog*. Un autre dérivé de *mabinog* par un suffixe de nom d'agent, c'est *mabinogai*, traduit dans les dictionnaires par *instructeur de jeunes gens*.

Page 9, ligne 13 : au lieu de Ronawby, lisez : Rhonabwy.

Page 15 : M. Förster, dans sa préface à *Ivains*, exprime l'opinion que le fonds primitif de ces récits n'est pas d'origine celtique. Malgré l'autorité dont il jouit à juste titre, il est douteux que son système prévale ; ses arguments sont loin d'être convaincants. Toutes les pièces du débat ne sont d'ailleurs pas encore connues ; la publication et l'étude sérieuse des textes gallois nous ménagent plus d'une surprise.

Page 20 : A propos de la composition des *Mabinogion*, il est probable que le rédacteur primitif appartenait à la classe des bardes, à en juger par l'importance qu'il leur attribue (v. p. 374). On peut même supposer qu'il était du Glamorgan (v. p. 140).

Page 21, l. 10 : *au lieu de* un fragment, *lisez :* des fragments. — L. 13 : *au lieu de* Bleri, *lisez :* Breri. — L. 3 de la note 1 : *au lieu de* qu'il est l'auteur, *lisez :* que Jeuan ap y Diwlith est l'auteur.

Page 23, l. 10 : Les triades de la *Myv. arch.*, p. 395-399 sont celles du *Livre Rouge* même. — *Ibid.*, l. 14 : *au lieu de* et celles de la *Myv. arch.*, p. 388, *lisez :* et celles de la *Myv. arch.*, de la page 389, n° 7, à la page 391, n° 46, en exceptant les n°⁸ 18, 27, 42, 43, 44.

Page 27, l. 8 de la note 1 : *au lieu de* V. ce poème, *lisez :* voir ce poème.

Page 28, l. 27 de la note : *au lieu de* Dafydd ab Gwilym, *lisez :* Cf. Dafydd ab Gwilym.

Page 59, l. 5 de la note : *au lieu de* le *Penteulu* chef de famille, *lisez :* le *Penteulu*, chef de famille.

Page 61, note, l. 4 : *au lieu de* Daydd, *lisez :* Davydd.

Page 63, l. 4 de la note 6 : *au lieu de* y Lucidarius *Myv.*, *lisez :* y Lucidarius, *Myv.*

Page 116, l. 12 de la note : *au lieu de* gon Vathheu, *lisez :* gan Vathheu.

Page 118, l. 1 de la note 2 : *au lieu de* Pwyll, p. 1, *lisez :* Pwyll, p. 27.

Page 160, l. 12 de la note 2 : A *sens*, ajoutez : celui de robe de dessus.

Page 168, l. 3 de la note 3 : *au lieu de* vannelais, *lisez :* vannetais.

Page 187, l. 1 de la note : Les *Annales Cambriae*, du Harleian ms., ont été sûrement rédigées entre 954 et 955, comme l'a bien montré M. Egerton Phillimore dans l'excellente reproduction qu'il en a donnée d'après le manuscrit original dans le *Cymmrodor*,

ADDENDA ET CORRIGENDA.

IX, pp. 141-169 (voir p. 144). Le manuscrit est de plus d'un siècle plus récent que la composition des *Annales*.

Page 191, l. 3 de la note : *au lieu de* qu'elle aurait pu citer, *lisez* : que lady Guest...

Page 195, l. 3 : Din sol, dans le Nord. La vie de saint Cadoc (Rees, *Lives of the cambro-british saints*, p. 65) identifie Dinsol avec le mont Saint-Michel de la Cornouailles anglaise : « de monte sancti Michaelis... qui in regione Cornubiensium esse dinoscitur, atque illius provincie idiomate *Dinsol* appellatur.

Page 204, l. 6 de la note 2 : Ajoutez : la forme de ce nom en vieux gallois est : *Rumawn*. On la trouve dans des *Généalogies* de la fin du dixième siècle, du *Harleian mss.*, 3859, publiées par M. Egerton Phillimore, dans le *Cymmrodor*, IX, v. p. 172 (Ce *Rumawn* est fils d'*Enniawn*).

Page 212, l. 13 de la note 4 : *au lieu de* l'anonyme, *lisez* : l'Anonyme.

Page 214, l. 5 de la note 2 : A *saer cerddi*, ajoutez : *charpentier, artiste en chants*.

Page 220 : *au lieu de* Bwlch, Divwlch, Sevwlch, petit-fils de Cleddyv Kyvwlch, *lisez* : Bwlch, Kyvwlch et Sevwlch, fils de Cleddyf Kyvwlch, petits-fils de Cleddyv Divwlch. La note 4 n'a pas de raison d'être à partir de : Le texte.

Page 255, *au lieu de* Bwlch, Kyvwlch et Syvwlch, petits-fils de Cleddyv Divwlch, *lisez* : Bwlch, Kyvwlch et Syvwlch, fils de Kilydd (Cleddyv?) Kyvwlch, petits-fils de Kleddyv Divwlch.

Page 273, l. 1, note 1 : *Hygwydd* est écrit *Hywydd* dans les *Chwedlau y Doethion* (*Iolo mss.*, p. 255). *Hywydd* signifie : *qui apprend facilement*.

Page 287, l. 5 de la note 1 : *au lieu de* Gwalter, *lisez* : Gwallter.

Page 311, note 2 : pour la généalogie de Selyv et de Kynan, v. le *Cymmrodor*, IX, p. 178, 173.

N. B. — Le lecteur trouvera, dans les triades historiques et légendaires, dont la traduction formera un appendice au second volume, ainsi que dans les notes qui les accompagneront, un certain nombre de renseignements supplémentaires sur les personnages des *mabinogion* et des légendes galloises.

TABLE DES MATIÈRES

Introduction 1
Pwyll, prince de Dyvet. 27
Branwen, fille de Llyr. 65
Manawyddan, fils de Llyr. 97
Math, fils de Mathonwy. 117
Le songe de Maxen Wledic. 155
Lludd et Llevelys. 173
Kulhwch et Olwen. 185
Le songe de Rhonabwy. 285
Notes critiques. 315
Addenda et corrigenda. 357

www.ingramcontent.com/pod-product-compliance
Lightning Source LLC
Chambersburg PA
CBHW050314170426
43202CB00011B/1895